MILITARY

군 상담학 이론

Preface

최근 다양한 현장에서 상담의 필요성이 요구되고 상담을 통해 사회심리적 안정에 도움을 주고 있다. 군도 상담의 중요성을 인식하게 된지도 벌써 20여년의 세월이 흘렀다. 군에서 상담의 중요성을 인식한 계기는 2005년 'GP 총기난사 사건'과 '육군 훈련소 인분사건'이 인권을 침해하는 큰 사건으로부터 시작이 된게 아닌가 싶다. 이 사건을 계기로 상담을 지원하는 병영생활전문상담관이 현재 500여명 채용이 되어 활동 중이고, 각 군별로 리더십센터에 상담처가 신설되는 등 군 상담의 변화와 발전은 지속 되고 있다.

초급간부들도 대다수 병사들과 비슷한 연령층으로 간부라는 직책에서 자기 부하를 관리한다는 것이 쉽지 않다. 이러한 초급간부들이 임관 전 교육기관을 통해 부대관리에 대한 전문지식을 배우지 않는다면 부하 신상관리에 어려움을 겪게 될 것이다. 예방적인 차원에서 군 상담은 필수적으로 배우고 적용할 수 있는 상담능력은 간부로써 중요한 지식의 영역이라고 생각합니다.

전국 20여개 4년제 대학에서 군사학과를 운영하여 장교예비간부를 양성하고 있고, 2년제 전문대학에는 40여개 대학 70여개 학과의 부사관학과가 운영되고 있습니다.

수 많은 청년들이 군 간부를 희망하여 대학을 선택한 학생들에게는 군 간부로서 부하를 관리하는 상담과목은 매우 중요하다. 그러나 현재 일반상담과 군 상담관련 교재는 대다수 대학원생들 위주의 전문서적으로 2년제 부사관학과와 4년제 군사학과에서 전혀 사회적 경험과 군 경험이 없는 예비자원들이 상담교재를 선정하는 데 어려움을 가지고 있음을 확인할 수 있었습니다.

이 책은 상담을 전공하지 않은 대학의 군 관련학과 학생 및 초급간부들이 부하들에게 좋은 상담을 지원하기 위해서 군 상담의 환경을 이해하고, 병사들과 소통하고, 문제를 조기에 탐색하여, 병사의 심리적 문제를 해결하기 위한 기초적인 상담 자료로 활용하도록 군 상담의 기초이론을 설명하고자 하였습니다.

책의 구성은

- 제1부에서는 군 조직문화 이해
- 제2부에서는 군 상담 환경 이해
- 제3부에서는 군 상담의 기초
- 제4부에서는 상담의 기초이론
- 제5부에서는 군 내담자 이해와 평가
- 제6부에서는 군 상담의 환경조성
- 제7부에서는 군 상담의 대화기술
- 제8부에서는 군 상담 진행과정
- 제9부는 부록으로 총 제9부로 구성되어 있다.

방대한 내용을 정리하는 데 있어 상담에 대한 지식과 경험이 부족하여 내용이 다소 만족스럽지 못한 부분들이 많을 것으로 생각됩니다. 현장에서 군 상담 경험이 많은 전문가들의 조언을 통해 실제적인 군 상담을 이해하고 적용할 수 있는 책이 되도록 노력할 것을 약속드립니다.

그 동안 저자는 군 생활을 하면서 지휘자(관)의 경험과 대학원에서 상담교육과정을 이수하는 과정과 현장에서 간부들을 대상으로 수많은 상담교육과 병사들의 위기상담의 경험이 바탕이 되었기에 가능하였다고 봅니다. 전역 후 현장상담과 대학교에서 학생상담, 상담교육의 기회를 준 군부대 지휘관과 대학에 감사드리고, 군 상담 자료를 아낌없이 자료를 수집하고 도와주신 상담전문가 선생들과 책의 구성과 내용에 대한 조언을 해 주신 교수님께 감사드립니다. 이 책을 처음부터 끝까지 서로 조언해주고 몇 번씩 읽어 가며 책의 내용을 교정과 검토를 도와주신 분들에게 이 책을 받친다.

한국위기상담협회 사무실에서
저자 드림

Contents

05 PART 군 내담자 이해 및 평가

06 PART 군 상담의 환경조성

07 PART 군 상담의 대화기술

08 PART 군 상담 진행과정

09 PART 부 록

PART 01

군 조직문화 이해

모두 꿈을 꾸지만 같은 꿈이 아니다.

밤이 되어 먼지 쌓인 후미진 곳에서 잠들어

마음을 쉬는 자들은

깨어난 뒤 그 헛됨을 깨닫는다.

그러나 낮에 꿈을 꾸는 사람은

위험한 자들이다.

그들은 눈을 뜨고 그 꿈을 이루려 행동하기 때문이다.

「T. E 로렌스」

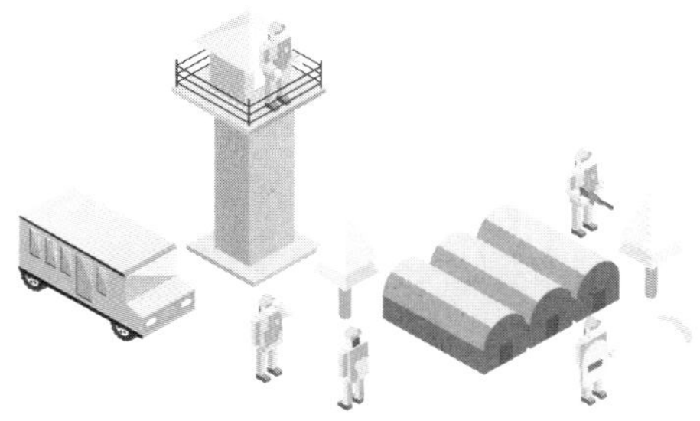

CHAPTER 01

군 조직문화의 특성

군대 조직은 일반사회조직과 달리 지휘계통을 엄격히 확립하고, 명령체계를 준수하고 신속한 행정체계를 강조하고 있다. 군인의 지위 및 복무에 관한 기본법에는 군기의 중요성을 "군대의 규율이며 생명"과 같다고 강조하고 있으며, "제27조와 38조에 군기에 대한 법률 조항이 명시되어 있으며, 아울러 "제4장의 군인의 의무에서 제25조 명령 복종의 의무에 대해 법률로 정하고 있다."(군인의 지위 및 복무에 관한 기본법, 2022).

군대는 광범위한 위계 조직을 갖는 집단으로서 직업군인은 관료제적 권위를 갖는 특징을 가지고 있다고 볼 수 있다. 전통적으로 군대의 계급체계는 상부에서 하위까지 직접적이고 확고한 권위계통을 갖는 피라미드형을 갖는다(백낙서·이상희, 1975; 50). 한편 조직적 측면에서 군대 조직은 간부와 병사로 나누어지며 다시 장교와 부사관으로 구성되어있다. 병역법에 의한 의무 복무자로 구성된 병사들은 군 조직의 절대 다수로 군 조직의 중심적 역할을 수행하고 있다. 한편 군 조직문화에는 군대조직의 조직적 특성을 강조한 것으로 다음과 같다.

육군사관학교에서는 군대조직문화에 대해서 군대조직의 목표는 국가방위를 위하여 평화 시에는 전쟁발발에 즉각적으로 군사행동을 취할 수 있도록 완전무결한 준비태세를 갖추는데 있으며 전시에는 적의 섬멸에 있다. 한편 군대조직의 특성으로는 경직성, 규범성, 업무의 표준화, 의식주의, 엄격한 규율과 신상필벌, 카리스마적 리더십을 들고 있다(육군사관학교, 1984).

1 군조직의 특성

첫째, 임무완수를 최우선으로 강조하고 있다. 군대의 강력한 군사력을 건설하여 적의도발 의지를 사전에 억제하고, 전쟁이 일어나면 적을 격멸하여 국민의 생명과 재산을 지켜내야 한다. 이와 같은 임무는 어떠한 악조건에서도 기필코 완수해야하는 소명인 것이다. 전쟁의 승리는 지휘관 개인의 힘으로만 이루어지는 것이 아니라 부대원 전원의 통합된 힘의 결과로서 얻어질 수 있다. 그래서 개인의 이해관계를 떠나 부대의 목표를 위해 본인에게 주어진 임무를 완수하는데 최우선적으로 노력을 집중해야 한다.

둘째, 명령에 대한 절대적인 복종을 강조한다. 상관이 내린 정당한 명령에 대해서는 모든 장병들이 절대복종할 것을 강조한다. 이는 개인의 의사를 존중하는 민주주의 국가라 할지라도 군대만은 엄격한 상명상복의 명령체계를 강조하는 것이다. 과거와는 명령에 대한 복종도 변화되어 정보화, 과학화, 첨단화된 장비에 의해 전투를 실시하는 현대전에 있어서는 자발적이고, 창의력이 발휘하는 자세로 맡은 바 책임을 성공적으로 완수할 수 있도록 스스로 찾아서 행동하는 보다 성숙된 의미로 발전이 필요하다.

셋째, 엄정한 군 기강확립을 강조한다. 군기는 군대의 생명이다. 그만큼 군대는 규율이 강조되는 조직이다. 모든 생활에서 정해진 시간과 규율 속에서 이루어진다. 따라서 자유분방한 사회생활을 하다가 군에 입대한 장병들이 쉽게 군생활에 적응하지 못하는 이유도 여기에 있다. 규율이란 집단생활이나 사회생활을 하는데 있어서 필요한 행위의 기준을 말한다.

군대와 같은 거대한 조직이 유기체와 같이 일사불란하게 살아 움직이려면 각 구성원들의 자발적인 참여와 협조도 필요하지만, 조직이 요구하는 질서와 통제를 이탈하지 못하도록 강제하는 것도 필요하다. 규율은 개인의 자유를 억제하는 것 같지만, 그것이 없다면 조직체는 혼란에 빠지게 되는 것이다. 군대는 무력을 다루는 집단으로서 군의 질서와 조직을 유지하고 성공적인 임무수행을 위해서는 다른 어느 조직보다도 엄격한 규율과 기강이 요구될 수밖에 없다.

넷째, 단결과 협동을 중시하고 강조한다. 군인은 항상 조직의 일원으로 그 직무를 수행한다. 따라서 군인은 단결심과 협동심이 요구되며 지휘관은 부하와 부대를 단결시키고 협동할 수 있도록 리더십을 발휘해야 한다. 우리 속담에 '백지장도 맞들면 낫다'는 말이 있다. 단결과 협동의 중요성을 강조한 말이다. 단결과 협동은 궁극적으로 조직의 목표 달성을 위해 조직원의 노력을 결집하는 것으로 개개인의 작은 힘이 합쳐지면 놀라운 위력을 발휘하게 된다. 이러한 단결과 협동은 평시에는 상호신뢰와 존중의 인간관계를 형성함으로써 부대 임무 달성의 기초가 되는 동시에 전시에는 골육지정(骨肉之情)의 전우애를 발휘하여 전투라는 극한 상황에서 승리를 이루는 결정적인 요소가 된다.

다섯째, 무한한 희생과 헌신적 요구를 강조한다. 군대사회의 특징 중 또 하나는 국가 보위를 위해서 군 조직뿐만 아니라 개인에게도 끊임없는 희생과 헌신이 요구된다는 점이다. 군대에서는 일반 사회와는 달리 자유의 제한이 불가피하다. 24시간 통제된 가운데 군생활을 영위해야 하고 훈련이나 작전이 있을 경우 외출·외박·휴가까지도 통제된다. 국가안보에 위급한 사안이 발생할 경우는 휴가 중일지라도 부대로 복귀하여 임무를 수행하여야 한다. 작전지역에 투입되어서는 밤낮을 가리지 않고 임무를 수행할 때도 있고, 총탄이 빗발치는 전장에서는 목숨을 걸고 임무를 수행해야 한다. 이러한 희생과 헌신이야말로 일반사회에서는 볼 수 없는 군대만의 특수성이다.

여섯째, 정치적 중립의무 준수를 강조한다. 민주국가에서 군은 특정 개인의 군대가 아니라 국민을 위한 국민의 군대이다. 따라서 헌법에서는 군의 정치적 중립을 강조하고 있다. 군인복무규율 제 6조는 '군인은 국군의 이념과 사명을 자각하여 정치적 중립을 엄중히 지키며 맡은 바 임무를 완수하여 국가와 국민에게 충성을 다해야한다'고 규정되어 있다.

2 군대조직의 특성을 종합적으로 정리해 보면 다음과 같다.

첫째, 권한 구조 측면에서는 극단적인 위계-계급구조를 갖고 있다. 권한은 계급으로부터 나오며 권한 구조상의 위계적 성격은 지휘계통을 통한 상급자의 명령에 절대 복종에 있다. 둘째, 상호작용이 주로 상급자와 하급자 간의 수직적인 의사소통에 의하여 이루어지고 있으며 의사소통의 내용도 상급자로부터 지시와 부하로부터의 보고 형태를 갖추고 있는 것이 특징이다(정신교육기본교재, 2021).

한편 군대 입대하는 병사들은 대다수 20대 초반으로 신체적 발달은 완성단계이나 연령을 고려해 볼 때 고등학교 졸업, 대학교 재학 중에 군에 입대하는 자원으로 정신적, 사회적 성장은 진행단계로 볼 수 있다. 이러한 불안정한 성장 단계 속에서의 군에 입대하여 군 생활과정상에 여러 가지 문제점을 나타낼 수 있다. 이러한 군 생활과정 속에서 입대 병사들은 상하 동료 간의 인간관계를 통해서 예의범절, 협동정신, 조직생활에 대한 자신감, 책임감, 인내심, 독립심 등을 다양한 대상과의 관계 속에서 깊은 이해의 과정을 통해 인간관계를 발전하게 된다. 이러한 요인들이 군 복무를 마친 후 사회생활에 도움을 주고 있는 것으로 나타났다.

한편 20대 초반인 이 시기는 관심분야의 확대 및 자기완성의 욕구 등 제반 욕구가 크게 일어나는 시기에 군 생활은 많은 정신적 스트레스를 가지고 군에 입대한다. 군대라는 제한된 범위 내에서 자신의 욕구를 억압해야 하는 욕구에 대한 불만과 갈등이 가중되어 군 생활의 부적응과 함께 비합리적인 태도가 형성되기도 한다. 비합리적 태도는 상급자와 전우 간의 불만, 불신 또는 조직생활에 대한 비협조적 행동으로 나타나기 쉽다.

또한 군대의 조직문화를 이해 못하는 병사들의 가치관은 군대 생활환경에 적응하는 시간이 필요하다. 18개월의 복무기간 동안 외부와 단절된 생활로 제한된 욕구와 통제된 환경에 대해 불만을 가지고 있을 수 있다. 자기중심적인 사고를 우선시 하는 병사들은 군대 생활을 자기 생애의 공백 기간, 자기 발전의 방해 기간으로 여겨 피해의식과 자기 퇴보감에 빠지게 되면서 심리적 불안과 긴장이 군대 조직문화에 발전에 영향을 미칠 수 밖에 없다. 군은 이러한 병사들의 신체적, 정신적 건강을 위해 그린캠프, 비전캠프, 인성교육 등 다양한 프로그램을 적용하여 보다 인간적 성장을 위해 노력하고 있다.

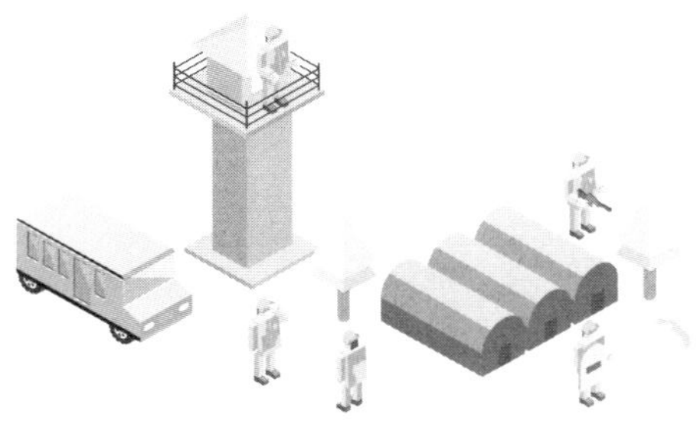

CHAPTER 02

군내 인권과 침해 사례

1 인권의 정의

인권은 '인간이면 누구나 누릴 수 있는 당연한 권리' 또는 '타인에게 양도 할 수 없는 당연한 권리', '인간의 존엄과 가치가 존중되는 것' 등으로 정의된다. 우리 헌법 제2장 10조에는 '모든 국민은 인간으로서의 존엄과 가치를 가지며 행복을 추구할 권리를 가진다. 국가는 개인이 가지는 불가침의 기본적 인권을 확인하고 이를 보장할 의무를 진다'라고 명시하고 있으며, 제11조로부터 39조까지 인권보장 관련 조항을 정하고 있다.

또한 인권보장을 주요목표로 삼고 있는 국제연합(유엔)에서도 인권을 다음과 같이 정의한 바 있다. "인권은 인간의 본성에 내재 된 것으로 이것 없이는 우리가 인간으로서 살 수 없는 그런 권리들로 정의될 수 있다. 인권으로 인해 우리는 우리의 인격, 지성, 재능, 양심을 완전히 발전시키고 사용할 수 있으며, 우리의 정신적 및 기타 욕구를 충족시킬 수 있다. 인간의 타고난 존엄성과 가치가 존중과 보호를 받을 수 있는 삶에 대한 인류의 욕구는 높아가고 있그, 그런 욕구에 기반을

둔 것이 바로 인권이다.” 이러한 맥락을 볼 때 인권적 침해를 받을 시 많은 심리적 상처로 인해 정신적 문제로 군 생활에 부적응 현상을 초래하므로 인권은 무엇보다 인간에게는 대단히 중요하다.

따라서 인권은 ‘타인에 의해 침해될 수 없는 천부적이고 당연한 권리이며, 사회적 약자를 돕는 안전장치’라는 결론을 얻을 수 있다. 이는 “인권의 부정은 개인적인 비극일 뿐 아니라 군 내의 악습을 유발시켜 군 내부 간의 폭력과 갈등의 씨앗을 뿌린다.” 인권과 인간존엄성에 대한 존중이 군대 문화와 군 전투력을 발전시키는 중요한 역할을 하고 있다.

2 군생활의 인권 및 침해 사례

우리는 군인의 인권이 원칙적으로 일반시민들과 동등한 수준으로 보장되어야 하나, 군의 임무수행에 필요한 경우에는 헌법 기타법령에 근거해서 제한될 수 있다는 점을 이해할 수 있다. 그러나 현실적으로 기본권의 보장과 제한에 대한 고정불변의 절대적 기준을 정하기는 어렵다. 군내에서 발생하는 기본권 보장은 형사처벌이나 징계처분을 받게 된다. 장병 기본권의 보장은 형사처벌이나 징계처분을 피한다는 소극적인 차원이 아니라, 국민으로서 신뢰받는 군대, 강한 전투력을 유지하는 선진 민주군대를 건설하고자 하는 적극적 자세로 실천되어야 할 일이다.

그러나 군내에서 구타 및 가혹행위로 인하여 부대 부적응 병사로 인해 군의 전투력과 사기를 저하시키는 사례를 다양하게 볼 수 있다. 실제 군에서 발생하였던 기본권 침해 관련 국가인권상담센터에 접수된 사례로 군 내에서 발생할 수 있는 기본권 침해 상황이 어떤 것인지 알아보자.

(1) 신체폭력으로부터 보호받을 권리

폭행과 상해는 일반 사회나 군대를 막론하고 신체적 자유는 가장 기초적인 기본권이다. 따라서 군기확립, 교육 기타 여하한 명분으로도 폭행과 상해는 허용될 수 없다. 이러한 사례를 들어보자.

신체폭력의 사례

사례 1 **군기확립과 교육목적을 달성하기 위한다는 이유**
군에서는 구타 원인은 다양하다. 그 중에도 군기확립과 교육목적을 달성하는 이유로 가해지는 경우가 가장 흔하다. 군기확립과 교육훈련 목적을 달성하기 위해서 이루어지는 구타행위는 대부분 자신의 권위를 확보하고 지시에 대한 후임병들의 불이행을 이유로 가해지는 경우가 많다.

사례 2 **하급자의 불손한 태도에 의한 구타 유발**
구타 발생의 또 다른 유형은 하급자가 상급자에 대해 불손한 언동을 함으로써 상급자의 감정을 촉발시켜 구타로 이어지는 경우를 들 수 있다. 군대는 엄격한 계급사회로 명령과 지시라는 수단을 통해 임무를 수행하는 특수한 집단이다.

사례 3 **사적인 감정**
구타행위는 감정에 의해서도 흔히 발생한다. 군대는 사회에서 다양한 성장환경과 문화와 교육적 배경을 가진 사람들이 모여 구성된 조직이다. 군대는 명령과 지시라는 강압적인 성격이 강하여, 이 과정에서 임무수행의 관점이나 해결방식이 서로 달라 견해 차이가 발생하고, 이는 다시 갈등과 감정악화로 이어지는 경우가 많다.

신체적 피해 시 심리적 증상에 미치는 영향 군에서 발생하고 있는 악성사고의 가장 큰 원인은 구타로 파악되고 있다. 그만큼 신체적 폭력은 피해자의 인간성을 파괴하고 분노와 감정을 통제하기 어렵게 만드는 직접적인 원인이 된다. 따라서 구타행위는 다음과 같은 심리적 증상을 초래하게 된다.

피해 병사의 존엄성과 자존감을 박탈하게 만들고, 극도의 수치심과 분노를 자극하여 또 다른 극단적인 문제행동(자살, 상관 및 동료 살해, 근무이탈, 폭행 등)을 일으키게 한다. 신체폭력을 당한 피해자는 자존감이 저하되고, 원만한 인간관계를 갖는데도 어려움을 겪게 되어 복무 부적응 증세를 유발하게 된다. 피해자에게 육체적인 고통과 상해를 주어 군 복무를 정상적으로 할 수 없게 할 뿐만 아니라. 전역 후 사회생활에도 심각한 장애(외상 후 스트레스 장애, 대인관계 기피증, 공황장애 등)를 초래할 수 있다.

(2) 언어폭력으로부터 보호받을 권리

욕설 기타 인격 모독의 행위로 구타 및 가혹행위와 함께 폭언과 욕설도 타인의 인권을 심각하게 침해하는 행위이다. 언어폭력은 상하 동료 간에 신뢰를 파괴

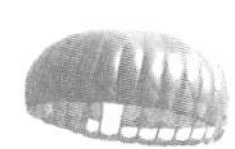

할 수 있으며, 경우에 따라 피해자가 자살, 상관폭행, 근무지 이탈 등의 극단적인 행동을 유발하는 직접적인 원인을 제공하므로 인권 차원에서 언어폭력이 발생하지 않도록 주의를 기울여야 한다. 한편 군내의 언어폭력의 내용은 매우 다양하다. 인권침해와 관련한 다양한 조사결과를 보면 병사들이 경험한 언어폭력의 유형은 인격 침해성 언어폭력, 능력과 계급을 폄하는 언어폭력, 위협적 표현의 언어폭력으로 가족 주변인에 대한 인권적 측면의 무시, 개인을 비롯하여 표현하는 언어폭력, 여성으로 비하하는 언어폭력 순으로 나타났으며, 이는 아직도 우리 군에서 다양한 언어폭력이 존재하고 있음을 보여 주고 있는 것이다. 이러한 언어폭력 피해사례는 다음과 같다.

언어폭력 사례

사례 1 **인격 모독적 언어폭력**
중사가 후임인 하사에게 병사들이 보고 있는 가운데 상습적으로 '병사만도 못한 버러지 같은 놈아' 등의 욕설을 하여, 이를 견디다 못한 하사가 분신자살 하였으며, 언어폭력을 가한 중사는 타인 모욕죄로 형사처벌을 받고, 현역 복무부적합으로 전역하였다.

사례 2 **부모를 빗댄 언어폭력**
병사가 후임병과 보초를 서던 중 후임병 근무태도가 불량하다는 이유로 '개자식, 미역국 준 니 애미가 한심하다', '벌레는 죽여도 되지만 너는 그럴 가치도 없다' 는 등의 언어폭력을 행사하여 초병 모욕죄로 형사 입건되었다.

사례 3 **개인의 능력과 태도에 대한 언어폭력**
상병이 암구호를 더듬거리자 소대장이 '저놈은 저능아 아냐? 고문관 같은 놈' 이라고 질책하고, 다른 일병에게도 '맹추', '띨띨이' 등 모욕적인 발언을 하여 복무의무 위반(모욕)으로 징계처분을 받았다.

언어폭력의 피해 시 심리적 증상 미치는 영향 언어폭력으로 상처받은 마음은 영원히 지울 수 없는 상처로 남는다. 한편 자신을 인격적 모욕감으로 인하여 자존감이 저하되고, 우울감과 분노 등의 증상으로 극단적으로는 자살까지 이어갈 수 있는 심각한 증상을 나타낸다. 또한 부대 내에서 말이 없는 병사가 되거나 집단따돌림의 피해자가 되거나 아니면 가해자로 되기도 한다.

(3) 성폭력으로부터 보호받을 권리

성추행과 성희롱이다. 성추행은 상대에게 극도의 수치심과 인간성을 파괴하는 대표적인 인권침해 유형이다. 성추행은 군 조직의 기강과 사기를 저해하고 피해를 당한 개인에게는 군 복두를 성공적으로 할 수 없도록 만드는 직접적인 요인이 되게 한다. 성희롱은 국방부 부대관리 훈령 제225조 제3항에서도 성희롱을 ‘상급자가 하급자를 대상으로 그 지위를 이용하거나 업무 등과 관련하여 상대방이 원하지 아니하는 성적의미가 내포된 육체적, 언어적, 시각적 행위로 성적 굴욕감 또는 혐오감을 느끼게 하는 행위, 성적 언동 기타 요구에 대한 불응이나 성별 차이를 이유로 복무, 근무평가, 근무조건, 사기, 복지 등에서 불이익과 불공정한 환경을 조성하는 행위, 성희롱 행위자에 동조하여 피해자에게 협박이나 강압 등을 가하여 피해자의 신고 등 권리행사를 방해하는 행위’로 정의하고 있다.

성추행과 성희롱 사례

사례 1 **성추행**

부소대장이 회식 후에 병사에게 함께 잠을 잘 것을 요구하면서 “술을 마시면 이상해지는 것 같다” 고 하며 수차례에 걸쳐 병사의 신체를 더듬고 만지는 등 추행하여 성폭력범죄의 처벌 및 피해자 보호등에 관한 법률(업무상 위력 등에 의한 추행죄)로 형사 처벌됨.

사례 2 **성희롱**

병장이 신병이 전입 때마다 옷을 다 벗고 팬티만 엉덩이 사이에 꼭 끼도록 입게 한 다음 노래를 부르고 춤을 추게 하여 수치심을 갖게 함으로써 가해자는 성희롱죄로 징계 후 처벌됨.

성추행과 성희롱 피해 시 심리적 증상에 미치는 영향 성추행과 성희롱의 피해를 받을 시는 수치심으로 인하여 혼자 있는 것에 대한 불안과 두려움을 경험하며, 신경과민 증상과 악몽 등의 증상이 나타날 수 있다. 또한 우울 증상으로 섭식장애, 피로감, 자살 충동, 죄의식, 자존감 저하, 자아정체성 혼란, 대인관계 문제 등의 심각한 심리적 증상으로 복무 부적응 현상을 나타낼 수 있다.

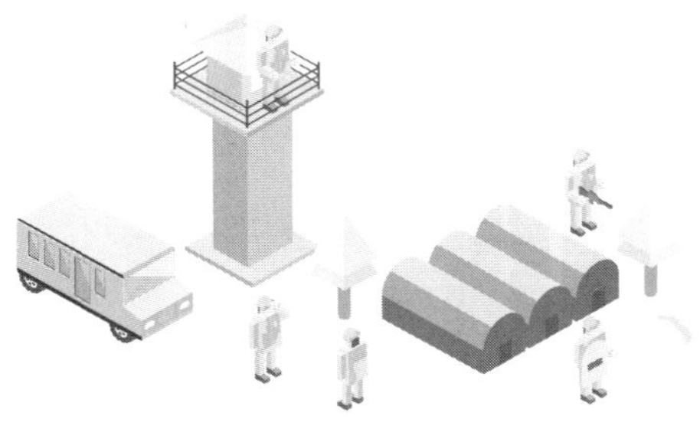

CHAPTER 03

군인으로서 갖추어야 할 가치관

군에서 군인정신을 강조하는 것은 어찌 보면 당연한 일이다. 군의 존재 목적이 전쟁을 억제하고, 만일 전쟁이 일어나면 반드시 승리하는 것이기 때문이다. 보통 전쟁은 병력, 장비, 첨단무기 등 군이 보유한 전력에 의해 결정된다고 여겨진다. 그러나 역사 속에서 객관적인 전력의 열세에도 불구하고 승리를 거둔 사례들을 쉽게 찾아볼 수 있다. 그 핵심은 바로 군인정신이다.

일본 최고의 전쟁 영웅이 과거 일본해군에게 치욕을 안겨 준 이순신 장군을 높이 평가한 이유는 13척의 배로 133척에 맞서 승리를 거둔 것 때문만은 아니었다. 이순신 장군은 절대적인 열세에도 불구하고 이길 수 있다는 신념으로 전투를 준비했고, 결국 그 신념을 행동으로 실천했다. 도고는 그러한 점에서 이순신 장군을 자신이 결코 따라잡을 수 없는 군인정신의 화신으로 평가한 것이다.

철학자 아리스토텔레스는 인생의 궁극적인 목적을 행복이라고 정의했다. 그는 인간이 존재하는 목적인 본질이 발휘될 때 비로소 행복을 느낀다고 설명했다. 자신이 가장 잘할 수 있는 것을 할 때 그 사람의 본질이 발휘되며, 그것이 곧 행복이라는 것이다. 따라서 군인은 전쟁을 예방하고, 전쟁에서 승리한다는 군인의 본질을 실천하기 위해 최선을 다할 때 행복을 느낀다고 할 수 있다.

군인정신은 목표를 정하고 최선을 다해 노력하여 마침내 목표를 달성하는 정신을 말한다. 개인의 인생에서도 군인정신을 발휘하여 죽음을 각오하고 인생의 목표를 달성하는 데 최선의 노력을 기울인다면 결국 성공적인 삶을 살게 된다. 인생에서 어떤 목표를 세워놓고 그 목표를 달성하기 위해 노력하는 과정에서 군인정신이 큰 도움이 되는 것이다. 경우에 따라서는 인내하거나 목숨을 걸게 만들고, 때로는 모든 것을 다 바치게 한다. 그것은 자신의 일에 최선을 다해서 노력할 때 진정한 행복을 느끼기 때문이다. 그래서 군인정신이 삶을 행복하게 이끄는 원동력이 된다.

군인으로 갖추어야 할 가치관은 군인복무규율에도 나와 있듯이 명예, 충성, 진정한 용기, 필승의 신념, 임전무퇴의 기상, 애국애민의 정신이다.

1 명예

외형적으로는 한 사람이 수행한 일의 업적에 대해 사회로부터 받는 좋은 평판과 존경이며, 내면적으로는 자신이 수행한 일의 성과에 대해 스스로 만족하고 보람을 느끼는 심리적 태도라 할 수 있다. 아리스토텔레스는 '덕(virtue)에 대한 보상으로서 외적으로 주어지는 가치 가운데 최고의 것'이 명예라고 정의하였다. 즉 한 개인이 어떤 덕(진정한 도덕심·능력)을 지니고 발휘할 경우, 다른 사람들이 그것에 대하여 보내는 찬사가 바로 명예라는 것이다. 따라서 군인에게 있어서 명예로운 군인은 무엇인가? 한마디로 말하면 "군인다운 군인", "군인의 임무와 책임을 다하는 군인", "국민으로부터 사랑과 존경을 받는 군인"을 일컬어 이야기할 수 있다. 한편 소크라테스는 '명예로운 죽음은 불명예의 삶보다 낫다'고 했다. 결국 명예란 온갖 어려움을 무릅쓰고 자신의 이익이나 희생을 전제로 자신에게 부과된 사명과 책무를 완수하는 것이다.

2 충성

군인에게 필요한 또 하나의 정신은 '충성심'이다. 충성은 믿음에 바탕을 둔 인간의 근본 된 마음이라 할 수 있다. 이러한 충성은 자기 자신에 대한 충성과 상관에 대한 충성, 국가에 대한 충성이 있다.

먼저 자기 자신에 대한 충성은 충성을 위한 출발점이다. 자기 자신에 대해 충실한 사람은 자연스럽게 타인과 나라에 충실하게 될 것이기 때문이다. 둘째는 상관에 대한 충성이다. 상관에 대한 충성은 마음으로부터 우러나와 자기에게 부여된 임무를 능률적이고 성공적으로 수행함은 물론 상관을 받들고, 자신의 언행 때문에 상관의 권위와 위신이 실추되지 않도록 함을 의미한다. 셋째는 국가에 대한 충성이다. 군인은 목숨까지도 바쳐 국가에 봉사하고 헌신해야 한다. 군인에게 국가에 대한 충성이야말로 그 어떤 종류의 충성보다 가장 우선시 되어야 한다.

3 진정한 용기

공자(孔子)는 분별력이 있어 미혹당하지 않는 지혜로운 사람을 지자(智者)라 하고, 근심걱정 없는 어진 사람을 인자(仁者)라 하며, 기개가 있어 두려워하지 않는 사람을 용자(勇者)라 했다. 용기는 대의를 위한 분별력 있는 정신적 인내력이다. 분별력 없는 용기나 정의롭지 못한 용기는 만용에 불과한 것이다. 따라서 용기 있는 사람은 자기 자신을 극복할 수 있는 힘으로 불의와 타협하지 않고 욕망을 누르고 정의를 위해 행동하는 사람을 말한다.

서양의 격언에 '행운은 용자(勇者)의 편에 선다'는 말이 있다. 생사를 걸고 적과 싸워 이겨야 하는 군인에게 있어서 용기는 두말할 필요가 없다. 이러한 군인의 용기는 명령과 규율 아래서 발휘되어야 하며 죽음을 무릅쓰고 부여된 임무와 책임을 다하는 데 그 가치가 있다.

4 필승의 신념

신념은 믿음에서 나오는 자신감이다. 신념이 있으면 무엇보다도 그 신념을 행동으로 옮기는 데 실천력이 커진다. 그리고 확신이 있는 까닭에 실패할 확률도 훨씬 낮아진다고 한다. 기필코 이겨야 한다는 굳은 결의와 반드시 이길 수 있다는 신념을 우리는 '필승의 신념'이라고 말한다. 군인은 전투에 임해서는 반드시 이겨야 한다. 그것이 군인의 생명이요 존재 이유이기 때문이다. 따라서 필승의 신념을 행동화로 실천하기 위한 노력의 병행이 필요하다. 그것이 곧 완벽한 전투준비태세 확립이다.

5 임전무퇴의 기상

임전무퇴의 기상은 글자 그대로 전쟁터에 들어서면 죽기를 각오하고 싸워 물러서지 않음을 말한다. 임전무퇴의 정신은 어떠한 최악의 상황에서도 희생을 각오하고 맡은 바 책임을 다하며 불굴의 투지로 승리를 쟁취하는 정신이다. 따라서 임전무퇴의 정신은 진정한 용기, 강인한 체력, 인내심, 필승의 신념과 의지력이 동반되어야 한다. 또한 끊임 없는 육체적 고통과 고난을 극복해야 하는 전쟁환경에서 강인한 체력과 인내력은 전투원이 갖추어야 할 가장 기본적인 자질이며, 고통을 이겨내고 승리를 쟁취하겠다는 정신은 임전무퇴의 기초가 된다. 우리 민족이 백척간두의 위기에서 나라를 구한 것도 우리 조상들의 면면히 흐르는 임전무퇴의 기상이 있었기에 가능했던 것이다.

6 애국애민 정신

애국애민 정신은 군인이 지녀야 할 최고의 덕목이라 할 수 있다. 군인의 충성·명예·희생·용기·봉사 등 모든 덕목들 속에는 애국애민 정신이 담겨져 있다. 애국애민 정신은 조국의 불행을 가슴 아파하고 조국의 기쁨을 더불어 함께 나누

면서 조국의 흥망에 우리의 운명을 직결시키는 충정, 그리고 조국의 영예와 존엄을 위해 싸우며, 자신의 모든 것을 바치는 정신이다.

결론적으로 군인이 견지해야 할 가장 소중한 가치관의 군인 6대 가치관은 시대를 초월하여 군인으로서 견지해야 할 가장 소중한 가치관이다. 이러한 덕목은 하루아침에 형성되지 않는다. 끊임없는 노력과 인내, 그리고 자신에 대한 성찰을 통해서 점진적으로 형성되는 것이다. 교육훈련과 생활관 생활 등 군생활 속에서 체험하고, 행동화함으로써 체득되는 것이다. 이를 위해서는 지휘관을 비롯한 간부들의 솔선수범과 리더십이 요구되며, '용장 밑에 약졸 없다'는 말처럼 군인정신이 충만한 지휘관만이 군인정신이 투철한 부하를 육성할 수 있다.

군인이 군인답다는 것은 참으로 당연한 말이지만 실천에는 어려움이 따를 수도 있다. 그러나 진정한 군인정신으로 무장하고 그것을 실천하기 위해 노력 할 때 대한민국도 지켜지고 더불어 자신도 행복해질 수 있다. 따라서 장병들은 스스로 내가 군복을 왜 입고 있는가를 되새기고, 대한민국 국군이 지향하는 이념과 사명을 명확히 인식한 가운데, 선조들이 나라를 지키기 위해서 지켜왔던 투철한 군인정신을 내면화하여 '군인다운 군인', '정예화된 선진강군'의 주역이 되어야 한다(국방일보, 2013. 3. 4. 정신교육).

군 상담 환경 이해

CHAPTER 01 / 군 상담의 필요성
CHAPTER 02 / 군 상담의 정의
CHAPTER 03 / 군 상담의 특수성
CHAPTER 04 / 군 상담과 심리상담과의 비교
CHAPTER 05 / 군 상담의 영역
CHAPTER 06 / 군 상담자의 역할과 특성

감사는 완전한 인생을 열어준다.

우리가 가진 것을 충분하고 넘치는 것으로 변화시킨다.

부정을 긍정으로, 혼돈을 질서로 혼란을 명쾌함으로 변화시킨다.

문제점들은 재능으로, 실패는 성공으로,

예기치 못한 일을 완벽한 타이밍으로

실수는 중요한 사건으로 변화시킨다.

감사는 과거를 이해하게 하고 현재에 평화를 가져오며,

미래를 위한 비전을 제시해 준다.

「 맬로디 비티 」

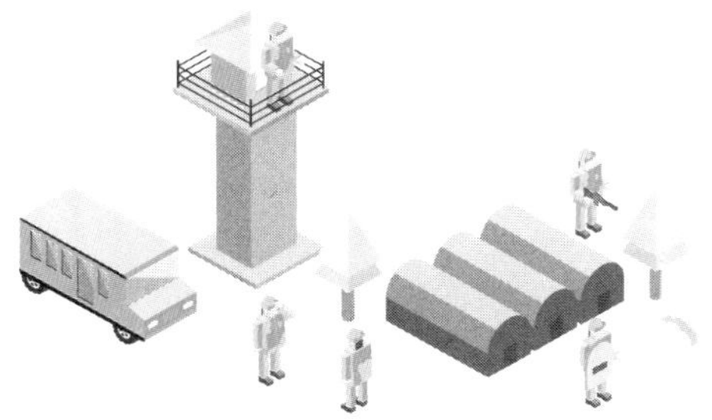

CHAPTER 01

군 상담의 필요성

군은 국가방위라는 특수 임무를 수행하는 특수한 조직사회로서 그 구성원은 엄격한 위계질서 속에서 자유로운 사적 생활의 제약을 받게 된다. 이러한 특수성을 갖는 군 조직에서 장병들이 정신적으로나 사회적으로 심한 부적응 상태에 빠지기 전에 또 사고가 발생하기 이전에 문제를 해결·예방할 수 있는 방법은 여러 가지가 있다. 지휘관 훈시, 복지시설 확충 및 제공·공정한 지휘, 철저한 감독 등 여러 가지 방법이 활용될 수 있다. 그중 상담은 이러한 방법 중 하나로 다른 집단적 방식에 의한 접근과는 달리 개인적 또는 소규모 집단의 방식을 채택한 방법이다.

다시 말해서 상담은 문제 해결을 위한 집단적 접근 방법보다는 훨씬 개인을 깊이 있게 이해할 수 있으며 이러한 개인적 이해에 더하여 좀 더 정확하고 직접적인 도움을 줄 수 있다는 장점을 지니고 있다.

첫째, 부대 전입 병사의 조기 적응으로 간부는 전입 병사가 자대에 도착한 후 가능한 빠른 시간 내에 상담을 실시해야 한다. 특히 전입 장병으로 하여금 '부대원들이 나에게 진심으로 관심을 가지고 있다' 는 인식을 갖게 해야 한다. 이런 관

심은 전입병사에게 새로운 환경으로 인한 심리적 불안감을 어느 정도 덜어주고 군 생활 적응에 대한 마음가짐을 새롭게 다지게 할 수 있다. 전입 초기 관심 소홀은 부하의 적응을 어렵게 한다.

둘째, 부하 개인의 고민을 해결하는 것으로 부하들의 고민에는 개인 신상문제(복무, 건강, 가정, 진로문제 등), 선임병과의 갈등 그리고 이성문제 등 여러 가지가 있다. 간부는 다양한 경로를 통하여 부하의 고민사항을 파악하는 데 노력해야 한다.

셋째, 임무수행 과정상 나타나는 문제해결로 만약 부하가 맡은 임무를 제대로 수행하지 못한다면, 간부는 그 근본적인 원인과 문제를 파악하기 위해 상담을 해야 한다. 임무수행 과정에서 나타나는 부하의 문제를 정확히 파악한 후 예를들면 체력 저조자는 체력 향상 프로그램에 참여하게 하거나 임무수행 우수자에게 지도하게 하는 방법, 경우에 따라 적성에 맞는 보직 조정 등 문제 해결을 위한 조치를 반드시 취해야 한다.

만약 부하의 고민 사항을 인지했다면 가능한 한 신속하게 상담을 실시 해야한다. 이때 비밀보장에 대한 신뢰감을 전달하는 것이 중요하다. 간부로서 부하의 결점을 파악하고 개선점을 이야기해주는 것이 간부의 책임이지만, 부하가 잘한 일에 대해서는 칭찬하는 것은 더 중요하다. 간단한 몇 마디의 말이나 등을 두드려주는 격려로 부하에게 요구되는 행동을 강화 시킬 수 있다.

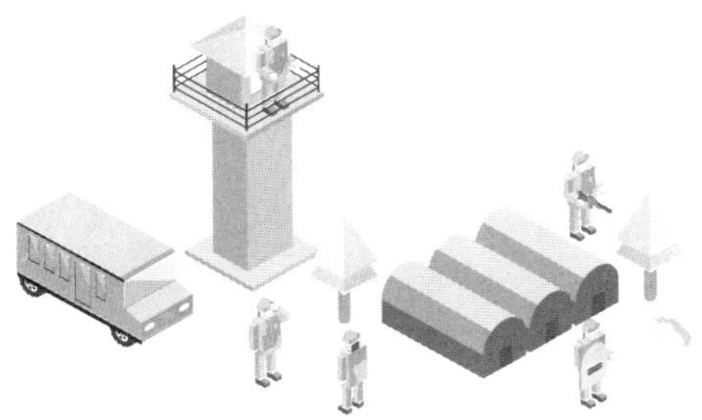

CHAPTER 02

군 상담의 정의

상담(相談)이란 영어로는 counseling이며, 이는 라틴어 counsulere에서 유래된 것으로 '고려하다', '조언을 구하다' 등의 의미를 지니고 있다. 즉 상담이란 전문지식을 갖춘 상담자과 내담자가 상호작용하는 과정으로 내담자가 긍정적으로 자기이해 및 수용을 통해 바람직한 행동을 할 수 있도록 변화를 가능하게 돕는 과정이라고 할 수 있다. 상담에 대해서도 다양하게 정의하고 있으나 대표적인 정의들을 제시하면 다음과 같다.

Williamson(1950)는 "내담자로 하여금 스스로 문제를 해결할 수 있도록 전문가가 암시와 충고를 하는 것"으로 정의하였다.

Rosers(1942)는 "상담자가 치료적인 분위기를 조성하여 내담자 스스로 문제해결을 하도록 돕는 것"으로 정의하였다.

교육사령부 군 상담 교재(2009)에서는 "상담자가 문제를 가지고 있는 내담자를 대상으로 촉진적 의사소통을 통해서 내담자 스스로 문제를 해결할 수 있도록 힘과 능력을 가질 수 있도록 도와주는 과정"으로 설명하였다.

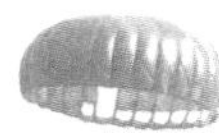

이장호(2005)는 “국가방위라는 특수 임무를 수행하고, 엄격한 위계질서 속에서 자유로운 사적 생활의 제약을 받는 등의 특수성을 갖는 군대 환경에서 야기되는 구성원들의 갈등과 고민을 해결해 주기 위하여 각 군의 교육기관 및 각급 부대에서 이루어지는 상담과정이다.”로 설명하였다.

육군 보병학교 고등군사반 상담기법 교재(2004)에서는 “다양한 문화 여건에서 생활하고 있는 부하들 가운데 자신의 심리적 갈등이나 애로 사항 때문에 능력을 보유하고도 맡은 바 업무를 효과적으로 수행해 나갈 수 없을 때 업무 수행 등 근무 능률을 향상시키기 위하여 지휘통솔자가 문제의 핵심을 파악하여 해결 방안을 찾아 도와주는 과정이다.”로 설명하고 있다.

군 상담 종합발전계획(2007)에서는 “상담 전문가 또는 리더가 필요로 하는 내담자에게 스스로 문제해결을 하도록 조력하거나 능력을 계발할 수 있도록 도와주는 일련의 과정”이라고 설명하고 있다.

이상과 같은 군 상담에 대한 정의를 종합해 볼 때, 군 상담이란 “군대에서 상담교육을 받은 간부가 부하와의 관계에서 도움을 필요로 하는 병사에게 대면관계에서 생활과정상에서 문제를 해결하고, 생각, 감정, 행동 측면의 인간적 성장을 위해 조력활동을 통해 부하로 하여금 스스로 문제해결을 하도록 돕는 과정”이라고 정의할 수 있다.

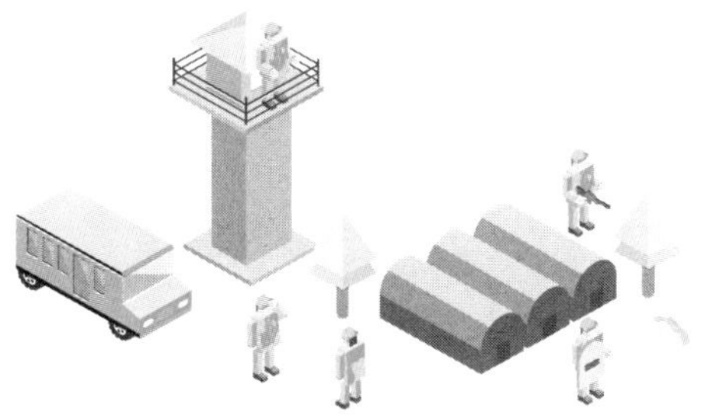

CHAPTER 03
군 상담의 특수성

군 상담은 군의 특수성 때문에 심리상담과는 많은 부분에 차이가 있다. 군 상담은 일반적으로 정의하는 심리상담과 다른 어떤 특성을 가지고 있는지 살펴보기로 한다.

1 상담자와 내담자의 관계형성이 어렵다.

군 상담은 상담자와 부하인 내담자 사이에서 상담이 이루어지기 때문에 계급 차이가 존재하여, 상담자와 내담자 간의 수평적인 관계형성이 어렵다. 부하인 내담자가 자신을 평가하는 위치에 있는 군 간부 겸 상담자이게 자신의 문제점을 드러내며 솔직한 이야기를 하기가 쉽지 않을 것이다. 이러한 문제를 해결하기 위해서는 간부들이 평소에 부하들을 대할 때 개방적인 자세틀 취하고 인격적인 관계를 형성할 필요가 있다.

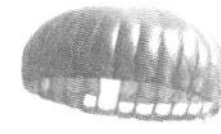

2 군 간부들이 상관과 동시 상담자 역할의 이중 역할을 한다.

군 간부들은 평소에는 내담자인 병사들을 지휘하다가 상담 장면에서는 상담자의 역할을 하게 된다. 병사들은 상담 장면에서 보이는 군 간부들의 모습에 대해 평소와는 다른 모습으로 오해하고 혼란스러워 할 수 있다. 따라서 군 간부들이 상담 시 상담자의 역할에 대한 구조화를 할 필요가 있다.

3 정신적 미성숙으로 인해 문제해결시 감정에 치우칠 우려가 있다.

내담자들의 대부분이 20대 초반의 청년층이기 때문에 육체적으로는 성인이지만 정신적으로는 다소 미성숙하고, 문제해결 시 제한된 경험에 집착하거나 감정에 치우칠 가능성이 크다. 군 간부들은 부하들이 이와 같은 특성을 파악하고 있어야 한다. 상담자가 중대장일 경우 세대차가 벌어지기도 하므로, 상담자는 내담자를 충분히 이해하기 위한 사전 노력이 필요하다.

4 상담자가 내담자의 문제를 해소해 줄 수 있는 범위와 한계가 있다.

구성원은 개인생활에 대한 규제가 군 조직 유지를 위해 필수적이므로 내담자에게 유익한 해결방법이 있더라도 적용하기 곤란하며, 이로 인해 병사들이 상담을 통한 문제해결에 부정적인 태도를 가질 수 있다. 군은 개인보다는 조직의 가치를 우선시 하는 조직이라 내담자에게 유익한 해결방법이 있다 하더라도 적용하기 곤란한 경우가 있다. 이로 인해 부하들이 상담을 해도 도움이 되지 않는다는 생각을 가질 수 있다. 엄격한 규제와 인내심을 요구하는 군에서는 경험이 사회에서는 배울 수 없는 발달과업 중의 하나라는 인식을 갖도록 장병들을 교육할 필요가 있다.

5 부하들은 개인의 편리와 이익을 위해 거짓으로 문제를 호소할 가능성이 있다.

좀 더 편한 부대나 보직으로 옮겨가기 위해, 혹은 휴가를 받고 싶은 마음과 더 크게는 전역까지 고려하는 장병들도 점차 증가하는 추세로 문제를 허위로 만들어 낼 수 있기 때문에, 상담자는 내담자의 호소가 사실인지의 여부를 면밀히 확인할 필요가 있다. 하지만 이런 확인 과정이 자칫 잘못하면 상담자와 내담자의 신뢰관계 형성을 저해하는 요소로 작용할 수도 있으므로 신중한 접근이 필요하다.

6 군 간부의 이중적 업무로 인한 형식적 상담이 이루어 질 수 있다.

군 간부들은 과도한 업무에 시달려서 상부 보고용으로 형식적인 상담을 진행할 수 있다. 또한 그들은 상담이론 및 기법에 대한 충분한 교육 부재로 인해 전문적인 상담 능력이 부족하여 상담자로서의 역할을 제대로 못하고 면담 수준의 일반적 상담이 이루어지고 있다.

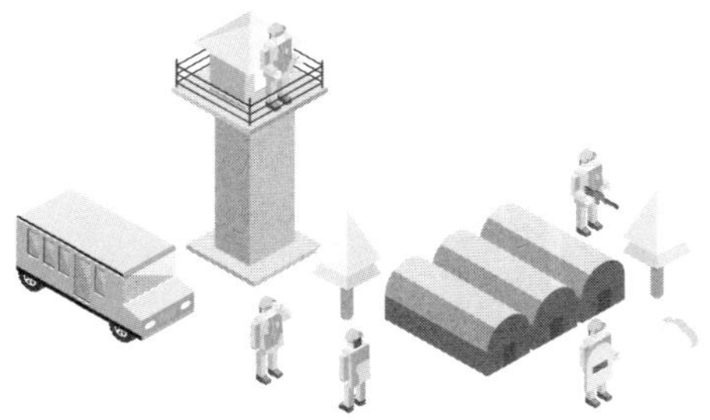

CHAPTER 04

군 상담과 심리상담과의 비교

군 상담과 심리상담을 비교하기에 앞서 통상 우리가 이야기하는 일반적 상담과 전문적 상담의 차이점을 알아보면, 일반적 상담은 상담의 이론과 방법에 대한 전문적 지식이 없으며 체계적인 상담 훈련을 받지 않은 사람들에 의해 이루어지는 일종의 면담이나 충고 등을 말한다.

이는 내담자를 변화시키는 데 필요한 구체적이고 전문적인 방법을 적용하지 못하고 자신의 개인적인 경험이나 주관적인 판단 및 특정 사례에 의존하기 때문에 상담이 비효율적으로 진행되어 상담의 효과가 나타날 가능성이 적다고 볼 수 있다. 반면에 전문적 상담은 상담의 이론과 방법에 대한 전문적인 지식을 가지고 있으며, 상담 실습과 훈련을 거쳐 전문상담자의 자격을 구비한 사람들에 의해 이루어지는 상담을 말한다. 전문성이 확보된 상담자가 내담자를 변화시키는 데 필요한 구체적이고 전문적인 방법을 적용하여 상담을 효율적으로 진행하기 때문에 상담의 효과를 거둘 가능성이 크다고 할 수 있다.

우리는 몸이 아플 때 병원에 있는 의사를 찾아 가듯이 마음의 문제도 마찬가지로 전문가의 도움을 받아야 한다. 사이비 의사가 자칫하면 환자를 죽음에 이르게 할 수 있듯이 전문성이 없는 상담자도 내담자의 문제를 돕기보다 악화시킬 수 있다. 어떤 사람이 전문가라고 할 수 있는가? 전문가란 내담자 또는 부하들이 고민하고 있는 문제의 원인, 발달과정 및 해결방법 등에 관한 상담이론에 대한 지식이 있고, 상담을 효율적으로 진행하는 절차와 방법을 알며, 실제 상담경험과 훈련지도를 받은 사람이다. 군 간부들이 어느 정도의 상담의 전문성을 갖추게 된다면 정신적인 문제로 야기되는 여러 가지 사고를 사전에 예방할 수 있을 것이다.

군에서 현재 실시하고 있는 상담이나 면담은 현재 그 의미나 적용에 있어서 군 간부들이 많은 혼동을 하고 있는 실정이다. 상담에 대한 전문적인 지식이 없는 지휘자나 지휘관 그리고 부사관단에서 실시하는 것과 병영생활 전문상담관이나 군종장교들이 실시하는 것과는 차이가 있다고 볼 수 있다. 그러면 우선 군에서의 우리가 통상 실시하고 있는 지휘자 및 지휘관, 인사 관련 실무자들이 하는 면담과 상담의 차이를 알아보면, 면담(interview)은 서로 얼굴을 보면서 내담자에 대한 어떤 문제에 대해 단순히 이야기를 나누는 것이고, 상담(counseling)은 도움을 필요로 하는 사람이 스스로 문제를 해결할 수 있도록 서로 합의하는 과정이라고 할 수 있다.

이를 좀 더 구체적으로 표현하면 상담이란 '상담자가 문제를 가지고 있는 내담자를 대상으로 촉진적인 의사소통을 통해 내담자가 스스로 문제를 해결할 수 있는 힘과 능력을 가질 수 있도록 도와주는 과정' 으로 여기에서 촉진적인 의사소통이란 내담자가 마음을 열고 자신의 감정을 표현할 수 있도록 도와주는 모든 노력을 말한다. 따라서 앞으로 군 간부들은 초보적인 상담 수준에서 벗어나 전문성 있는 상담을 할 수 있는 역량을 계발하고 자질과 특성을 갖추어야 한다. 군 상담과 심리상담의 공통점은 상담의 세 가지 요소인 상담자·내담자·전문적 상담방법이 중요하고, 문제해결을 돕는 과정이라는 점이다. 군 상담과 심리상담의 차이점을 살펴보면 다음과 같다.

첫째, 심리상담은 개인의 감정이나 이익을 최우선적으로 고려하지만, 군 상담은 개인보다는 조직의 특수성과 임무 및 집단의 목표에 더 비중을 둔다는 점이다.

둘째, 심리상담은 대체로 상담자와 내담자의 계급이 존재하지 않아 수평적 관계를 이루며, 상담자가 내담자와의 관계에서 상담자라는 한 가지 역할을 하는 반

면에, 군 상담은 상담자인 군 간부가 내담자인 부하보다 계급이 높아 수직적 관계를 이루며, 상담자뿐만이 아니라 기존의 군 간부 역할이 존재하여 이중 역할을 한다는 점이다.

셋째, 심리상담은 상담자가 내담자의 비밀보장과 문제해결에 특별한 한계가 없는 반면, 군 상담은 보고체계가 중시되어 비밀보장에 어려움이 따르고 상담자가 내담자의 문제를 해결할 수 있는 방법이 있어도 적용 가능한 범위와 정도에 한계(예: 개인생활과 휴가 등을 규제할 수밖에 없다)가 있다.

넷째, 일부 지휘관의 민간상담전문가 의존 등의 문제를 지적하면서 군 상담관계관들의 상담의 전문적인 지식의 중요성 인식 부족과 군 경험에 의존한 관습적 자기 논리의 집착에 의한 상담, 특히 상담적 대화기술의 부족으로 인해 최초 상담 시 장병들이 상처받을 수 있음을 우려 된다고 한 바 있다.

이러한 군 상담의 부정적인 사항들을 탈피하여 군 생활에 긍정적인 방향으로 나아갈 수 있도록 해야 한다. 아울러 여기까지 정리한 심리상담과 군 상담은 연령별 또는 성별 등 상담 대상과 수준별 상담관계에 따라 비교할 수 있다. 또한 상담의 환경에 따른 상담교육, 조직 속의 개인과 조직목표 중 무엇이 우선인지의 상담의 우선순위, 비밀보장의 문제, 문제해결의 범위 등의 여러 가지로 비교할 수 있는바 세부적으로 정리를 해둔 대표적인 연구결과를 제시하면 [표 2-1]과 같다.

[표 2-1] 군 상담과 심리상담 비교

구분	군 상담	심리상담
상담대상	군 장병	일반인
상담관계	수직적(계급관계)	수평적(동등관계)
상담환경	동일한 군생활	개인별 사생활
상담목표	개인과 조직목표 우선	개인의 감정과 이익을 우선
비밀보장	제한된 비밀보장	비밀보장 최우선
문제해결 범위	문제해결 한계 상존	적극적 문제해결
상담기간	주로 단기 상담	주로 장기상담
내담자 유형	비자발적 내담자 다수	자발적 내담자
부정왜곡 호소	발생	없음
상담의 기대	불이익에 대한 걱정	상담계약에 의한 믿음

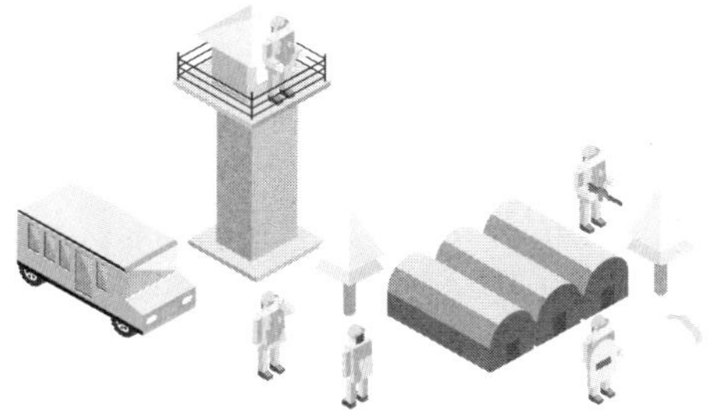

CHAPTER 05

군 상담의 영역

상담은 충고, 정보제공, 위로나 격려, 정신분석, 심리치료 등 광범위한 활동을 가리키는 개념으로 일상생활에서 널리 쓰이고 있다. 일반사회에서도 상담은 면담, 충고, 권유, 조언 등의 다양한 의미로 사용되고 있으며, 군에서도 상담이란 용어가 명확한 의미 구분 없이 사용되고 있는 실정이다.

현재 군에서 이루어지고 있는 상담은 주로 개인상담 위주로 이루어지며 필요시는 집단상담도 진행하기도 한다. 개인상담은 각 부대별 병영생활전문상담관에 의해 이루어지며, 집단상담은 군단급에서 운영하고 있는 그린캠프 또는 사단별 필요시 병영생활전문상담관에 의해 운영되기도 한다. 따라서 군에서는 일반사회와 달리 군상담의 영역을 설정하여 운영하고 있는 군 상담의 영역을 명확히 구분하는 것이 군 상담의 정의를 올바로 이해하는 데 도움이 된다. 군 상담의 영역은 크게 '전문가 영역'과 '간부 영역'으로 구분될 수 있으며 [표 2-2]와 같이 구분할 수 있다.

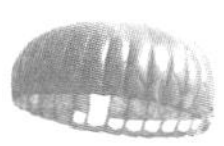

[표 2-2] 군 상담의 영역

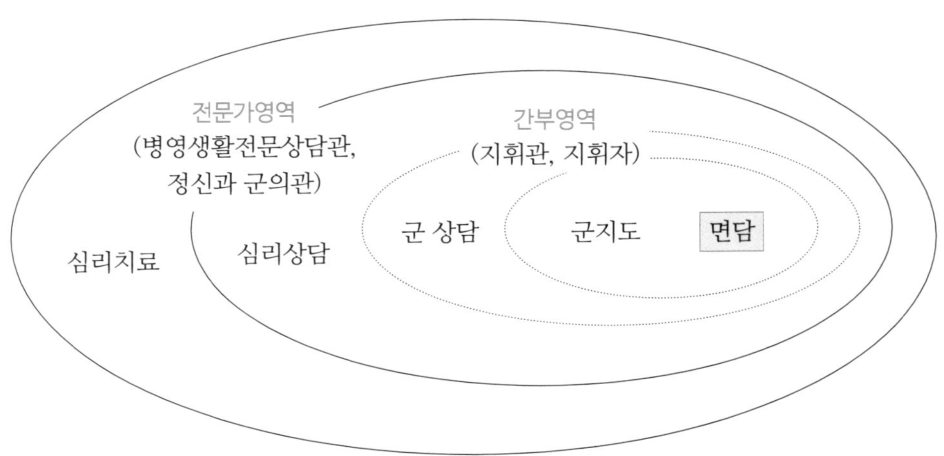

출처 : 김창대 외, 2002. 카운슬링의 원리

간부 영역의 상담이란 군 간부가 도움이 필요한 부대원들을 대상으로 개인통찰, 지휘조치 등의 방법을 이용하여 부하의 심리적·현실적 문제를 해결할 수 있도록 도와주는 과정이라 할 수 있다. 군 상담의 간부 영역에는 분대장에서 대대장 등의 지휘관(자), 그리고 반장, 행정보급관, 주임원사, 참모 등이 해당한다.

전문가 영역의 상담이란 상담이론과 군대의 특수성을 이해하고 상담을 효과적으로 진행하는 방법과 절차를 알고 있는 전문가가 심리적·정신적 문제로 군 복무에 부적응하는 장병에 대해 다양한 시도를 통하여 정상적으로 기능할 수 있도록 도와주는 과정이라고 할 수 있다. 군 상담의 전문가 영역은 제대별 병영생활 전문상담관과 군종장교, 정신과 군의관 등이 주로 상담을 주관한다.

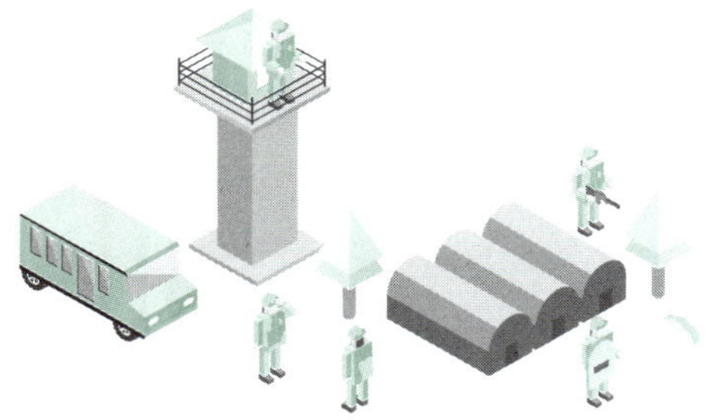

CHAPTER 06

군 상담자의 역할과 특성

1 유능한 군 상담자

유능한 군 상담자가 되기 위해서 반드시 간부의 자질과 능력, 행동의 특성을 이해해야 한다. 간부는 어떤 군인이 되어야 하는가(자질)에는 가치관, 품성, 태도, 군인다움 등이 포함된다. 간부가 무엇을 할 수 있어야 하는가(능력)에는 지적인 능력, 전투수행 능력, 직무수행 능력, 의사결정 능력, 의사소통 능력, 변화관리 능력 등이 포함된다. 그리고 간부가 조직과 구성원들을 이끌기 위해 어떻게 실천하고 행동해야 하는가(행동)에 포함되는 것은 솔선수범, 마음 움직이기, 자기계발, 구성원 계발, 성과달성 등이다.

2 군 상담자의 특성

간부의 자질과 능력, 행동의 특성을 이해한 가운데 간부가 부하들에게 존경받고 신뢰받기 위해서 간부는 상담자로서의 특성인 태도와 상담기술이 중요하다.

상담자로서의 태도는 일상생활하는 가운데 간부는 진실된 마음을 드러나게 하고, 상담기술은 간부의 상담자로서의 강점과 약점을 드러나게 한다. 부하들은 간부가 그들의 문제 해결과 잠재력의 계발에 관심이 있고 배려하는지 잘 알고 있다. 그러므로 상담자로서의 태도와 상담기술을 반드시 갖추어야 하고, 실제 상담 시 부하들의 기대 수준 또는 그 이상의 능력을 발휘해야 한다. 만약 상담자의 태도와 상담기술이 요구되는 수준이 이하라면, 부하들은 상담이 진행되는 동안 상담자의 조언이나 안내를 따르지 않을 것이다.

3 군 상담자의 가치

간부가 상담자의 역할을 수행하면 간부에게 다방면으로 가치가 있다. 우선 상담을 통해 부하들과 얘기할 기회를 가질 수 있다. 이를 통해 부하들이 현재 지니고 있는 문제점과 관심사에 대한 이해를 하게 되고 때로는 오해를 해명할 수 있다. 부대원들이 자신의 문제를 스스로 해결하도록 가르침으로써 문제해결 시간을 절약할 수 있다. 뿐만 아니라, 상담을 통해 부대원 개인의 동기를 유발하고 팀워크를 발전시킬 수 있다. 부하의 능력 계발 또는 진로에 대한 상담은 우수한 인재를 군에 지속적으로 유지시킬 수 있게 도와준다.

흔히들 상담하면 일정한 장소와 시기가 있는 것으로 간주하는데, 상담의 장소와 시기를 계획하였다면, 간부는 어느 정도 구조화된 상담을 진행할 수 있을 것이다. 하지만 대부분은 어떤 문제가 발생했을 때 이에 대처하거나, 현장에서 적시적인 지도 또는 간단한 칭찬으로 부하가 문제를 해결하거나 능력을 최대한 발휘하도록 돕는다. 때로는 문제를 지닌 부대원이 먼저 간부에게 상담을 요청하는 경우도 있지만, 군 상담 환경 특성상 부대원들이 지닌 문제들은 복무 염증이나 정서적 혹은 경제적인 문제일 수도 있다. 상황이 어떻든 간에 간부들은 시간을 가지고 적극적인 자세로 상담에 임하여야 한다.

4 군 상담자의 역할

모든 간부는 상담자로서의 기본적인 역할이 있다. 만약 간부가 상담을 소홀히 한다면, 기본 임무를 소홀히 하는 것과 사고예방을 하는데 많은 문제를 가질 수 있다. 부하들은 자신의 능력에 대해 제대로 평가받기를 기대하며 간부로부터 도움과 보호를 받을 권리가 있다.

일반적으로, 간부들은 지휘계통상의 부하들을 관리해야 한다. 대대장은 중대장들을, 중대장은 행정보급관, 소대장은 부소대장들을 상담해야 한다. 이러한 과정을 통해, 부하들은 상관의 경험과 지식을 배울 수 있다. 이와 같은 일대일 관계는 개인의 성장뿐만 아니라 부대의 전투력을 향상시킨다.

간부는 자신의 계급, 직책, 경험, 능력에 따라 상담 역할이 달라진다. 예를 들어, 중대장과 행정보급관은 필요시 소대장과 부소대장을 대상으로 상담할 수 있다. 부대원과 밀접한 분·소대장 및 부소대장은 일상적인 접촉을 유지하면서 수시로 상담을 할 수 있다. 따라서 평소 칭찬이나 격려, 지지 등의 기본적인 역할을 수행한다. 특히 상담이 필요한 부하를 식별하고, 내담자를 대상으로 상담 준비 및 실시, 상담 후 사후조치를 진행한다. 중대장과 중대 행정보급관은 위와 같은 역할에 대하여 소대장과 부소대장이 상담을 진행하기 어려운 병사를 의뢰 받아 상담을 진행하거나 부하 간부를 유능한 상담자로 만들기 위해 교육과 훈련을 시킨다. 대대장급 이상 지휘관은 부하 간부들에 대한 상담을 하고, 장교와 부사관의 상담능력을 계발하기 위한 상담전문가 초빙교육 및 지도를 하고 부대 외부의 도움이 필요시는 상담전문기관과 연계에 대한 도움을 요청을 한다.

모든 상담의 경우 상담 내용을 기록해야 한다. 경우에 따라 보고서나 녹음 또는 메모를 작성해야 하는데 이러한 경우, 반드시 상담을 받는 부하에게 알려주어야 한다. 기록은 상담 받는 부하에게 유용한 행동계획을 제시해 주기 때문이다. 상담하는 동안 작성된 자료에 대해 동의한 내용에 논쟁의 여지가 없도록 동의서를 받는 것도 필요하며, 또한 간부가 공식적인 조치를 취해야 할 때 참고자료로 활용하는 데 필요하다. 유능한 간부는 이러한 상담 자료를 활용하여 상담을 진행하는 부하에게 긍정적인 방향으로 변화할 수 있도록 유도할 수 있어야 한다.

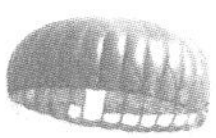

상담자의 역할은 부하가 사무실을 떠났을 때 끝나는 것이 아니다. 간부로서의 상담자의 역할은 부하가 전역하는 그날까지 성장을 도와야 한다. 상담자가 설정된 기준에 대한 지속적인 수행 평가를 포함한, 후속조치를 하는 것은 보다 중요하다. 이러한 후속조치를 통해, 목적을 달성하고, 부하의 결점을 보완하며 부대원의 성과를 향상시킬 수 있다. 성과 향상은 칭찬과 보상, 업무수행 상담 또는 다른 적절한 방법 등을 통해 인정되어야 한다. 만약 성과가 향상되지 않는다면, 이유를 규명하기 위해 상담의 진행과정을 다시 검토를 하고 방향이 잘못되었다면 다시 목표를 설정하고 부하가 보다 성장할 수 있도록 지속 관리하여야 한다. 더 나아가 간부는 다른 상담자에 의뢰, 규정에 의한 처리(그린캠프, 병역심사대 입소) 또는 재배치와 같은 조치를 취할 수도 있다.

5 군 상담의 특성

군에서의 상담은 상담자와의 관계, 장소, 환경적 여건 등 일반상담과 다른 특성을 지닌다. 상담자는 이러한 특성을 이해함으로써 보다 효과적인 상담이 가능하다.

(1) 이중관계

이중관계란 상담자가 내담자와 '상담관계' 외의 다른 관계를 가지는 것을 의미한다. 간부는 부대원 상담 시 간부·부하의 관계와 상담자·내담자의 관계가 동시에 작용하는 이중적인 환경 속에 있다. 이중관계는 상담에 대한 선입견을 갖게 하여 내담자인 부대원이 자신의 마음을 솔직하게 이야기하기 어렵게 만들 수 있다. 간부는 평소 부대원과 신뢰관계를 형성하도록 노력하고 상담 시 긍정적으로 수용하고 공감적으로 이해하는 태도를 보임으로써 이중관계의 영향을 최소화 시킬 수 있다.

(2) 문제해결의 범위와 정도의 한계

상담자가 내담자의 문제를 해결해 줄 수 있는 범위와 정도에는 한계가 있을 수 있다. 군은 임무완수를 최우선으로 하는 조직이며, 규율과 정의 준수가 조직

유지를 위해 필수적이다. 따라서 내담자가 요구하는 것과 상담자가 조치할 수 있는 범위에는 차이가 있을 수 있다. 이로 인해 내담자는 상담을 해도 도움이 되지 않는다는 생각을 가질 수 있다.

(3) 비밀보장 제한

상담자는 내담자 자신과 부대원 및 부대에 위해를 끼칠 우려가 있을 경우에는 지휘계통을 통해 상담내용을 보고할 수 있다. 상담자는 상담이 시작되기 전 비밀보장의 한계가 있을 수 있음을 내담자에게 알려주어야 한다. 이는 추후 상담의 신뢰관계를 유지하는 데 도움이 된다. 상담자는 상담내용을 필요한 경우 지휘계통을 통해 보고하는 것 외에 지휘계통에 있지 않은 주변의 동료들과 호기심이나 대화거리로 삼아서는 안 되며, 내담자의 동의 없이 사례를 학회발표나 연구에 활용해서는 안 된다.

(4) 단기상담

군 상담은 내담자의 변화를 돕기 위해 단기간에 구체적인 해결방안을 적극 모색하는 단기상담의 형태를 보인다. 이는 시간적·상황적 측면과 빠른 시간에 현실적이고 즉시적인 행동의 변화로 전투력을 발휘할 수 있어야 하는 군의 현실적 요구 때문이다. 그러나 만성적인 성격문제와 같이 심각한 문제를 갖고 있는 내담자는 전문가에 의한 심리치료와 함께 장기적인 상담을 이어가는 것이 필요하다.

(5) 비자발적인 상담

내담자는 상담과 상담자에 대한 선입견, 상담 간 실망했던 경험, 타인에게 문제가 있는 것을 주목받는 것에 대한 두려움, 비밀보장에 대한 염려 등으로 자발적으로 상담을 요청하지 않을 수 있다. 상담자는 평소 부대원의 행동관찰을 통해 내담자를 식별하고 '불러서' 또는 '찾아가서'하는 적극적인 상담자의 노력이 필요하다.

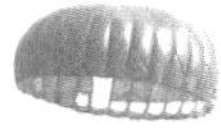

(6) 위장 호소 가능

상담자는 개인의 이익이나 욕구충족을 위해 또는 비밀보장에 대한 염려와 주어진 현실을 회피하고자 상담 간 위장 호소를 할 수 있다. 상담자는 내담자의 호소내용이 사실인지의 여부를 확인할 필요가 있지만 이 과정에서는 신뢰관계를 저해하는 요소로 작용할 수 있으므로 신중히 접근하는 것이 좋다. 상담자는 내담자가 거짓말 하는 이유에 대해 조심스럽게 파악해야 한다.

자가 진단 : 조해리 "마음의 창"

다음 10개의 문항을 읽고 1~10점까지 중 어디에 해당하는지 점수를 기입하시오.

- 1점 - 전혀 아니다
- 3점 - 아니다
- 5점 - 그저 그렇다
- 7점 - 그렇다
- 10점 - 매우 그렇다

구분	내용	점수
1	나의 일에 대해 다른 사람(상사, 부하, 동료)에게서 이런 저런 잔소리를 들으면 기분이 나쁘다.	
2	자기 일을 다른 사람에게 말하는 것은 속이 빈 사람이라는 생각이 든다.	
3	남의 말을 듣고 있는 중에 지루해지면 '말하자면 이렇다는 말이지요?'라고 말의 허리를 지르는 일이 많다.	
4	"그 사람은 신비롭다"라는 말을 들을 만큼 자신을 내보이지 않는 게 좋다.	
5	다른 사람이 무엇이라고 말하건 구애받을 필요는 없다.	
6	하고 싶은 말이 있어도 꾹 참고 혼자 속으로 처리하는 일이 많다.	
7	다른 사람에게서 여러 가지 상담을 제안 받는 일이 거의 없다.	
8	다른 사람에게서 주의를 받거나 비판을 받으면 무의식적으로 반론하고 싶어진다.	
9	타인의 일이나 의견에 대해서 의논을 하거나 자신의 생각을 말해주지 않는다.	
10	자신의 기분이나 생각을 솔직히 이야기보다 애매모호하게 말하는 경우가 있다.	

Y축 \ ×축 (1점 → 10점)	1점	10점
1점	개방형 (공개적영역)	자기 주장형 (맹목 영역)
10점	신중형 (숨겨진영역)	고립형 (미지 영역)

점수 계산 : ×축 = 10 - (홀수번호 답의 합계÷5)
Y축 = 10 - (짝수번호 답의 합계÷5)
위 점수를 계산하여 ×축, Y축의 점수에 의해 구분된 영역에서 가장 큰 면적이 자기개방형태
(예) ×축 = 6점, Y축 = 8점이면 위 그림과 같이 구분되어 개방형이 됨

출처 : 이광자외(2012), 건강상담심리, p65

조해리의 "마음의 창"이란?

미국의 심리학자 조세프 루프트(Joseph Luft)와 해링턴 잉햄(Harrington Ingham)은 두사람의 이름을 합성하여 조해리(Joe+Harr=Johari)의 마음의 문(Window of Mind)이라는 자기개방모형을 개발하였다. 이 창문 속에는 자신의 생각, 경험, 소망, 기대, 가족사항, 취미, 종교, 교우관계, 장단점 등 '자신에 관한 모든 것'이 다 포함되어 있다. 사람마다 마음의 창모양이 다르고 개인이 인간관계에서 나타내는 자기 공개와 피드백의 정도에 따라 마음의 창을 구성하는 4영역의 넓이가 달라진다. 가장 큰 영역이 자신의 유형을 설명한다.

1. 조해리 "마음의 창" 해석

(1) **개방형(공개적 영역)** : 느낌, 생각, 행동 등이 자신이나 타인에게 잘 알려진 영역으로서 공개적 영역이 가장 넓은 사람이다. 개방형은 대체로 인간관계가 원만한 사람들이다. 이들은 절실하게 자기표현을 잘할 뿐만 아니라 다른 사람의 말도 잘 경청할 줄 아는 사람들로서 다른 사람에게 호감과 친밀감을 주게 되어 인기가 있다. 그러나 지나치게 공개적 영역이 넓은 사람은 말이 많고 경박한 사람으로 비춰질 수 있다.

(2) **자기주장형(맹목 영역)** : 자신의 모습이 타인에게는 알려져 있으나 자신은 알지 못하는 영역으로서 맹목의 영역이 가장 넓은 사람은 자기주장형이다. 이들은 자신의 기분이나 의견을 잘 표현하며 나름대로의 자신감을 지닌 솔직하고 시원시원한 사람일 수 있다. 그러나 이들은 다른 사람의 반응에 무관심하거나 둔감하여 때로는 독단적이며, 독선적인 모습으로 비춰질 수 있다. 자기주장형은 다른 사람의 말에 좀 더 진지하게 귀를 기울이는 노력이 필요하다. 이 영역이 넓은 사람은 눈치가 없고 둔한 사람으로 타인이 보기에는 개선할 점이 많으나 자신은 깨닫지 못하는 사람이다. 또한 자기주장이 강하나 자기도취적인 사람이거나 이와는 반대로 자존감이 낮아 자신의 좋은 점을 인식하지 못하고 있을 경우도 있다. 이 영역을 축소시키기 위해서는 타인의 조건이나 생각을 진지하게 받아들이는 자세가 필요하다.

(3) **신중형(숨겨진 영역)** : 자신에 대해 자신은 알고 있으나 타인은 알지 못하는 영역으로 진솔하고 적극적인 자기개방이 필요하다. 신중형으로서 숨겨진 영역이 가장 넓은 사람이다. 이들은 다른 사람에 대해서 수용적이며 속이 깊고 신중한 사람들이다. 다른 사람의 이야기는 잘 경청하지만 자신의 이야기는 잘하지 않는 사람들이다. 이들 중에는 자신의 속마음을 잘 드러내지 않는 사람이 많으며 계산적이고 실리적인 경향이 있다. 이러한 신중형은 잘 적응하지만 내면적으로 고독감을 느끼는 경우가 많으며 현대인에게 가장 많은 유형으로 알려져 있다. 신중형은 자기개방을 통해 다른 사람과 좀 더 높고 깊이 있는 교류가 필요하다.

(4) **고립형(미지 영역)** : 자신에 대해 나도 모르고 상대도 모르는 영역으로 미지창이 가장 넓은 유형은 고립형이다. 이들은 인간관계에 소극적이며 혼자 있는 것을 좋아하는 사람들이다. 다른 사람과 접촉하는 것을 불편해하거나 무관심하며 고립된 생활을 하는 경우가 많다. 이런 유형 중에는 고집이 세고 주관이 지나치게 강한 사람도 있으나 대체로 심리적인 고민이 많으며 부적응적인 삶을 살아가는 사람들도 있다. 고립형은 인간관계에 좀 더 적극적이고 긍정적인 태도를 가질 필요가 있다. 인간관계의 개선을 위해서는 일반적으로 미지의 영역을 줄이고 공개적 영역을 넓히는 것이 바람직하다.

2. 조해리 "마음의 창"의 영역

(1) 개방형

개방형	자기 주장형
신중형	고립형

(2) 주장형

개방형	자기 주장형
신중형	고립형

(3) 신중형

개방형	자기 주장형
신중형	고립형

(4) 고립형

개방형	자기 주장형
신중형	고립형

3. 나의 조해리 "마음의 창" 영역

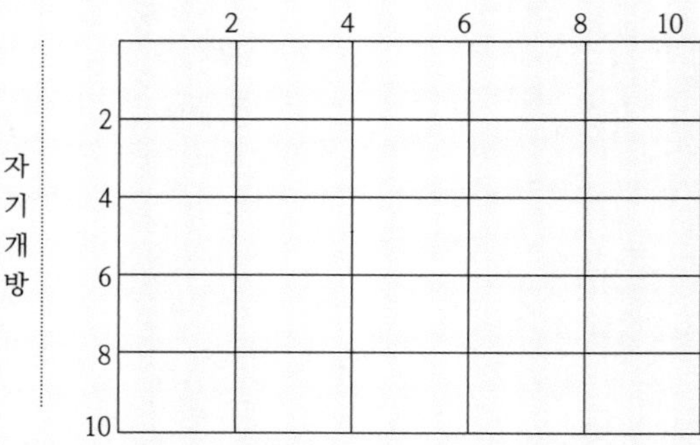

4. 나의 인생태도

구분	개방형 (I'm OK, You're OK)	자기 주장형 (I'm OK, You're Not OK)	신중형 (I'm Not OK, You're OK)	고립형 (I'm Not OK, You're Not OK)
타인 관계	친밀, 서로협력	상대를 지배 비판적, 독단적	상대로부터 회피 수동적	낮은 신뢰 상대에게 적대적
자기 인식	자기존중 소중한 존재	자신을 과신 상대수용 낮음	자신감 결여 스스로를 자책	자신에게도 불만 낙담, 소외
책임과 역할	기꺼이 받아들임 긍정적으로 수행	끝까지 추진 주도적으로 수행	두려움이 내재 비자발적으로 수행	되도록 회피 불만을 가지고 수행
분노 감정	적절한 조절 자유로운 표출	원망, 불신, 분노내재	욕구의 불만, 분노의 축적	반항내재 자타불신
삶의 태도	현재에 충실 자율적인 자기변화	분명한 자기주장 경직된 태도	자기 확신 부족 문제회피, 낙담	자기 목표의 부재 자신과 상대비판
대화 방식	상대를 인정 자기개방	자기방어 상대를 비판	상대 탓 자기합리화	적대적 방식 당돌하고 반항적
문제 해결	내면의 자신감 협력과 대화	상대입장 거부 상대의견 무시	상대에게 의존 장기간 유보, 소극적	문제에 압도당함 실마리를 찾지 못함

출처 : 김종호(2012), K-KSEGS, p8

PART 03

군 상담 기초

1. 세상에서 가장 중요한 시기는?

2. 세상에서 가장 중요한 사람은?

3. 세상에서 가장 중요한 일은?

「 톨스토이의 세 가지 질문 」

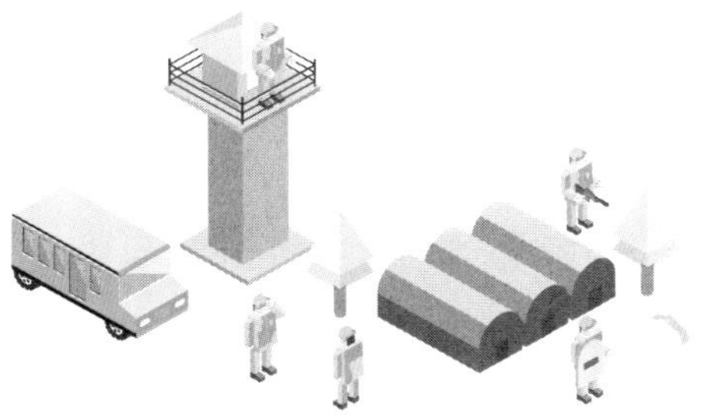

CHAPTER 01
청년기의 이해

청년기란 어린이에서 성인으로 옮겨가는 전환기에 있는 사람들을 지칭한다. 청년기(Adolescence)라는 용어는 원래 라틴어가 그 어원으로 "성장하다" 또 "성숙에 이른다"라는 의미의 'adolsecere'라는 동사로부터 파생된 것이다. 모든 사회에서 청년기는 미성숙한 아동기로부터 성숙한 성인기로 옮겨가는 성장의 시기이다. 청년기는 언제 시작되는가? 즉, 사춘기의 시작과 성적 성숙으로 청년기는 시작되고, 청년이 속한 사회에서의 문화적 기대와 기준을 따르는 것으로 청년기가 끝난다는 뜻이다. 청년기의 결정 시기는 연령, 신체적, 생리적 성숙, 심리적 성숙도에 따라 청년기를 결정하느냐에 따라 달라진다. 일반적으로 연령을 기준으로 하였을 때 12~13세에서 24~25세를 청년기로 보고 있다. 즉, 현재 군 입대를 하는 병사들의 연령을 고려할 때 병사들은 청년기에 속한다고 볼 수 있다.

한편 청년기에는 생물학적 발달, 인지적 발달, 사회정서적 발달 시기로 구분 설명하고 있다.

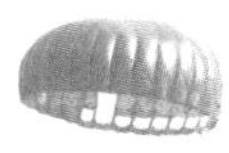

1 생물학적 발달 시기

생물학적 발달은 신체적 변화와 관련된 것이다. 부모로부터 물려받는 유전인자, 뇌의 발달, 신장과 체중의 증가, 운동기능, 사춘기에 나타나는 호르몬의 변화 등은 모두 청년발달에 있어서 생물학적 과정의 역할을 반영하는 것이다(정옥분, 2008). 청년기의 생물학적 발달의 가장 중요한 측면은 사춘기와 건강이다. 청년기의 주요 사망의 주요 원인은 고의적 자살, 운수사고, 악성 신생물(암)의 순이다(통계청, 2020). 청년들의 자살률은 나날이 증가하고 있다. 흡연, 음주, 약물남용 등도 청년기의 건강을 손상케 하는 주요 원인들이다.

2 인지적 발달 시기

청년기의 지적발달도 두드러져서, 지능검사에 대한 지능수준이 정점에 달하는 시기이기도 하다. 대뇌 전두엽이 신경세포의 맥락도 20세 전후에는 거의 완성된다. 그러나 지적 내용은 학습이나 경험에 의해서 더욱 발달을 계속한다. 기본적인 지적 능력은 추리·사고·판단·기억 등에서 볼 수 있으며, 추상적 능력이 발달하여 논리적인 사고 태도가 두드러져 보인다. 그리하여 논리를 존중하고 구체적인 실천을 경시하는 경향이 있으며, 감정에 사로잡혀 주관적 논리의 형태를 취한다. 또 상상력도 현저하게 발달하므로 가치의 추구나 이상을 찾고 철학·문학·사상을 애호하며, 인생관과 세계관을 확립하는 시기이기도 하다.

주관적 논리나 관념적 가치를 추구하는 나머지 회의나 불안, 번민에 빠져서 자살이나 노이로제에 이르는 일도 증가하며, 또 종교에 귀의하고 싶은 마음이 생기는 것도 이 시기이다. 지적으로 발달함에 따라 이것이 내면화하여 자아의식이 높아지는 시기를 말한다.

3 사회정서적 발달 시기

지적발달의 영향으로 인해 정신적 독립을 찾고 밖으로부터의 간섭이나 구속을 싫어하며, 자기의 의사를 관찰하려고 하여 반항적으로 된다. 그 반면에 패쇄적으로 되어 고독이나 자기도취에 빠진다. 이와 같은 점에서 청년기를 심리적 이유기 또는 반항기라고 하기도 한다. 청년기는 정서도 급격히 발달하는 시기로서 감수성이 예민해지고 정서의 체험도 강렬하여 극단에서 극단으로 흐르며, 불안과 고뇌, 애증, 우월감, 분노와 정의감 등이 강해진다. 또 극단적이며 기묘한 행동을 하고, 한편에서는 순교적으로 다른 한편에서는 실패적으로 된다.

청년기는 정신적 독립에 수반하여 어른에 의존하던 것이 친구나 사회에 참가하는 방향으로 사회적 발달을 한다. 또한 교우관계가 다변화하여 여러 가지 사회적 거리와 방향을 지닌 친구가 생긴다. 학교 친구, 놀이나 취미를 함께 하는 친구, 클럽활동에서의 친구 등으로 분화하고 이 중에서 진정한 친구와 이성 친구 등이 분화하여 핵적(核的 : 물건의 중심이 되는 기준)으로 된다. 이성 친구들도 몇 단계의 과정을 거쳐서 생기지만, 처음에는 이성에게 관심을 가질 뿐이고 이성을 기피하는 상태에 머문다. 그러다가 동성애, 연상의 이성 사모, 동년배의 이성으로 발전하다가 마지막에는 연애 관계에까지 이른다.

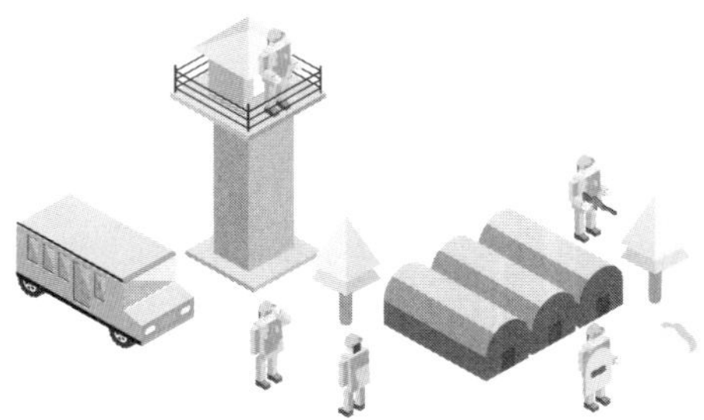

CHAPTER 02

군 상담자의 자질

상담자의 성격적 특성과 상담에 대한 경험 및 훈련은 상담과정에서 결정적인 역할을 하기 마련이다. 상담자의 자질(資質)은 '인간적 자질'과 '전문적 자질'로 나눌 수 있겠으나 상담자는 타인의 성장과 발전을 바라는 성숙한 마음을 지녀야 하며 그것을 실천하는 능력과 용기가 필요하다. 최근 병사와 간부의 다양한 심리적 문제갈등으로 부대 부적응 병사가 점차적으로 증가하는 추세이며, 부적응으로 인해 심각할 경우는 자살하는 사례도 종종 발생한다. 따라서 상담의 중요성과 필요성이 강조되고 다양한 영역에서 활용되고 있다. 군 상담 현장에서 병사들의 심리적 갈등 문제를 돕겠다는 의욕과 처한 현상에 대한 문제만을 해결하려고 한다면 부적응의 근본적인 문제는 해결하기는 어렵다. 진정으로 부적응 병사를 위해서는 내담자의 문제의 증상을 정확히 이해하고, 잘 적응해 가기 위해 조력자로서의 역할에서 상담자로서 인간적 자질과 전문적인 자질을 갖추는 것은 매우 중요하다. 이제 상담자로서 갖추어야 할 인간적 자질과 전문적 자질은 어떠해야 하는가에 대해서 알아보자.

1 군 상담자의 인간적 자질

군 상담자의 인간적 자질을 '원숙한 인격과 자기 역할에 대한 소신이 있고 인간 문제에 대한 관심'으로 요약할 수 있다. 그러나 이런 자질은 상담자가 아니라도 모든 사람들에게 바람직한 성격 특징일 수 있다. 상담에서 인간적 자질면으로 내담자가 모호한 생각, 감정, 행동의 표현에 대한 상담자의 인내심, 감수성, 이해력, 감정소통 능력 등이 포함된다. 군 상담에서 전문적인 자질보다 인간적 자질이 상담 효과를 결정짓는다고 할 만큼 인간적 자질의 중요성은 군 상담에서 더욱 중요한 역할을 하고 있다. 내담자는 군의 특성상 계급이 존재하는 수직적 관계에서 상담 관계를 형성하는 과정에서 무엇보다 인간적 자질이 우선시 되어야 가능할 것이다.

(1) 자신에 대한 이해와 수용

군 상담자는 인간적으로 완성된 사람은 아니다. 인간적으로 성숙한 사람이 유능한 상담자가 될 수 있지만 그것이 존재 조건은 아니다. 자신이 어떠한 사람인지에 이해하는 것이 매우 중요하다.

우선 상담자는 자신에게 문제가 있다면 자신의 문제를 우선 해결하는 것이 중요하다. 내담자와의 관계에서 상담자 자신이 현재 심리적 문제를 가지고 있다면 내담자에게 좋은 상담을 진행하기 어려울 수 있다. 즉 상담자는 자신의 문제를 해결하거나 적어도 해결하지 못한 문제가 무엇인지를 정확히 인식함으로써 이러한 문제가 내담자를 상담하는 데 영향을 미치는 것을 막아야 한다(김완일, 2006).

상담자는 자기이해를 위해 심리검사를 실시해서 자신의 성격을 이해하고 장·단점을 충분히 이해한 후 자신의 정신건강 문제를 이해하는 것이 필요하다. 또한 주변의 동료들을 통해 자신이 외부에 비춰지는 자신의 모습을 이해할 수 있어야 한다. 군 상담자는 자신을 이해하는 가운데 부딪히게 되는 자신의 모습을 있는 그대로 받아들일 수 있어야 한다.

(2) 내담자에 대한 관심과 존중

타인에 대한 진정한 관심과 존중은 중요하다. 즉 내담자의 감정, 생각, 행동 등에 대해 민감하게 받아들여야 한다. 상담자는 가능한 한 사심이나 사욕과 편견이 없이 내담자를 있는 그대로 이해하고, 그에게 고통을 가져오게 한 내면의 세계를 이해하는데 노력을 해야 한다. 즉 군 생활의 경험을 기초로 내담자를 임의 판단할 시 상담은 어려움을 겪게 된다. 내담자의 행동이 상식적으로 받아들이기 쉽지 않을지라도 내담자의 입장에서는 당연한 것일 수 도 있다. 그대로 이해하고, 수용하는 자세가 필요하다. 그러므로 내담자의 입장에 서서 그들의 행동을 파악하고, 올바르게 이해 할 수 있다면, 공감이 이루어진다(천성문외 2013).

(3) 군 상담에 대한 열의

군 간부가 상담 시 이중적 업무를 수행하게 된다. 평시 부대 업무 수행과 군 상담자의 역할 수행도 병행하여야 한다면 상담을 진행하는 시간만큼은 상담 활동에 몰입할 줄 알아야 한다. 상담이 즐겁고 보람 있는 삶의 한 부분으로 받아 들어야 하고, 부하의 생명을 살린다는 적극적인 열의를 가져야 한다. 군 상담자는 내담자의 경험을 공감하고 함께 한다는 태도로 상담을 진행하여야 한다. 그러므로 내담자가 서서히 성장하는 모습으로 변해가는 것을 보면서 보람과 즐거움을 느낄 수 있다. 군 상담자는 상담의 전 과정에서 내담자를 있는 그대로 바라볼 수 있어야 내담자를 도울 수 있고 좋은 성과를 기대할 수 있다.

2 군 상담자의 전문적 자질

상담자의 전문성은 상담에서 중요한 영역을 가진다. 전문적인 자질을 가지지 않고 상담을 한다면 내담자의 문제를 더욱 심화시켜 내담자가 자신의 문제를 해결하지 못하고 또 다른 문제를 증가시킬 수 있다. 상담자의 전문적인 자질에는 다음과 같이 세 가지가 중요하다. 첫째는 상담이론에 대한 폭넓은 지식이다. 둘째는 상담실습경험과 훈련이다. 셋째는 다양한 문화적 차이에 대한 이해이다.

(1) 상담이론에 대한 폭넓은 지식이다.

상담이론은 인간관, 성격발달, 문제발생 배경, 상담목표와 과정, 상담기법 등 내담자를 이해하는 틀을 제공해 주고, 상담이 나아가야 할 방향을 제시해 줄 수 있다. 즉 상담이론에 대한 이해를 한 상담자는 내담자의 문제를 보다 정확히 파악할 수 있고 내담자를 이해한다. 또한 내담자의 문제 해석을 통한 '진단'이 가능하고 해결방법에 대한 대처기술을 제공해 준다. 그러나 인간의 다양한 심리적 문제를 상담이론이 모두 해결할 수 있는 것은 불가능하고 그러한 이론은 없다. 그러므로 다양한 상담이론의 지식을 폭넓게 이해함으로써 효과적인 상담을 제공할 수 있다.

(2) 상담실습경험과 훈련이다.

상담자는 효과적인 상담을 위해서 다양한 상담이론의 폭넓은 지식의 이해를 바탕으로 다양한 상담실습 경험과 훈련이 필요하다. 상담이론은 다양성을 가지고 있어 인간에게 특정이론을 적용한다는 것은 어려움이 있다. 따라서 상담자가 실습경험을 통해 내담자의 특성을 고려한 상담기술을 적용할 수 있는 상담기술훈련을 경험하기 위해 오랜 기간 동안 훈련이 요구된다. 상담사례 모임, 상담사례 지도, 상담 실제에 대한 참여 등의 훈련을 받고 다양한 내담자의 경험이 필요하다.

(3) 문화적 차이에 대한 이해이다.

군 입대하는 병사들도 다양한 문화의 환경에서 성장하였고, 또한 다문화 자녀들도 최근 군에 입대하기 시작하였다. 이러한 문화의 차이에서 오는 갈등이 부대적응에 영향을 주기도 한다. 즉 사회 환경과 군 환경의 문화에 적응하는 것은 쉽지는 않다. 따라서 이러한 병사들을 상담하는 간부들은 문화적 차이를 이해하는 것이 매우 중요하다. 문화란 한 집단 구성원들이 공유하고 있는 가치관이나 행동을 의미하는 것으로 나이, 성, 지역, 사회경제적 계층에 따라 모두 다르다. 군 입대 장병들 역시 다양한 환경에서 성장하여, 각기 다른 경험을 통해 현재 자신의 모습으로 존재하고 있다. 군 상담자는 내담자의 문화적 특징을 이해한 가운데 상담을 진행 시 내담자의 세계를 더욱 잘 이해할 수 있고 상담을 촉진 시킬 수 있다.

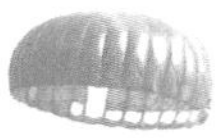

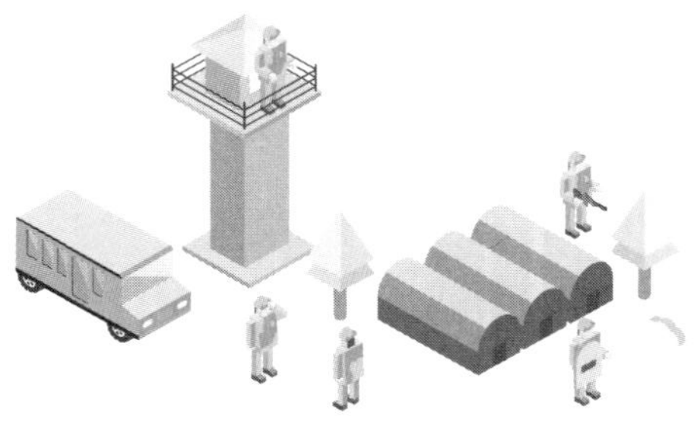

CHAPTER 03

군 상담자의 태도

군 상담자의 태도는 상담 간에 상담자가 견지해야 할 자세를 의미하며, 상담자가 갖추고 있는 자질이 상담 시 태도를 통해 외부로 표현하는 것이다. 상담에 관해 교육이나 책을 통해 배운 지식으로 현장에서 상담을 한다는 것과는 차이점이 있다는 것을 이해해야 한다.

상담자의 역할을 수행할 때는 내담자를 도와준다는 사실에 대한 기쁨이나 보람을 느낄 수 있지만 상담을 하기 위해 상담자의 바람직한 태도는 진실성, 긍정적 수용, 공감적 이해가 우선시 되어야 한다.

1 진실성

군 상담자는 자신에 대한 모든 것이 진실하여야 한다. Rogers(1942)는 처음으로 진실성을 투명성, 솔직성, 정직성 또는 진정성의 특성으로 정의하였다. 즉 상담자는 내담자를 조작하거나 통제하지 않는 방식으로 생각과 감정을 나눈다. 상담자는 한 인간으로서 자신과 완전하게 접촉할 수 있어야 하고, 가면을 쓰거나 가장하지 않는 것이 중요하다. 부대원을 상담할 때 자신의 생각과 감정을 솔직하고 진실하게 표현해야 한다.

내담자에게 안정시키기 위한 진정성 없는 위로나 배려, 거짓말 등은 도리어 소통의 단절요인이 될 수 있으며, 상담과정에서 드러난 진실하지 못한 태도는 내담자의 마음의 문을 닫도록 만든다. 상담자도 인간이기 때문에 완벽할 수 없다. 장점과 단점을 가지고 있다. 상담자도 한계를 가진 순수한 존재로 진정한 자신과 다르게 가장하지 않아야 한다.

2 긍정적 수용

군 상담자는 내담자가 어떠한 문제를 이야기를 하더라도, 옳고 그름을 평가하거나 비판하지 않고 있는 그대로 받아들이는 것을 말한다.

사람은 자신의 경험, 지식, 가치관을 기준으로 타인을 판단하려는 경향이 있다. 이는 자연스런 대화를 방해하고 상담자의 주관적 해석으로 문제해결에 도움을 주지 못할 수도 있다. 긍정적 수용은 내담자로 하여금 자신이 이해와 존중을 받고 있음을 느끼도록 하여, 자신의 생각과 감정을 표현할 수 있게끔 한다.

3 공감적 이해

공감적 이해란 자신이 직접 경험하지 않고도 다른 사람의 감정을 거의 같은 내용과 수준으로 이해하는 것을 의미한다. 공감적 이해는 '내가 그 입장이라면?' 이는 역지사지(易地思之)의 자세를 기초로 상대방의 입장에서 마음과 감정을 헤아려 주는 것을 말한다. 상담자의 공감적 이해는 내담자로 하여금 상담자가 자신의 편이 되어 주고, 이해받고 있다는 느낌을 갖도록 하여, 보다 솔직하고 편안하게

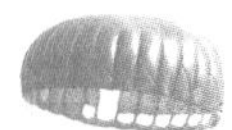

자신의 생각을 표현할 수 있게끔 한다. 내담자는 때때로 자신이 처한 현실에서 벗어나 방황을 하다 함정에 빠져서 계속 제자리에 맴돌고 있다. 이러한 내담자를 언제나 따뜻하고 열린 마음으로 관심을 가지고 돌보는 순수한 사람이 되는 것이다.

이러한 과정에서 내담자와 보다 신뢰감이 형성되어 내담자의 깊숙이 숨겨진 감정의 비밀을 말할 수 있는 기회를 얻을 수 있다. 이러한 상담자는 내담자의 감정, 신념, 가치관의 내용 등을 안다는 것만으로는 충분하지 않다. 상담자를 관찰하고 추론하고 느낀 바를 내담자에게 전달하는 능력을 갖추는 것이 보다 중요하다.

상담 시 상담자의 준수사항

① 내담자를 가르쳐야겠다는 생각을 갖지 않는다.
② 감정이나 생각을 솔직히 표현하되, 충동적인 언행을 자제한다.
③ 자신을 진실하게 표현하되 지나친 자기개방, 자신의 경험담을 이야기 하는 것을 자제한다.
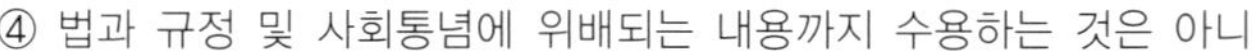
④ 법과 규정 및 사회통념에 위배되는 내용까지 수용하는 것은 아니다.
⑤ 내담자에게 집중하고 있음을 행동으로 보여주어라.
⑥ 내담자의 말을 넘겨짚지 말고, 끝까지 들어줘라.
⑦ 상담자 자신의 가치관과 생각으로 받아들이도록 설득하지 마라.
⑧ 상담에 대한 비현실적인 기대를 갖지 마라.
⑨ 대화내용 중 비밀을 지킬 내용과 지휘계통으로 보고할 내용을 알려주어라.

상담의 기초이론

나의 현재 모습은 자신이 반복하여 행한 결과이다.

탁월함이란 행동이 아니라 습관의 결과이다.

「 아리스토텔레스 」

기억하라.

인간 본성에서 가장 깊숙이 자리한 원칙은

인정받기를 갈구한다는 점이다.

이것이 동물과 구분되는 인간의 특성이다.

「 윌리엄 제임스 」

상담이론 개관

상담은 인간이 왜 행동 하는가?에 대한 과학적 이론에 기초를 두고 있다. 행동에 관한 과학적이고 체계적인 이해 없이 상담을 한다는 것은 위험한 일이다. 상담이론은 개인의 어떤 측면에 초점을 맞추느냐에 따라 개인의 정서와 감정에 초점을 맞추는 정서적 접근, 사고와 신념에 초점을 맞추는 인지적 접근, 관찰 가능한 행동에 초점을 맞추는 행동적 접근으로 분류할 수 있다. 상담자의 관점에서 어디에 초점을 맞추느냐에 따라 접근 방법은 달리할 수 있고 이론들이 중첩되는 부분도 있으나 상담의 이론을 이해하지 않고서는 상담을 진행하기는 어려운 문제이다.

상담의 이론에서는 내담자의 문제의 원인을 이해하는 틀과 가설을 제공하고 상담자의 상담의 방향을 제시해 주며, 이론들은 상담의 방법과 기술들이 포함되어 있다는 점에서 유능한 상담자는 다양한 상담이론을 이해하고 현장에서 내담자와 상담 시 내담자가 가지고 있는 문제 유형에 따라 자유롭게 상담이론을 적용하여 내담자의 문제를 적절하게 해결하고 내담자를 보다 성장시킬 수 있는 전문적인 기술을 갖추어야 한다.

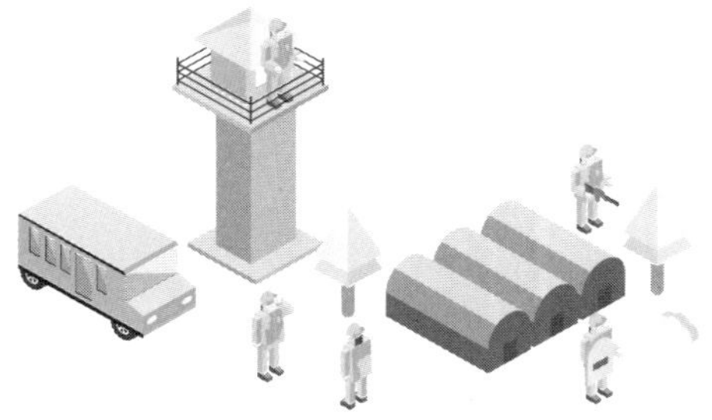

CHAPTER 01

정신분석 상담이론

정신분석 상담의 창시자 프로이트(Sigmund Freud)는 최초로 포괄적인 성격이론 및 심리치료의 체계를 확립하였다. 정신분석은 정신(Psycho)과 분석(Analysis)의 합성어이다. 정신은 마음과 영혼의 인간의 내면적 세계를 의미하고, 분석은 얽혀있거나 복잡한 것을 풀어서 개별적인 요소와 성질을 분리한다는 의미보다 더욱 인간의 심층에 있는 문제를 깊이 이해하는데 의미를 두고 있다. 프로이트에 의하면 아무런 원인도 없이 저절로 발생하는 현상이란 없다. 인간의 표면적으로 들어나는 감정과 행동, 생각들은 어떤 원리에 의해 결정된 것이다. 어떤 힘을 작용하였기 때문에 사람들은 기쁘고, 슬프고, 괴롭고, 분노하게 되는 것이다. 예를 들어 "나도 모르게 그런 행동을 했어요.", "나도 모르게 그런 말이 나왔다니까요.", "무심결에..." 등 하는 말은 순간적으로 어떤 원인이 작용했기 때문이라는 것이다.

프로이트는 신경증 질환을 앓고 있는 사람들과 임상경험과 사례연구를 통하여 인간의 행동이나 사고는 의식보다는 무의식의 지배를 받는다고 하여 무의식을 분석해야만 인간 이해가 완전하다고 강조하였다.

1 인간관

프로이트는 인간을 비관적이고 결정론적이며 환원론적 관점으로 바라보았다. 인간은 근본적으로 도덕적이고 비합리적인 본질을 지니고 태어나기 때문에 긍정적인 존재하고는 거리가 멀다는 입장이었다.

프로이트는 인간을 생물학적 존재, 갈등의 존재, 결정론적 존재로 인간관을 보았다. 인간의 모든 행동, 사고, 감정은 무의식적인 성적 본능과 공격적 본능에 의해 결정되는 생물학적 존재로 보았고, 인간의 본능이 추구하는 쾌락과 현실의 갈등, 자아와 외부세계와의 갈등, 적극성과 수동성의 갈등이 우리의 행동을 지배하기 때문에 인간은 갈등의 존재로 보았다. 마지막으로 인간은 비합리적이고 결정론적인 존재로 보고 있다. 인간의 기본적 성격 구조는 정신 에너지와 초기 경험, 특히 출생에서 5~6세의 어린 시절의 경험에 의해 결정 된다고 보았다.

정신분석 상담에서는 인간의 본능을 강조하는데, 본능은 고통을 피하고 쾌락을 추구하는 생물학적 존재로 보았다. 인간을 지배하는 두 가지 본능은 삶의 본능(libido, 성적 본능)을 에로스라 하며, 인간의 생존을 위한 식욕, 성욕과 같은 욕구를 충족시키는데 기여하며, 인간의 성장과 발달의 원동력이다. 쾌락과 공격적인 욕구를 추구하는 죽음의 본능인 타나토스는 자신과 타인을 해치거나 죽이려는 무의식적인 소망적 에너지로 구성되어 있다고 보고 있다. 인간이 성장하고 발달하는 과정에서 본능적 추동이라고 한다. 추동이란 욕구의 심리적 표현을 뜻하는 심리학 용어로 충동이라고도 한다. 대개 생리적인 긴장, 결핍, 또는 불균형 상태(예를 들면, 허기와 갈증)에 뿌리를 둔다. 충족되어야 할 절박한 기본 욕구로 유기체에 대해 행동을 강요한다. 결핍된 상태를 욕구, 그 욕구의 심리적 표현을 추동(예를 들면, 긴장이나 끊임없는 목표 지향적 활동)이라 한다. 즉 충동을 현실에 맞게 조정해 나가는 방법을 체득하는 과정이다.

2 인간의 의식 수준

프로이트는 인간의 정신생활은 의식(conscious), 전의식(preconscious)과 무의식(unconscious) 세 가지로 구성되어 있다고 보았다.

인간의 의식 수준을 빙산에 비유하여 빙산의 최고 윗 부분을 의식, 물의 표면에서 잠겨진 부분에서 볼 수 있는 부분을 전의식, 빙산의 대부분을 차지하는 물에 잠겨 볼 수 없는 부분을 무의식으로 나누었다.

- 의식　한 개인이 현재 각성하고 있는 모든 행위와 기억, 감정, 공상, 경험, 연상 등과 같은 개인의 내적 세계와 접촉하는 부분을 말한다. 정신분석에서는 이러한 의식이 수면 위에 떠오른 빙산의 일부분에 지나지 않으며 정신생활의 중심이 아니라고 설명하고 있다.
- 전의식　의식의 부분은 아니지만 조금만 노력하면 의식 속으로 떠올릴 수 있는 생각이나 감정들을 포함하고 있다. 흔히 '이용가능한 기억(available memory)'이라고 불리워지기도 한다. 이러한 전의식은 정신세계에서 무의식 영역과 의식영역을 연결하는 통로역할을 한다고 설명하고 있다.
- 무의식　정신세계에서 가장 깊은 곳에 자리에 감추어져 있는 빙산의 아랫부분을 말한다. 즉 의식의 가장 하부에 존재하며 기억하지 못하고 알지 못하는 정신세계를 말한다. 프로이트는 이곳이 본능과 충동 및 억압된 관념 등이 잠재 되어 있는 곳이라고 주장한다. 무의식세계는 개인이 자신의 힘으로는 의식으로 떠올릴 수 없는 생각이나 감정(말의 실수, 망각 등)들로 인간의 행동을 결정하는 데 지대한 영향을 미친다고 보고 있으며, 이러한 무의식이 인간의 모든 정신활동을 주관하고 있다고 설명하고 있다.

프로이트는 정신분석의 기술을 통해서 무의식의 내용이 전의식으로 나오고, 그 다음에 의식화될 수 있다고 하였다. 우리가 의식 속으로 끄집어 올리기 어려운 심적 내용이 있는데 이를 무의식이라고 하여, 우리의 심적 내용이 대부분을 차지한다.

무의식 속에는 자신이나 사회에 의하여 용납될 수 없는 감정이나 생각 혹은 충동들이 억압되어 있다. 이와 같이 억압되어 있는 무의식의 내용들은 개인으로 하여금 내적 갈등을 경험하게 하며, 그것들이 본래의 모습과는 달리 왜곡된 증상으로 나타나기도 한다.

3 성격구조

인간의 성격 구조에는 세 가지 자아로 구성되어 있다고 보았다. 이 세 가지 자아는 원초아(Id), 자아(ego), 초자아(superego)이다.

- 원초아 세상에 태어날 때부터 가지고 태어나는 생득적인 정신에너지의 근원이 되며 전 생애 동안 성격의 기초가 되는 요인이다. 모든 인간의 본능적인 욕구들이 자리하고 있는 곳으로 생물학적 존재로서 본능의 지배를 받으며 '쾌락의 원칙'을 추구한다. 이러한 원초아는 성욕, 공격성과 같은 충동에 의해 나타나는 정신에너지임과 동시에 억압을 무시하고 인내하지 못하며 즉각적으로 방출하는 특징을 지니고 있다. 또한 원초아는 본능적인 욕구가 단기, 장기적으로 지연되었을 때에는 심리적인 긴장이 심해지고 불쾌감을 경험하게 된다.
- 자아 현실세계와 만나는 성격의 한 부분이며, 자아는 원초아의 본능과 초자아와 외부세계를 중재하는 역할을 한다. 자아는 '현실의 원칙'에 충실하고자 하는 정신기제를 말한다. 자아는 원초아가 가진 본능적인 욕구와 충동을 사회적으로 용인될 수 있는 조건으로 성숙될 때까지 지연시켜 만족을 얻으려고 하는 성격의 중재자라고 할 수 있다.
- 초자아 쾌락보다는 완전을 추구하고 현실적인 것보다 이상적인 것을 추구한다. 초자아는 부모의 가치관, 사회적 규칙이나 규범이 내면화되는 과정으로 부모와 사회의 영향을 많이 받는다. 초자아는 '도덕적 원칙'에 충실하고자 한다. 하지만 원초아, 자아, 초자아 사이의 갈등이 인간의 통제를 넘어설 때 인간은 불안을 느낀다.

4 심리성적 발달 단계

프로이트는 한 인간의 행동 및 성격 특성이 적응적인 성격으로 형성될 것인지, 부적응적인 성격으로 형성될 것인지는 어린 시절의 경험에 의해서 성격이 결정된

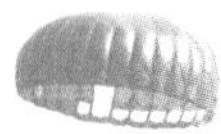

다고 보았다. 심리성적 발달단계 동안 성공적으로 성장과정에서 개인 욕구의 문제를 잘 해결한다면 성인기의 성격 형성을 돕고, 갈등으로 인해 성공적으로 해결하지 못하였다면 박탈감, 과도한 몰두 등으로 고착되어 어느 단계가 발달하지 못한 가운데 성장을 하게 된다고 보았다. 이러한 미해결과제로 인해서 성장하여 심한 어려움을 겪게 되면 '퇴행(regression)'을 보이게 된다. 프로이트는 인간의 성격발달 단계를 구강기, 항문기, 남근기, 잠재기, 생식기로 구분되며 이를 제시하면 [표 4-1]과 같다.

[표 4-1] 심리성적발달단계

구분	내용
구강기	0세에서 1세까지 사이에 해당되며 쾌락을 추구하는 시기이다. 입으로 빨고, 깨물고, 먹고하는 행위는 긴장감을 해소하고 쾌감을 얻으려고 하는 특징이 있다. 이 시기에 만족되지 않을 시는 구강기에 고착이 되어 타인에 대한 불신, 사랑을 거부, 지나친 비관론과 공격성을 보인다.
항문기	2세에서 3세에 해당하는 시기로 이 시기는 인격형성에 매우 중요한 시기이다. 항문기의 특징은 배설(대소변)을 보유하거나 방출함으로써 쾌감을 얻으려고 한다. 이 시기의 주된 발달과제는 독립의 학습이다. 고착이 될 시 즉 부모의 대소변 가리기 훈련의 과정에서 강압적이면 항문적 보유성격이 형성되어 고집이 세고, 인색하며, 지나치게 청결하거나 혹은 지나치게 불결한 경향의 성격이 형성된다.
남근기	4세에서 5세 사이에 아동으로 리비도적 관심이 새로운 성감대인 생식기로 옮겨가는 시기이다. 아이는 성기를 만지거나 환상을 통해서 쾌락을 느낀다. 남근기의 갈등은 아이의 반대 성인 부모와 관련한 근친상간 욕망에 대한 환상과 관련이 있다(남아는 오이디푸스 콤플레스, 여아는 엘렉트라 콤플레스를 경험). 이 시기 점차 증가하는 성적 관심에 대한 부모의 반응과 태도와 감정에 영향을 미친다. 이 시기에 고착이 될 시는 성인 남자는 대부분 경솔하고 과장되며 야심적 성격특성을 나타내고, 여성의 경우는 성관계에서 있어서 순진하고 결백해 보이지만 난잡하고 유혹적이며 경박한 기질을 나타내기도 한다. 또한 이 시기에는 열등감이 생기며 열등감의 해결방법은 부모를 동일시함으로써 부모와 동일한 가치와 도덕성을 갖게 된다.
잠재기	6세에서 사춘기까지로 성적 수면상태로 해당하는 시기다. 남근기에서 성적 관심이 높은 반면 이 시기는 성적 충동이 비교적 낮은 시기이다. 성적 관심은 학교, 친구, 운동 등 새로운 활동에 대한 관심이 증가되어 사회화가 시작되는 시기로서 사회적 규칙을 학습하면서 본능적 욕구를 억제·억압하고 현실의 원리에 따르려는 초자아가 발달되는 시기이다.
생식기	사춘기 시기로 사춘기가 되면 생식기관의 발달로 성 호르몬의 분비가 많아지면서 성적 충동을 현실적으로 수행할 신체적·생리적 능력이 발달하는 시기로 성적 정체감이 형성되는 시기이다.

5 불안

불안에는 세 가지 유형으로 현실적 불안, 신경증적 불안, 도덕적 불안이다.

- 현실적 불안 실제 외부 세계에서 받는 위협, 위험에 대한 인식 기능으로 불안을 느끼는 것을 의미한다.
- 신경증 불안 불안을 느껴야 할 이유가 없음에도 불구하고 자아가 본능적 충동을 통제하지 못해 불상사가 생길 것이라는 위협을 느껴서 불안에 사로잡히는 것을 의미한다.
- 도덕적 불안 원초아와 초자아 간의 충돌에서 비롯된 갈등 불안으로 본질적 자기양심에 대한 두려움이다. 정신분석이론에서는 개인의 불안을 극복하고 불안에 압도되지 않도록 자아를 보호하는 일을 자아방어기제로 본다.

6 방어기제

자아 방어기제는 개인의 발달 수준과 불안의 정도에 따라 다르지만, 그 공통점은 현실을 부정하거나 왜곡시키며 무의식 수준에서 일어난다는 것이다. 이러한 자아 방어기제에는 억압, 투사, 합리화, 퇴행, 반동형성, 부인, 동일시, 보상, 치환, 승화 등이 있다. 프로이트는 인간의 심리적 문제는 인생 초기 경험에서 비롯되기 때문에 이를 해결하기 위해서는 과거에 자신이 억압해서 무의식의 심연에 숨긴 갈등의 경험을 이해하는 것이 필요하다.

(1) 억압

원초아를 자아가 억압하여 의식 밖으로 밀어내거나 그러한 자료를 의식하지 않으려는 적극적인 노력을 말한다. 억압은 우리에게 가슴이 답답하고, 불안정한 행동을 나타내지만 자신은 인식하지 못한다.

(2) 투사

자신이 갖고 있는 좋지 않는 충동을 다른 사람이 가지고 있다고 원인을 돌리는 것을 말한다. 잘못된 결과에 대해서 타인의 탓으로 돌리는 것이 여기에 해당한다. 예를 들면, 자기가 상대방을 미워하면서 상대방이 자기를 미워한다고 뒤집어 씌우는 거나, 김상병이 이일병에게 싸움을 걸어놓고 이일병이 싸움을 시작했다고 소리지르는 것 등이다.

(3) 합리화

신포도의 논리라고 한다. 실패에 대하여 그럴듯한 변명을 함으로써 긴장을 해소하려는 것을 말한다. 정당하지 못한 자기 행동에 대해 그럴듯한 이유를 붙여 행동하는 것을 말한다. 예를 들면 사격성적이 좋지 않은 병사가 어제 총기손질을 안 해서 오늘 사격성적이 좋지 않았다라고 말한다.

(4) 퇴행

위협적인 현실에 직면하여 덜 불안을 느꼈던 그리고 책임감이 적었던 이전의 발달단계의 행동을 하는 것이다. 예를 들면, 유격훈련을 앞둔 병사가 갑작스럽게 아프다고 하면서 울면서 호소한다.

(5) 반동형성

자신이 싫어하고 미워하는 상급자나 지휘관에게 자신이 싫어하는 것과 미워하는 것을 숨기고 자신의 증오가 표현될까 두려워 지나치게 순응적으로 복종하는 것을 말한다. 예를 들면, 속담에 '미운 놈에게 떡 하나 더 준다'는 말이 있다. 부하를 미워하는 간부가 사랑과 애정으로 부하에게 폭력을 행사할 수도 있고, 실제로 자신을 학대하는 대상인 데도, 그 대상을 좋아하는 것처럼 보이는 행동을 하는 것을 말한다.

(6) 부인

힘든 현실의 존재를 무시함으로써 불유쾌한 현실을 깨닫기를 거부하는 것을 말한다. 예를 들면, 배우자의 사망이나 배신을 인정하지 않고 사실이 아니라고 믿는 것이다.

(7) 동일시

정상적인 발달과정에서 동일시가 사용됨과 동시에 자기 가치를 고양시키는 것에도 사용하는 것을 말한다. 예를 들면, 어떤 사람들은 자신의 지위를 나타내는 사회단체나 스포츠 팀에 자신을 동일시 할 수 도 있다.

(8) 보상

보상행동은 개인의 적응에 긍정적인 영향과 부정적인 영향의 양측면을 가지고 있다. 보상은 체격이나 성격의 다른 측면을 발전시킴으르써 열등감이나 나약함을 감추는 것을 말한다.

(9) 치환

불안에 대처하는 또 다른 방법을 위협적 대상에서 '보다 안전한 상대' 에게로 이동시켜서 충동을 해소하는 것을 말한다. 예를 들면, 속담에 '동대문에서 뺨맞고 서대문에서 화풀이하는 격'이다. 성격적으로 문제가 있는 병사는 간부에게 받은 스트레스를 후임병을 괴롭힘으로써 그들의 욕구불만을 표출할 수 있다. 간부가 군생활에 만족을 느끼지 못할 때 부하들에게 욕설과 폭력을 할 수도 있다.

(10) 승화

전위의 한 형태로서 수용될 수 없는 충동이 사회적으로 받아들여질 수 있는 충동으로 대체되는 것이다. 자신에게 주어진 스트레스나 갈등을 해결하기 위해서

부적응적인 방법이 아닌 긍정적인 행동으로 전환하여 표현하는 것이다. 예를 들면, 공격성이 많은 사람이 권투선수가 된다거나 성적 충동의 직접적인 표현이 어려우므로 예술성 있는 작품으로 표현해 내는 것을 말한다.

7 상담의 목표

내담자가 자신이 느끼지 못하는 무의식적 갈등의 원인을 탐색하도록 하여 의식화 시켜서 개인의 성격구조를 재구성하는 것이다. 즉 성격구조 중 자아의 기능을 강화하여 현실에 보다 잘 적응할 수 있도록 돕는데 그 목적이 있다. 상담의 궁극적 목표는 과거의 경험(두렵고, 불안한 경험)과 갈등에 대처하는 방법 간의 연관에 대해 정서적으로 의미가 깊은 종합적인 이해를 내담자들에게 제공하는 것이다.

8 상담과정

상담과정은 크게 4단계로 치료적 동맹관계, 전이해석단계, 통찰단계, 훈습단계로 나누어 볼 수 있다.

(1) 치료적 동맹관계

상담의 시작부터 상담자와 내담자는 신뢰관계를 형성하는 것이 중요하다. 이러한 가운데 정신분석상담기법(자유연상, 꿈의 해석)에서 내담자의 갈등, 부정적 감정 등 도움을 필요로 하는 심리적 불편들의 증상이 드러나면 내담자와 치료적 동맹관계를 맺는다. 치료동맹은 내담자의 사고, 감정, 행동 등에 대해서 비판하지 않고 수용하는 자세로 이해할 때 치료적 동맹관계가 형성된다.

(2) 전이해석 단계

전이는 내담자가 과거에 경험한 중요한 타인과의 관계, 특히 주양육자 사이에서 이루어졌던 관계가 재현되는 현상을 의미한다.

이 재현된 과거 경험이 중요한 타인과 느꼈던 감정을 상담자에게 드러내는 것을 전이라고 한다. 상담자는 전이를 발달시켜 내담자의 갈등을 표현하도록 하여 내담자가 표현하는 전이 대상이 누구인지를 탐색한다. 내담자가 보이는 전이에는 긍정적 전이와 부정적 전이로 표현된다. 긍정적 전이는 상담자를 좋아하고, 이상적인 인물로 보게 되는 것을 말하고 부정적 전이는 상담자를 두려워하거나 미워하면서 경계하는 것을 말한다.

이 두 가지의 증상은 어린 시절 해결되지 않는 아동기의 갈등이 재현되고 있는 것으로 볼 수 있다. 예를 들면, 강압적인 아버지로부터 억압된 감정을 가지고 있는 병사에게는 권위적인 대상에 대한 두려움이 상담자를 마치 권위적인 인물로 재현하게 된다. 이러한 내담자에게는 어린 시절 강압적인 아버지의 모습을 재현하면서 내담자는 어린 시절의 무의식 세계에서 갈등을 재현하게 된다.

전이는 해석을 통해 내담자의 과거경험에 대해서 수용고- 격려와 지지를 해야 한다.

(3) 통찰 단계

내담자의 어린 시절의 경험에서 해결되지 않는 문제의 갈등은 부모의 사랑이다. 어린아이의 사고, 감정, 행동패턴을 이해하지 못하고 어른의 사고로 양육하는 잘못된 양육방식에서 일어나는 현상이다. 또한 부모 자신드 자신의 부모로부터 학습된 행동양식으로 양육방식을 선택함으로써 나타나는 현상이다. 내담자의 의존적 욕구나 인정욕구의 좌절로 형성된 적대감의 감정을 상담자에게 표현하게 된다. 상담자는 내담자의 숨어있는 충족되지 않는 욕구를 파악하고 정교화 한다. 상담자는 내담자가 현재 갈등을 느끼고 있는 문제를 경험하고 확대하여 내담자를 통찰하게 된다.

(4) 훈습 단계

내담자가 자신의 현재 심리적으로 갈등하는 원인을 통찰하였다고 해서 문제가 해결되는 것은 아니다. 내담자가 지금까지 상담과정에서 통찰한 것을 실제 생활과정상에서 자신에서 유리한 방식이 무엇인가에 대해 훈습이 필요하다. 훈습(working-through)이란 내면적 문제 또는 갈등의 원인을 통찰하고 일상생활 장면에서 유사한 상황에 놓이게 될 때 이를 스스로 해결하고 처리할 수 있을 때까지 치료적 장면에서 이 문제를 몇 번 반복해서 경험하도록 하는 재교육의 과정을 훈습이라고 한다. 상담자는 훈습을 통해 현실 생활에서 적용하려는 노력에 대해 적절하게 잘 강화될 수 있도록 격려와 지지적 역할을 하면서 내담자의 행동 변화를 평가하여 종결 시기를 결정한다.

9 상담기법

(1) 자유연상법

자유연상은 정신분석 상담 과정에서 가장 기본적인 기술이다. 자유연상은 무의식적 소망, 환상, 갈등, 동기로 문을 열기 위해 사용하는 기본적 기술이다. 내담자로 하여금 고통스러운 기억, 어리석고, 사소하고, 비논리적이고 부적절하더라도 마음을 떠오르는 것은 무엇이든지 가능한 이야기를 하도록 하는 방법이다. 자유연상을 통해 병사의 과거 경험을 회상시키고 충격적인 사건을 느꼈던 감정이 때로는 차단되어 왔던 감정들을 발산하게 된다.

군 상담자는 내담자를 긴 의자에 편하게 누워 이야기하게 한다. 상담자는 의자 옆이나 뒤편에 앉아서 장병 내담자와 눈을 마주치지 않고 온화하고 따뜻한 태도로 장병 내담자의 이야기를 경청한다. 군 상담자는 장병 내담자 말하는 내용을 해석해 줄 필요가 있을 때나, 장병 내담자의 말이 끊어질 때는 연상의 흐름에 개입하여 작은 질문이나 말한 내용의 의미에 대해 해석해 줄 수 있다.

이러한 자유연상 기법을 통해 내담자의 표면만 듣는 것이 아니라 감춰진 의미까지 탐색하여 병사에게 설명해줌으로써 무의식 속에 숨어 있는 행동 요인을 정확히 이해하도록 하여 통찰이 일어나도록 한다.

(2) 꿈의 분석

프로이트는 꿈은 '무의식에 이르는 왕도' 라고 하였다. 무의식의 영역에 숨겨진 과거에 왜곡되어 억압된 내용을 찾고 이해하는 데 꿈은 최고의 메시지를 전달한다는 의미이다. 꿈의 분석은 무의식적 경험을 드러내고 내담자가 해결하지 못한 문제를 통찰하도록 하는 중요한 절차다. 이러한 꿈은 병사가 경험한 어떤 사건의 경험이 받아들이기가 너무 힘들기 때문에 직접적으로 표현되지 못하고 거짓된 또는 상징적인 형태로 표현된다. 꿈은 무의식적인 소망과 욕구, 두려움이 표현된다.

꿈에는 두 가지 수준의 내용으로 잠재적 내용과 현재적 내용이 있다. 잠재적 내용은 과장되어 있고 숨겨져 있고, 상징적이며 무의식적인 동기와 소망, 두려움으로 구성되어 있다. 무의식적 성적 및 공격적 충동들이 보다 용납될 수 있고, 수용하기 쉬운 내용으로 변형되어 꿈으로 나타나는 것이다. 현재적 내용이란 꿈에서 나타나는 꿈의 내용을 말한다. 상담자는 병사가 꿈의 현재적 내용이 갖는 상징들을 탐색하고 요소들을 해석함으로써 무의식으로 억압했던 자료를 풀어내고 현재 소망과 욕구, 두려움에 대한 새로운 통찰을 얻을 수 있다. 상징의 의미는 개인마다 다르기 때문에 병사가 꾼 꿈에 대해 연상하는 내용이 어떤 의미가 있는지 병사와 함께 분석하고 해석하여야 한다.

(3) 저항의 해석

저항은 상담의 진행을 방해하고 병사가 무의식적 억압된 고통스러운 경험들을 생각해 내는 것을 저지한다. 저항은 현 상태를 유지하고자 하고 사고, 감정, 행동의 변화를 거부하는 것을 말한다. 저항은 불안에 대한 방어이다.

병사의 갈등을 근본적으로 해결하기 위해서는 상담자는 저항을 지적하고 정면으로 맞서야 한다. 상담자는 병사가 수용할 수 있도록 배려하면서 해석의 기법

을 적용하여 병사가 저항을 스스로 해결할 수 있도록 하기 위해 병사의 저항 이유를 인식하도록 돕는 데 사용한다.

(4) 전이의 해석

상담이 진행됨에 따라 병사가 과거에 경험한 중요한 타인관계에서 이루어졌던 사랑이나 증오의 감정이 재현되어 긍정적인 감정과 부정적인 감정을 상담 장면에서 상담자에게 옮기는 것을 말한다. 전이는 병사가 접근할 수 없었던 다양한 감정을 재경험 할 수 있도록 해 줌으로써 상담의 가치가 있다. 전이는 무의식적으로 표면화되기 때문에 병사는 전혀 의식을 하지 못한다. 이러한 전이의 현상을 상담자는 과거 중요한 타인에 대해 가지고 있는 감정과 태도를 왜곡된 것임을 해석해 주는 것이다. 병사는 상담자와의 전이관계의 참된 의미를 점차로 각성하게 됨에 따라 억압된 감정을 알게 된다. 과거의 무의식 경험이 현재 어떻게 작용하는지를 통찰하게 된다. 병사는 전이를 통해 자신이 인식하지 못한 비합리적이고 유아기적 욕구를 벗어나서 성숙하고 현실적인 관계에서 만족을 얻게 되고 자신의 문제를 해결하려고 시도한다.

(5) 해석

해석이란 무의식적인 의미를 종합하고 의식화해 주는 것이다. 해석에는 꿈의 해석, 자유연상의 해석, 저항의 해석, 전이의 해석 등에서 나타난 행동의 의미를 지적하고, 설명하기도 하고, 가르치기도 하는 기본적 절차이다. 적절한 해석은 병사가 상담자의 해석을 받아들일 준비가 되었을 때 사용하고, 시기가 적절하지 못한 해석은 병사에게 저항적 행동을 유발 할 수 있으므로 해석은 시기를 잘 맞추어야 한다. 해석은 병사의 생각과 감정을 구체화하고, 앞으로 탐색 되어야 할 부분에 내담자의 관심을 집중시키고, 핵심적인 주제를 탐색하여 요약하기 위해 사용한다.

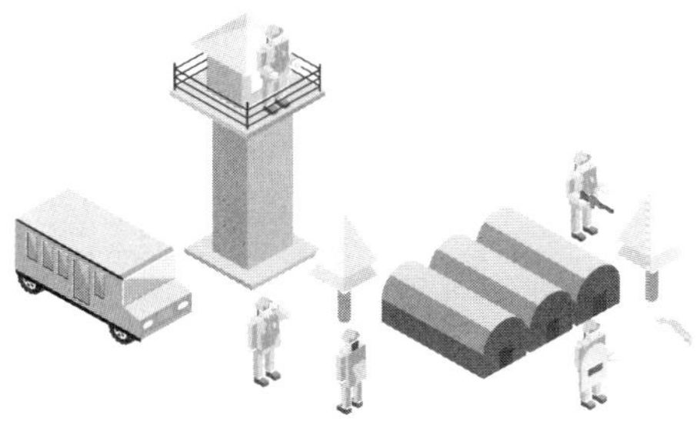

CHAPTER 02

인간중심 상담이론

인간중심 상담이론은 미국 심리학자 Carl Rogers이론에 근거하여 발전한 상담이론이다. 로저스는 정신분석 상담이론에서 성적 본능 욕구를 지나치게 강조하는 것과 행동주의적 상담에서는 자극과 반응이라는 단순화 시키고자 하는 지시적인 상담에 반하여 로저스는 인간은 태어나면서부터 자신의 잠재력을 실현시키려는 선천적 경향성을 가지고 있다는 것을 강조하면서 인본주의를 기반으로 내담자 중심의 비지시적 상담으로 발전시켜 왔다.

1 인간관

인간중심 상담이론에서는 인간은 긍정적이고 선한 존재이며 '충분히 기능'하고자 하는 욕구 즉 가능한 한 효율적으로 살아가는 존재라고 간주한다. 인간은 존경과 신뢰의 분위기 속에서 긍정적이고 건설적인 방향으로 발달하려는 경향을

가지고 있는 존재로 보았다. 인간은 자신이 선택한 삶에 책임을 수용하는 자유로운 존재로 스스로 조절하고 통제할 수 있는 능력을 가지고 있다.

인간중심 상담은 성격이론에 근거를 두고 있다. 인간은 환경의 맥락에서 자기 자신에 대한 개인의 견해는 자신의 행동과 개인의 만족에 영향을 끼친다. 만약 양육적인 환경을 제공받는다면 사람들은 스스로 되고자 하는 바를 실현하는 자기실현에 대한 확신을 가지고 성장하게 될 것이다. 만일 타인으로부터 인정과 지지를 받지 못한다면 자신을 가치 없는 존재로 보는 반면 타인을 신뢰할 수 없는 존재로 보기가 쉽다. 이러한 인정과 지지 받지 못한 존재는 행동에서도 자기 보호적 성향을 나타내고, 타인으로부터 방어적인 태도를 반복적으로 보이면서 자신의 성장에 방해를 받는다.

2 주요개념

로저스는 인간의 성격발달과 변화에 초점을 두었으며 인간이 발달하는 과정에서 중요한 구성개념을 유기체, 자기, 가치 조건화 등이다.

(1) 유기체(organism)

유기체의 의미는 전체의 조직체를 의미한다. 인간의 성별, 신장, 연령, 교육수준, 지능, 동기 등을 말한다. 인간은 전체로서의 개인이다. 인간은 경험에 대해서 유기체적으로 반응한다. 인간은 외부 자극에 대해서 자신이 경험한 반응에 전 유기체가 반응하게 된다. 로저스는 유기체적 경험을 중시 했다.

유기체적 경험이란 한 개인이 살아오면서 경험한 것으로 현재 살아가는 순간의 경험을 현상학적 장이라고 하였다. 다시 말해서 현상학적 장이란 한 개인이 성장과정에서 끊임없이 경험하는 세계를 의미한다. 즉 현상학적 장은 개인이 대상이나 사건을 어떻게 지각하고 이해하는가에 달라질 수 있다. 현상학적 장은 의식과 무의식을 모두 포함한다.

(2) 자기(self-reinforcement) 혹은 자기개념

자기는 인지, 정서 또는 행동 측면에서 '나'의 특성으로, 현상학적 지각의 조직적이고 통합적인 총채를 의미한다. 나를 중심으로 타인 또는 사물과의 관계 및 수반되는 가치를 포함한 관계의 지각을 말한다. 자기는 나에 대한 일련의 가치의 인식으로 인간의 성격의 구조에서 가장 중요한 요소로서 개인의 외적 대상을 지각하고 경험하면서 그것에 의미를 부여한다.

자기는 끊임없이 경험하는 세계에서 자기가 변화함으로써 자기는 불안정하다. 자기는 현상학적 장과 별도 구분되는 것이 아니라 자기는 현상학적 장 내에 자기가 있다. 이러한 자기는 유기체적 경험과 일치시키면서 유지하려고 한다. 이러한 현상이 개인의 자기개념으로 형성하게 된다. 예를 들어 유아는 부모와 상호작용을 통해서 유기체의 경험을 하게 된다. 이러한 유기체의 경험에서 특정 경험을 자신의 특성으로 받아들여 자기 혹 자기개념으로 분화된다.

자기개념은 개인의 기본 특성, 독특한 속성 및 전형적인 행동에 대한 신념의 집합체로, 타인과의 상호작용을 통해 자기 자신에 대해 가지게 되는 인상과 평가를 근원으로 점진적으로 형성된다. 즉 유기체가 자신의 경험을 어떻게 지각하느냐에 따라 크게 좌우 된다.

이러한 자기개념에는 중요한 대상으로부터 어떻게 영향을 받고 학습되느냐에 따라 자기개념이 형성된다. 병사들을 상담하면서 병사의 자기개념의 형성과정은 외부환경의 중요대상과의 어떤 관계로 경험하였는지를 이해하면 병사의 자기개념을 이해하는데 도움이 된다.

또한 어린 시절 성장하는 과정에서 유기체 경험이 발달과정에서 성격발달 형성에 많은 영향을 받으면서 자기개념이 형성하게 된다. 유기체 경험을 하면서 성장하는 과정에서 중요한 대상의 조건가치 부여로 인한 자신의 지각이 형성된 과정을 이해할 필요가 있다.

(3) 가치 조건화

로저스는 성격형성에 영향력을 주는 중요한 개념이 가치 조건화라고 하였다.

어린 시절 연약한 존재로서의 주 양육자로부터 긍정적 자기존중을 얻기 위해 노력한 결과로 개인의 가치가 내면에 형성되는 현상을 말한다. 아동의 기본 욕구는 주 양육자로부터 긍정적 존중을 받기를 원한다. 아동은 주 양육자의 태도에 따라서 형성된 가치 조건화는 아동의 주관적 경험을 왜곡하고 부정하게 만들기 때문에 자기실현의 방해가 된다. 부모는 자신의 판단에 따라 아동에게 언어적 지시를 한다. 주로 눈에 띄는 행동을 주시하고 행동에 대한 평가를 하면서 행동에 대한 부모가 원하는 방향으로 행동을 지시한다. 아동은 부모가 원하는 행동을 했을 때 '착한아이' 그렇지 못할 시는 '나쁜 아이'가 된다. 아동은 착한아이가 되기 위해 자신의 사고, 감정, 행동과는 관계없이 겉으로만 최선을 다하는 아동으로 성장하게 된다. 예를 들면 유아기 시절 부모는 나의 행동에 대해 평가를 내린다. 유아는 부모의 사랑을 받고자 자신의 행동을 통제하고 부모가 원하는 행동으로 전환하고자 한다. 성장하면서 또래관계와 사회적 확대 속에서 타인과 상호작용을 통해 자기개념으로 모든 것을 지각하려고 한다. 그러한 자기의 지각체계와 일치되지 않는 경험을 반복적으로 경험하게 되면 증상이 발생하게 된다. 이러한 현상을 자기개념의 불일치 현상이라고 한다. 이런 불일치는 긍정적 자기존중을 잃지 않을까 하는 위협으로 느껴지고 결국에는 불안과 두려움을 가지게 된다.

3 상담목표

인간중심 상담의 목표는 한 개인의 '자아실현 경향성'의 발현과 '충분히 기능하는 인간'이 되도록 조성하는 것이다. 상담자는 신뢰관계의 분위기를 조성하여 내담자가 자유롭게 자기를 공개하도록 함으로써 자신의 내면세계(감정, 욕망 및 자기개념 등)를 이해하고, 자신의 존재 그대로를 수용하면서 자신의 문제를 파악할 수 있도록 돕는다. 자신의 환경에 왜곡된 지각을 수정하고, 현실적 경험과 자기개념간의 조화를 이루도록 돕는다. 다음은 내담자로 하여금 다른 사람의 기대나 조건에서 벗어나 자아실현을 통해서 충분히 기능하는 사람이 되도록 하는 데 상담의 목표가 있다.

4 상담과정

(1) 신뢰관계 형성

내담자는 자신의 내면적 자기개념과 경험 간의 불일치에 따른 심리적 문제를 보다 명확히 지각하고 그것들을 부정하거나 왜곡하지 않고 있는 그대로 수용하는 상담자의 태도는 내담자와의 신뢰관계를 형성하는데 보다 중요하다. 신뢰관계가 형성되어야 내담자 스스로 자신의 문제를 받아들이고 이해할 수 있고 내담자의 심리적 문제해결과 인간적 성장을 기대할 수 있다.

(2) 새로운 방식의 지각

상담자와 내담자간의 상호신뢰관계에서 내담자는 자신의 심리적 문제를 있는 그대로 받아들이고 통찰하는 과정에서 자신을 보다 긍정적으로 받아들이고자 노력할 것이다. 새로운 방식으로 지각하기 위해 자기개념의 불일치 현상을 명료하게 인식하면서 새로운 방식으로 자신을 이해하고 수용하려고 한다.

상담자는 내담자의 입장에서 이해하고 공감해주어야 한다. 내담자의 새로운 방식을 무조건적으로 존중해주며, 외면과 내면이 일치하는 진실된 모습을 일관되게 보여주어야 한다. 상담자는 이러한 상담자의 태도를 보면서 진정한 자신의 내면을 경험하고 수용하게 된다.

(3) 상담종결

이러한 과정을 통해 내담자는 자신의 부정과 왜곡된 감정을 부인하지 않고 스스로 자신의 문제를 있는 그대로 안전하게 받아들이면서 자신을 의미 있게 만드는 것을 깨닫게 되고 보다 진실된 태도로 새로운 방식의 생활방식을 선택하여 인간적으로 성장할 것이다.

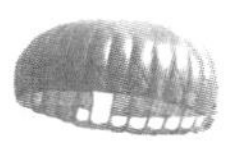

5 상담기법

인간중심적 상담의 기법은 상담자와 내담자의 상담관계 형성이다. 내담자에게 도움이 되거나 변화하고 성장하게 하기 위해서는 스스로 자신 속에 있는 능력을 발견하도록 만드는 것이 중요한 상담관계이다. 이를 위해 로저스는 내담자의 긍정적인 변화를 이루는 필요충분조건으로 다음과 같은 세가지의 상담자의 태도를 강조하였다. 즉 내담자의 심리적 문제 해결과 인간적인 성장을 위해서는 상담자의 진실성, 무조건적 존중, 공감적 이해가 가장 중요하다고 강조하였다.

(1) 진실성

진실성이란 군 상담자로서의 역할 수행을 위한 가식이나 왜곡 그리고 계급 구분없이 인간으로서의 자신의 모습을 진솔하게 나타내는 것을 말한다.

따라서 군 상담자는 내담자와 관계에서 느끼는 감정과 태도를 긍정적이든 부정적이든 자신의 행동이나 감정에 솔직해야 하며, 부정적 감정을 숨기지 않고 솔직히 표현함으로써 내담자와 진솔한 대화가 이루어지도록 해야한다.

(2) 무조건적 긍정적 존중

칼 로저스가 창안한 개념으로 상담자가 내담자의 감정이 어떤 것이든 느끼는 그대로 표현하도록 허용하는 태도를 의미한다. 상담자는 판단하지 않고 있는 그대로 받아들이는 자세로 내담자를 배려하고 보살피려는 태도를 유지함으로써 내담자는 안전감을 느끼게 되고 보다 자유롭게 자신의 감정을 경험하고 탐색과 변화를 위한 용기를 얻게 된다.

(3) 공감적 이해

상담자가 '내담자의 입장이 되어' 내담자의 경험, 감정, 사고, 신념 등을 내담자의 관점과 입장에서 듣고, 느끼고, 이해하는 능력으로 감정을 공유하는 것이다.

어떤 상황이나 관점에 관한 내담자가 경험하고 있는 주관적 세계를 상담자가 '마치 내담자처럼 내담자의 입장에서' 정확하게 이해하고, 다시 보여주고, 자각하게 하는 상담자와 내담자의 효과적인 의사소통을 하는 것을 달한다. 공감적 이해는 상담자가 내담자의 감정을 공감하고 있음을 내담자에게 전달할 때 비로소 내담자는 자신이 이해받고 있다는 느낌을 받게 된다.

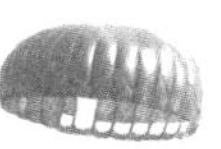

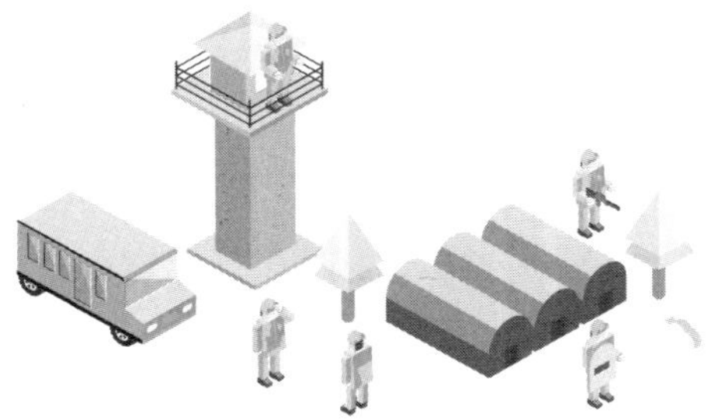

CHAPTER 03

인지 행동 상담이론

인지행동 상담은 인지상담과 행동수정 상담을 혼용하여 사용하는 통합적인 치료기법이다. 1970년대 중반까지 상담과 심리치료 분야에서 대표적인 접근 방법은 정신분석 상담, 인간중심 상담, 행동수정 상담이었다. 이러한 이론은 감정과 행동에 초점을 둔 상담이론으로 인지적 측면을 소홀히 다루었다. 인지행동적 상담은 사고과정 중심 접근상담이다. 흔히 사고의 중요성을 강조한다. 한 개인의 '생각이 바꾸면 세상이 달라진다'는 표현도 우리가 어떠한 사고로 세상을 보느냐에 따라 달라진다는 의미이다. '합리적인 사고로 받아들일 것인가? 아니면 비합리적인 사고로 받아들일 것인가?'에 관점을 달라진다.

인지행동상담은 사고의 변화가 감정과 행동의 변화를 가져올 수 있다는 점을 강조하고 있다. 흔히 사람들은 어떤 사건이 발생하였을 시 사람들은 자신의 감정이나 행동에 영향을 미친다고 하지만 그 사건을 어떻게 생각하느냐(합리적, 비합리적사고)에 따라서 감정과 행동도 영향을 받을 수 있다는 가정하에서 출발한다. 인지행동상담의 대표적인 상담이론은 엘리스(Albert Ellis, 1913~2007)의 합리적 정서행동치료(Rational Emotive Behavior Therapy : REBT)로 엘리스는 이론을 정립해 감에 따라 처음에는 합리적 치료(Rational Therapy, 1955)라고 명명한 후에 합리적 정서적 치료 (Rational Emotive Therapy : RET, 1962)라고 개칭하였고, 정서 못지않게 행동을 중시하여 이를 다시 합리적 정서행동치료라는 뜻으로 개칭하였다(1993).

1 인간관

합리적 정서행동상담에서는 인간은 합리적인 사고와 비합리적 사고를 가지고 태어난다고 가정하였다. 인간은 타고난 합리적 사고는 인간을 성장 시킬 수 있고, 비합리적 사고는 자신을 파괴시킬 수도 있다. 인간은 자신의 인지, 정서적, 행동적 과정을 변화시킬 수 있는 능력의 자기실현 경향성을 가지고 있다. 인간은 자기와 대화하고, 자기를 평가하며, 자기를 유지하려는 잠재적 능력을 가지고 있다고 본다.

2 비합리적 개념

엘리스(1967)는 인간의 문제행동은 감정에 의해서 형성보다는 비합리적인 사고에 의해서 형성된다고 보고, 이러한 비합리적인 사고는 부모의 학습과 사회 환경의 영향에 의해서 강화되고 정서장애의 주요원인이 된다. 엘리스는 비합리적인 신념을 11가지를 들었다.

(1) 자신에 대한 당위성

① 나는 모든 면에서 능력이 있고, 성취를 이루어야 가치가 있는 존재다.
② 타인의 문제에 대해서 많은 관심을 가져야 하며, 그것을 걱정해야 한다.
③ 문제의 해결책은 반드시 있다. 만약 이러한 해결책을 찾지 못하면 결과는 비참해진다.

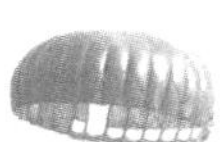

(2) 타인에 대한 당위성

① 내가 알고 있는 사람은 모두에게 인정을 받는 것은 당연하다.
② 어떤 사람이 나쁘고, 악하고, 비열한 행동을 하였다면 비난 받고 벌을 받는 것이 당연하다.
③ 사람은 다른 사람에게 의지해야 하고 의지할 만한 자신보다 강한 누군가가 있어야 한다.

(3) 조건에 대한 당위성

① 일이 자기가 원하는 뜻대로 되지 않으면 끔찍하고 파멸이 있을 뿐이다.
② 나에게 불행은 외부사건에 의해서 생기는 것이며 사람의 힘으로는 통제할 수 없다.
③ 어떤 위험한 일이 있거나 두려우면, 걱정하고 그 일을 계속 생각한다.
④ 살아가면서 어려움이나 자기 책임에 직면하기 보다는 회피하는 것이 쉬운 일이다.
⑤ 인생에서 과거의 사건은 현재의 결정적 요인이며, 과거의 영향은 없어질 수 없다.

이러한 비합리적인 신념을 가진 사람은 자신을 비하하고 의기소침하게 되며, 자기를 파괴시키기도 한다.

3 엘리스의 ABCDE이론

합리적 정서행동치료는 합리적인 사고와 비합리적인 사고의 신념으로 분류한다. 합리적 정서행동치료는 내담자가 보이는 행동의 제거에 두기보다는 문제행동의 배후에 있는 핵심적인 자기 패배적 신념과 비합리적 사고를 극소화시키고 삶에 대해서 보다 현실적인 가치관을 갖게 하는 데 있다.

엘리스(1977)의 ABCDE이론은 A는 내담자가 노출되었던 문제 장면 또는 선행사건(Antecedents), B는 문제 장면에 대한 내담자의 관점 또는 신념(Belief), C는 선행사건으로 A때문에 생겨났다고 내담자가 보는 정서적·행동적 결과(Consequences), D는 비합리적인 신념에 대한 상담자의 논박(Dispute), 그리고 E는 내담자의 비합리적 관념을 직면 또는 논박한 효과(Effect)이다. 이 모형에서의 핵심은 내담자를 정서적으로 곤란하게 하는 것은 정서적·행동적 결과(C)는 선행사건(A)이 아니고 내담자의 신념(B)이라는 것이다. 엘리스는 내담자의 심리적 갈등이나 문제는 내담자의 비합리적 신념체계에서 비롯된 것이라고 믿었다. 따라서 합리적 정서행동상담은 내담자가 가진 비합리적 신념체계를 합리적 신념체계로 바꾸게 함으로써 심리적 갈등이나 문제를 해결할 수 있다고 본다.

4 상담목표

합리적 정서행동상담에서는 내담자가 가지고 있는 문제 행동의 신념체계를 변화시키는 데 궁극적인 목적이 있다. 즉 비합리적인 사고를 합리적이고 현실적인 신념과 인생관을 갖게 하여 더욱 유연성 있고 긍정적인 가치관을 갖게 하는 데 있다. 엘리스는 상담자가 내담자와 더불어 함께 추구해야할 구체적인 세부적 상담목표를 다음과 같다.

① 자기에 대한 관심(self-interest) : 자기 자신에게 완전히 빠져 버리지 않도록 하면서 정서적으로 자신에게 관심을 가질 수 있도록 한다.

② 사회에 대한 관심(social-interest) : 내담자는 소외된 실존을 택하지 않고 사회집단에서 다른 사람과 효과적으로 사는데 관심을 갖도록 한다.

③ 자기지시(self-direction) : 정서적으로 건강한 사람은 다른 사람과의 행동이나 지지를 좋아할지도 모르지만 그런 지지를 요구하는 것은 아니다. 내담자는 자신의 삶에 책임을 느낄 수 있으며 혼자서 자신의 문제를 독립적으로 해결할 수 있도록 한다.

④ 관용(tolerance) : 성숙한 개인으로 성장시키기 위해서 다른 사람이 실수하거나 잘못하는 것을 수용하며 그런 행동을 경멸하지 않는다.

⑤ 유연성(flexibility) : 건강한 사람은 사고가 유연하다. 내담자는 변화에 개방적이고 다른 사람들에 대해 고집스럽지 않은 관점을 갖도록 한다.
⑥ 불확실성의 수용(acceptance of uncertainty) : 성숙한 사람은 불확실성의 세계에 살고 있음을 인식한다. 그래서 내담자로 하여금 그가 불확실한 세계에 살고 있음을 깨닫도록 한다.
⑦ 이행(commitment) : 내담자는 자기 외부의 어떤 일에 적극적인 관심을 갖는다.
⑧ 과학적 사고(scientific thinking) : 성숙한 사람은 깊게 느끼고 구체적으로 행동할 수 있다. 그래서 내담자로 하여금 자신의 정서와 사고와의 관계에서 논리적이고 과학적인 법칙을 적용할 수 있도록 한다.
⑨ 자기수용(self-acceptance) : 내담자에게 자신이 살아 있다는 것만으로도 자신을 수용하며 자신의 가치를 외적 성취나 남과의 비교로 평가하지 않는다.
⑩ 모험 실행(risk taking) : 정서적으로 건강한 사람은 어리석게 빠져들지는 않지만 모험적 경향을 지닌다. 내담자에게 비록 무모할지라도 자신이 정말로 하고 싶어 하는 것을 실행하도록 모험을 해보도록 한다.
⑪ 반유토피아주의(nountopanism) : 성숙하고 정서적으로 건강한 사람은 자신이 유토피아주의는 존재하지 않는다는 사실을 받아 들인다. 내담자에게 자신이 얻고자 하는 모든 것들을 다 얻을 수 없으며 원하지 않는 모든 것들을 다 회피할 수 없다는 것을 인식한다.

5 상담과정

(1) ABCDE모형

엘리스의 ABCDE상담모형 절차는 내담자가 현재 겪고 있는 정서적 · 행동적 결과(C)를 탐색하고 이와 관련된 내담자가 제기하는 노출되었던 문제 장면 또는 선행사건(A)을 통해 원인이 되는 신념(B)를 찾은 후 이를 논박(D)에서는 내담자의 비합리적 신념을 적극적으로 논박함을 말하며, 논박을 통해 비합리적 신념이 합리적 신념으로 변하거나 대치되어 정서적 건강을 회복하게 하는 효과(E)로 조력하는 과정이다. ABCDE모형은 [표 4-2]와 같다.

[표 4-2] ABCDE모형

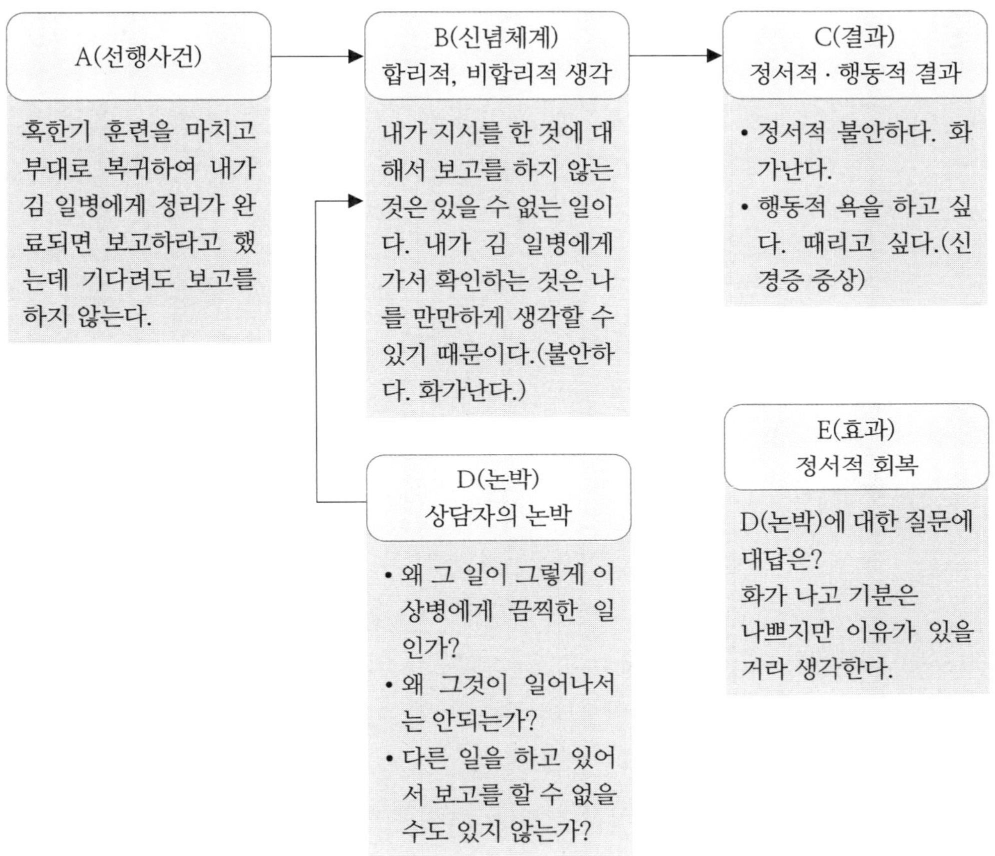

(2) REBT 상담과정

• 1단계 부적절한 부정적인 감정을 알아본다(C).

내담자는 A로 인하여 야기된 C(부적절한 부정적 감정)가 무엇인가를 알아본다. 그리고 그것을 견딜 수 있는가? 또 그러한 감정을 갖게 됨으로 당신에게 어떤 이득이 있었는가를 평가한다.

• 2단계 선행사건을 찾아내고 평가한다(A).

앞 단계에서 탐색한 내담자의 부적절한 부정적인 정서적·행동적 결과와 관련하여 구체적으로 내담자에게 어떤 사건이 있었는가를 간단하게 집약적으

로 알아보도록 한다. 그중에서 가장 관계가 깊은 사건(A)을 찾아낸다.

• 3단계 A-B-C의 연관성을 가르쳐 준다.

내담자는 선행사건(A)이 원인으로 작용하여 정서적·행동적 결과(C)를 초래한다고 생각한다. 상담자는 A-B-C의 관계를 적극적으로 내담자를 가르쳐 준다. 내담자에게 선행사건(A)이나 상대방이 아니라 내담자 자신의 사고(B)가 정서적·행동적 결과(C)를 불러오고 있음을 교육시킬 필요가 있다.

• 4단계 비합리적 신념을 평가 확인한다(B).

기본적인 비합리적 신념 중에 구체적으로 어떠한 것을 내담자가 가지고 있는가를 알아본다. 예컨대. "다른 사람에게 어떤 것을 지시할 때마다 너는 무슨 생각을 하느냐?" 등의 질문을 내담자에게 던진다. 내담자가 스스로 자신과 대화하는 자기언어를 찾아내도록 한다. 상담자는 B-C(비합리적 신념으로 인한 부적절한 정서와 행동)의 연관성을 내담자가 이해하도록 유도한다.

• 5단계 비합리적 신념을 논박한다(D).

부적절한 정서와 관련된 생각이 아무런 합리적 근거가 없음을 밝히는 것을 말한다. 이 경우 비합리적 생각에 대해 의문문으로 진술한 후 그 근거를 찾아보려고 노력한다. 만약 찾지 못한다면 그 사고가 비합리적임을 내담자 스스로 깨닫고 합리적 사고에 기초한 짧은 문장을 재진술하도록 한다.

가령 "고참이 지시한 사항은 어떤 것이든 반드시 해야 한다."고 생각하고 괴로워하는 내담자가 있다고 하자.

① 반드시 지시한 사항을 해야 한다는 논리적 근거는 무엇인가?
② 모든 후임병은 고참이 지시한 사항을 들어야 하는 증거가 어디 있는가?
③ 기어코 후임병은 고참이 지시한 사항을 들어야 한다는 생각을 고수함으로써 야기되는 결과(이득과 손해)는 무엇인가?

• 6단계 합리적 사고의 적용을 통한 정서적·행동적 효과(E)

논박을 통해 비합리적 사고를 합리적 사고로 전환함으로써, 정서적 효과와 행동적 효과가 나타나게 된다. 이러한 정서적 효과와 행동적 효과의 체험과 논박을 통해 변화되는 합리적인 자기언어로 사용할 시 자신의 사고가 자신에게 도움이 되는 바람직한 사고임을 스스로 알게 된다.

• 7단계 반복 학습으로 신념체계 강화 및 상담종결

내담자에게 부적절한 정서와 행동을 경험하게 하는 비합리적 사고를 합리적 생각에 근거한 합리적 자기언어를 짧은 문장으로 구성하여 진술해 보도록 한다. 즉 내담자의 자기언어가 그 나름의 논리성을 갖추어야 하며 그렇게 할 수 있도록 상담자를 도와주어야 한다. 그래서 내담자가 합리적인 생각과 자기언어에 근거하여 자신의 삶도 살아갈 수 있도록 돕는다.

6 상담기법

Ellis의 REBT상담이론에서 상담기법은 인지적 기법·정서적 기법·행동적 기법으로 구분할 수 있다.

(1) 인지적 기법

① 비합리적 신념을 논박하기 : 논박은 상담자가 내담자의 비합리적 신념을 적극적으로 반복적으로 반박하는 것을 말한다. 내담자가 어떤 사건이나 상황 때문이 아니라 그에 대한 자신의 지각과 자기 진술 때문에 장애를 느낀다는 것을 보여준다. 예를 들어 '선임이나 동료들이 좋아하지 않는다고 해서 왜 그것이 끔찍하고 무서운 것인가, 당신이 인정받지 못하면 왜 그것이 이 상병을 참지 못하게 하는 것인가, 김 상병이 행동하는 방식 때문에 왜 자신이 잘못된 사람이라고 생각하는가' 같은 질문을 함으로써 비합리적 신념을 즉각적으로 반박한다. 반박을 통하여 내담자의 의식을 합리적인 수준으로 끌어 올리도록 비합리적인 신념을 버릴 때까지 당위성을 반복적으로 반복한다.

② 인지적 과제 : REBT상담과정은 인지학습과정이다. 인지적 과제는 상담자가 내담자에게 생활과정에서 '반드시 해야만 한다.', '하지 않으면 안 된다.' 등의 자신의 비합리적 신념을 찾게 하고 과제 목록을 만들어 그런 상황에 처했을 때 자신을 논박하도록 하는 숙제를 내주는 것을 말한다. 과제를 통

해 내담자가 경험하는 부정적인 감정을 느끼고 부적응적인 행동을 하게 될 때 스스로에게 하는 자기대화를 통해 비합리적인 사고를 찾아오게 한다. 과제에는 ABCD모형을 잘 이해하고 적용할 수 있기 위해서 상담은 교육과정이기 때문에 인지행동 상담에 관한 책을 읽도록 과제를 부여할 수 있다.

③ 내담자의 언어를 변화시키기 : REBT상담과정에서는 부정확 언어는 사고과정에서 왜곡된 사고의 영향을 주는 원인이라고 생각하기 때문에 상담자는 내담자의 언어유형에 특히 주의를 기울이는데 이는 언어가 사고를 조성하고 사고가 언어를 조성한다는 근거로 보고 있다. 내담자는 '해야 한다'를 '하고 싶은'으로 대치하는 법을 배운다. '만약 ~한다면, 정말 두려울 거야'라고 말하는 대신에 '만약 ~한다면, 좀 불편할거야'로 말 할 수 있게 된다. 무기력하고 자기경멸적인 특성으로 말하던 내담자는 새롭게 자기 진술하는 법을 배울 수 있다.

(2) 정서적 기법

① 합리적 정서적 상상 : 내담자의 새로운 정서 패턴을 갖도록 하는데 도움이 된다. 상담자는 내담자에게 부적절한 감정의 최악의 상황 중 하나를 상상하게 하여 그 상황과 맞지 않는 부적절한 감정을 적절한 감정으로 변화시키는 방법이다. 이런 과정에서 비합리적인 생각을 버리고 합리적인 생각으로 대치할 수 있도록 생활과정상에서 연습하게 하는 방법이다.

② 역할연기 : 행동적 요소와 함께 정서적 요소도 가지고 있는 기법이 역할연기이다. 합리적 정서상담자들은 내담자가 자신의 정서를 이끌어 내기 위해 타인과의 상호작용을 행동화할 때 역할연기 기법을 사용한다. 이 기법을 통해 내담자로 하여금 장애 장면과 관련된 자신의 비합리적 사고를 통찰하도록 하거나, 내담자가 획득한 합리적 사고와 행동을 연습해 보도록 하는데 목적이 있다.

③ 유머 사용하기 : 앨리스는 내담자를 문제 상황으로 이끄는 과장된 사고와 싸우는 수단으로 유머사용을 강조하고 있다. 그는 사람이 너무 진지하게 생각하거나 생활 과정들에서 개인의 과도하게 심각한 측면을 반영하고 법칙적 생활 철학을 논박하도록 조언하는데 유머를 사용한다. 엘리스는 합리적이고 유머러스한 노래를 치료기법을 이용하였다. 그것은 내담자로 하여금 그들 자신을 덜 진지하게 생각하도록 할 수 있는 방법이다.

(3) 행동적 기법

REBT상담에서 이 기법은 내담자에게 상담자가 어떤 행동을 하게 함으로써 이전 보다 효과적으로 수행하도록 할 뿐 아니라 인지의 변화를 이루도록 조력한다. REBT상담에서는 행동의 변화뿐만 아니라 생각과 정서까지도 변화시키려는 것을 포함한다. 행동적 기법에는 조작적 조건형성, 체계적 둔감법, 자기 표현훈련, 강화와 벌, 모델링, 여론조사법, 범람법 등의 기법 등이 있다.

① 체계적 둔감법 : 내담자가 부적절한 행동을 변화하는데 가장 널리 활용되는 기법으로 불안이나 공포로 인해 야기되는 부적절한 행동이나 회피적인 행동을 수정하는데 보다 효과적인 방법이 된다. 체계적 둔감법은 울프(Wolpe)에 의해 발전된 역조건형성의 원리에 근거를 두고 있다. 이 기법은 내담자로 하여금 이완을 한 상태에서 불안 강도가 낮은 것에서부터 시작해 점차 불안 강도도 높은 자극이나 상황을 상상하면서 불안보다 이완을 경험하도록 한다. 체계적 둔감법의 기본단계는 첫째, 근육이완 훈련, 둘째, 불안을 경험한 내용을 낮은 수준부터 높은 수준의 위계적 목록을 작성한다. 셋째, 이완훈련을 통해 불안한 상황을 점진적으로 치료한다.

② 여론조사법 : 여론조사를 통해 내담자가 자신의 사고를 현실적으로 검증받는 방법이다. 예를 들어 김 이병은 평소 자신은 특별히 잘하는 것이 없다는 생각에 자신이 무능력하고 부대에 도움이 되지 않는다고 한다. 이런 김 이병에게 주위 동료 전우들에게 자신이 무능력하고 부대에 도움이 되지 않는 사람인지를 물어서 그 결과를 보고하도록 하는 기법이다. 이런 결과를 통해 내담자가 지신의 비합리적인 사고를 이해하는 기회를 제공하고자 하는 것이다.

③ 범람법 : 이 기법은 어떤 대상이나 상황에서 두렵고 불안해하는 내담자에게 상황을 스스로 반복적으로 체험하도록 함으로써, 그로 인한 두려움과 불안을 경감시키고 나아가 그것에서 벗어나도록 하는 목적이다. 예를 들어 권위자에 대한 두려움을 가지는 병사에게 하루 간부와 30분씩 대화 나누기를 일주일 동안 반복하게 하는 방법으로 불안감을 경감시키도록 한다. 이러한 기법은 내담자가 수용할 수 있는 범위에서 행해져야 하는 방법들이다.

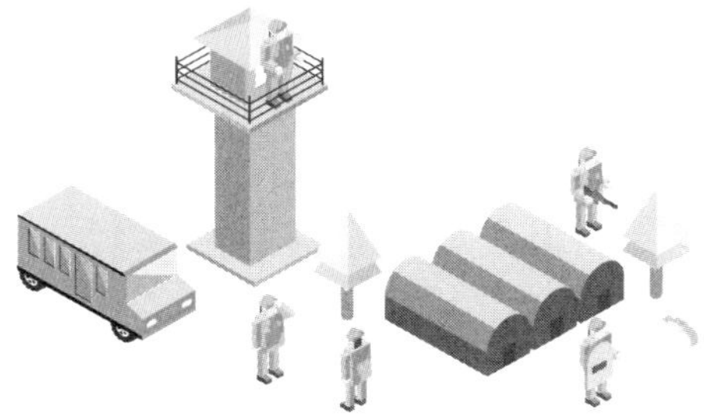

CHAPTER 04

현실치료 상담이론

현실치료 상담은 William Glasser에 의해 창시된 상담이론이다. Glasser는 1925년 미국의 클리블랜드에서 출생하여 28세에 정신과 의사가 되었다. 글래서는 1950년 정신과 수련의 과정에서 전통적인 정신분석의 개념이나 기법이 환자들을 치료하는데 효과를 보지 못한다는 사실을 보고서 새로운 상담방법을 개발하고 적용하기 시작했다.

그 결과 정신분석 기법보다 더 많은 환자들을 건강해지는 것을 보고 자신감을 얻고 자신의 이론을 더욱 발전시켰다. 글래서는 인간은 누구나 자신이 자기 삶의 주인이 되어 자신의 삶을 통제할 수 있을 때 행복을 느낀다고 했다. 즉 자신의 삶에서 중요한 선택을 스스로 할 수 있고, 선택한 것에 대해 책임을 질 수 있다고 강조하였다.

글래서는 자신의 상담이론을 선택이론을 적용시켜 설명하였다. 선택이론은 인간이 왜, 이렇게 행동하는가?를 설명하는 인간의 동기와 행동에 대한 이론이다. 즉 인간이 행동하는 것은 생존의 욕구, 사랑과 소속감의 욕구, 힘의 욕구, 자유,

즐거움의 다섯 가지 욕구를 충족하기 위해서 행동한다는 것이다. 이러한 선택이론에서는 인간의 전체 행동에는 네 요소로 행동, 사고, 감정, 생리적 현상으로 구성되어 전체 행동으로 본다. 전체 행동은 현실의 욕구를 가장 잘 만족시켜 주는 방향으로 조정된다.

인간은 모든 행동이 선택되는데, 행동과 사고는 직접 통제가 가능하지만 감정과 생리적 현상은 간접적으로만 통제할 수 있다. 따라서 내담자의 감정을 변화시키기 위해서는 사고와 행동을 변화시켜야 가능하다고 강조하였다. 현실치료 상담에서는 책임과 현실을 강조하였다.

책임이란 자신의 욕구를 충족시키기 위해 다른 사람을 방해하지 않는 범위 내에서 자신을 충족시키는 능력이라고 본다(Glasser, 1965).

글래서가 말하는 상담이란 인간은 자신이나 환경을 통제할 수 있는 존재이며, 또한 자신의 행동을 포함한 자신에 대해 책임질 수 있는 존재이기 때문에 자신의 행동, 느낌, 환경적 여건에 대해서 책임지고 스스로 선택하여 효율적으로 살아가는 방법을 배우도록 도와주는 것을 의미한다.

1 인간관

치료적 상담에서는 일반적으로 말하는 인간관에 비추어 현실상담은 외부의 어떤 힘에 의해 인간이 결정된다는 결정론적 입장을 반대하고 있다. 현실상담은 인간이 자유롭게 스스로 선택하고자 하는 욕구를 가진 존재이고 자신의 행동에 책임질 수 있는 존재라고 본다. 이러한 인간은 사랑과 소속감, 힘, 자유, 즐거움의 심리적 욕구와 생존의 생리적인 욕구의 기본적인 욕구를 가지고 있다고 본다. 이러한 욕구를 충족하기 위해 외부의 환경을 통제한다거나 자신과 환경을 통제하고 자신의 행동을 선택한다. 이러한 선택이 자신의 욕구가 충족되지 않을 때 불만과 고통을 느끼고 자신감 부족과 현실 부정으로 이끄는 실패 정체감을 가진다. 반면 타인에게 방해가 되지 않는 가운데 자신의 욕구를 충족시켜 나갈 때 스스로 선택에 대해 책임을 다할 수 있는 성공 정체감을 가진다고 보았다.

2 주요개념

(1) 선택이론

선택이론은 인간은 누구나 자신이 삶의 주인이 되어 자신의 삶을 통제할 수 있을 때 행복을 느낀다고 했다. 글래서는 어떤 자극이 당신을 행동하게 하는 것이 아니라 당신의 내적 욕구나 바람이 행동을 생성한다고 주장한다. 선택이론은 인간이 어떻게, 그리고 왜 행동하는가를 설명하는 이론이다. 즉 인간은 다섯 가지 욕구로 심리적 욕구인 사랑과 소속감, 힘, 자유, 즐거움과 생리적 욕구인 생존의 욕구를 충족하기 위해서 행동한다는 것이다. 이러한 욕구는 자신의 행동변화를 통해서만 충족시킬 수 있다고 가정한다. 따라서 적절한 선택을 통하여 자신을 통제하는 방법이 학습된다면 실패적 정체감에서 성공적 정체감으로 문제를 해결하는데 에너지를 활용할 수 있다고 주장하였다.

(2) 인간의 5가지 기본적 욕구

① 생존의 욕구(survival)는 인간은 생명을 유지하기 위해 생리적 요구를 충족하기를 원한다. 일단 이 욕구가 차단되면 모든 행동에 제한을 받게 된다. 인간은 살고자 하고 생식을 통해 자기를 확장시키고자 하는 속성을 지니고 있다.

② 사랑과 소속감의 욕구는 인간들은 다른 사람들과 더불어 살며 그들로부터 인정을 받고 나아가서 사랑을 받기를 원하는 속성을 가지고 있다. 자기 주위 사람들의 지지를 사회의 일원으로 받아들여 줌으로써 어떠한 집단에 소속감을 가진다. 예를 들면 어린이는 엄마의 돌봄, 친구 간 우정, 부부사랑, 가족으로부터 사랑, 직장에서의 인정 등이 있다.

③ 힘에 대한 욕구는 인간은 경쟁하고, 성취하고, 중요한 존재이고 싶어하는 속성을 가지고 있다. 예를 들어 학생은 좋은 성적을 통해 성취감을 느끼고, 군인에게는 진급과 중요한 보직 등의 자신의 능력을 인정받을 때 자신을 중요한 존재로 인식한다.

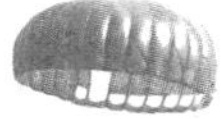

④ 자유에 대한 욕구는 인간이 이동하고 선택하는 것을 마음대로 하고 싶어하고 내적으로 자유롭고 싶어 하는 속성을 말한다. 인간은 누구에게 간섭받기를 싫어한다. 내가 살고 싶은 곳, 내가 원하는 종교, 내가 만나고 싶은 사람과의 대인관계 등을 포함한 모든 삶의 영역에서 스스로 선택하고 자신의 의사를 표현하고 싶어 한다.

⑤ 즐거움의 욕구는 인간은 많은 것을 경험에 의해서 배우고 새로운 놀이와 학습을 통해 즐거움의 욕구를 충족하고자 한다. 인간은 생명의 위험을 감수 하면서도 철인경기, 암벽타기, 자동차 경주 등 놀이를 즐기기도 하고, 새로운 학습을 통해 즐거움을 느끼기도 한다.

(3) 전(全)행동

글래서는 인간의 모든 행동에는 목적이 있다. 인간의 모든 행동이 분리될 수 없지만 구별되는 네 가지 구성요소, 즉 행동하기(doing), 생각하기(thinking), 느끼기(feeling), 생리적 반응(physological reaction)으로 구성되어 통합적으로 기능하는 행동체계를 말한다. 이러한 네 가지가 구성된 전체적인 인간 행동은 목적이 있다. 인간 행동의 목적은 개인의 기본적 욕구(생존, 사랑과 소속, 자유, 즐거움, 힘)에 따른 바람에 얻고 있다고 지각하는 것의 차이를 줄이도록 계획된다. 이러한 인간의 행동체계를 자동차가 기능하는 방법으로 비유한다면 핸들은 바람(want)으로서 가고 싶은 방향으로 가게 되고, 행동하기와 생각하기는 앞바퀴로서 자동차를 이끌며, 느끼기와 생리적 반응은 뒷바퀴로 앞바퀴를 따라간다. 뒷바퀴는 직접적으로 방향을 잡지 못하는 것처럼 느끼기와 생리적 반응은 간접적으로 선택할 수는 있다. 예를 들어 선임병이 후임병에게 머리를 땅에 박게 지시하여 후임병은 머리를 땅에 박으면(행동하기) 고통스러운 통증을 느낀다(느끼기). 더운 날에 훈련을 하면(행동하기) 땀을 흘린다(생리적 반응). 이처럼 '행동하기'와 '생각하기' 의 선택을 경유해서 '느끼기'와 '생리적 반응'이 뒤따라 나오게 된다(Corey, 2001).

인간은 그들이 원하는 것을 얻고 싶어 질 때 전 행동을 통해 자신이 원하는 것을 얻고자 노력한다. 내담자가 부정적인 반응을 보인 것도 자신이 원하는 것을 얻고자 자신이 취한 최선의 노력이며 선택으로 보고 있다.

3 상담목표

현실치료상담은 상담을 통해 내담자로 하여금 자신의 욕구를 책임질 수 있고 만족한 방법으로 자신의 심리적 욕구인 사랑과 소속, 힘, 자유, 즐거움을 현실적으로 충족시킬 수 있는 행동을 학습하도록 도와주는 것이다. 상담자는 내담자와 수용적인 신뢰관계를 형성하면서 내담자의 현재의 행동에 초점을 두고 내담자가 욕구를 충족할 수 있는 바람직한 내담자의 해결책인 바람(want)를 파악한 후, 내담자로 하여금 바람직한 방식으로 욕구충족을 성취하여 성공적인 정체감을 갖도록 돕는 궁극적인 목표가 된다.

4 상담과정

현실치료 상담의 창시자는 글래서라면, 현실치료 상담을 널리 보급하고 확장하는데 공헌한 사람은 우볼딩(Robert Wubboding)이다. 우볼딩은 현실치료적 상담과정에 대한 WDEP를 창안하였다. 우볼딩은 현실상담 환경에서 상담자와 내담자의 신뢰관계 형성하기를 권장하였다. 우볼딩의 상담과정은 1단계 내담자와 상담관계를 형성하기, 2단계 욕구탐색하기, 3단계 현재 행동에 초점두기, 4단계 행동을 평가하기, 5단계 활동계획 세우기의 과정으로 다음과 같이 진행된다.

- 1단계 내담자와 상담관계 형성하기(R : relationship)

이 단계에서는 상담자와 내담자가 친구가 되는 것이라고 말할 수 있을 정도로 상담자와 내담자가 개인적으로 신뢰하고 안전한 관계를 형성하게 되는 것이다. 상담자와 내담자와의 이러한 우정적 관계가 상담의 시작에서 종결까지 계속 이어지지 않는다면 상담의 효과를 기대하기 어렵다. 이러한 상담관계의 의미는 내담자가 상담자에게 의존한다는 의미는 아니다. 내담자가 자유롭고 책임감 있으며 자율적으로 가능할 것을 요구한다.

- 2단계 욕구 탐색하기(W : want)

내담자가 자신의 욕구를 파악하고 이를 충족시킬 수 있는 방법을 탐색도록 도와주는 단계이다. 상담자는 내담자가 '당신이 진짜 원하는 것이 무엇인가?',

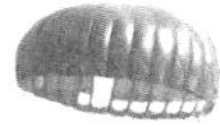

'진정으로 원하는 것이 무엇인가?' 라는 질문을 통해 내담자가 현재 충족되지 않은 욕구를 정확히 파악한다.

• 3단계 현재 행동에 초점을 두기(D : doing)

내담자가 그의 욕구 충족을 위해 현재 어떤 행동을 하고 있는지를 알아보기 위한 것이다. 현실상담에서는 질문하고 대답하도록 하는 것이 중요하다. '김 일병(너)은 지금 무엇을 하고 있느냐?'의 질문을 한다. 여기서 '지금'이라는 것은 현재에 초점을 둔다는 것이다.

'김 일병(너)는 지금 무엇을 하고 있느냐'
• 너 : 초점을 외부환경, 변명, 이유에 두지 않고 '너' 에 초점을 둔다.
• 지금 : 과거나 미래를 연연하지 말고 현재의 행동에 초점을 둔다.
• 무엇을 : 너는 지금 시간을 어떻게 보내고 있느냐에 초점을 둔다.
• 하고 있느냐 : 전체 행동 중에 현재 행동에 초점을 둔다.

• 4단계 행동을 평가하기(E : evaluation)

현실치료 상담에서는 내담자 스스로 자기 행동을 평가하는 단계이다. 평가단계에서는 상담자는 내담자로 하여금 스스로 자기 행동의 효과와 효율성을 판단하고, 그 결과에 대해 직면하도록 도와주는 일이 중요하다. 이때 상담자는 '지금 현재 김 일병(너)에게 도움이 되느냐?', '김 일병이 지금 하고 있는 행동이 진정으로 원하는 것을 이루는데 도움이 되느냐?'라는 질문을 할 수 있다. 이러한 과정에서 상담자는 내담자에게 책임을 추궁당하는 느낌이 들지 않도록 유의해야 할 것이다.

• 5단계 활동계획 세우기(P : planning)

현실치료적 상담과정에서 부정적인 행동을 탐색하여 욕구를 충족시킬 수 있는 긍정적인 행동을 구체적으로 수립하는 단계이다. 여기서 긍정적인 행동은 타인에게 피해를 끼치지 않는 전체행동을 말한다. 전체행동을 고려하여 계획을 수립하는 의미는 자신의 욕구 충족과 관련된 긍정적인 것과 부정적인 것을 찾아낸다. 부정적인 것에 대한 책임과 문제점을 확인시키고, 그 책임은 내담자에게 있다는 것을 이해시켜 욕구 충족에 도움이 되지 못함을 확인시킨다. 긍정적인 것을 실천할 수 있는 시간, 장소, 방법 등에 대해 구체적으로 계획을 수립한다. 계획은 비현실적인 것이어서는 안 되고, 내담자의 능력과 한계를 고려하여 계획을 수립한다. Wubbolding(1991)은 효율적인 계획을 수립하기 위해 고려야할 사항 7가지를 [표 4-3]에서 제시하고 있다.

[표 4-3] SAMIC3/P

구분	내용
Simple(단순한 계획)	내담자가 이해하기 쉽게 계획은 단순해야 한다.
Attainable(실현가능한 계획)	내담자의 능력과 한계를 고려한 가능한 계획이어야 한다.
Measurable (측정이 가능한 계획)	목표달성 여부를 측정가능하고 평가할 수 있어야 한다.
Immediate (즉각적인 계획)	가능한 당장 실행할 수 있는 계획을 세울 필요가 있다.
Controlled (통제가 가능한 계획)	계획은 내담자가 스스로 선택하고 통제가 가능한 계획이어야 한다.
Consistent (일관성 있는 계획)	지속적으로 반복하여 실천할 수 있도록 일관성 있는 계획이어야 한다.
Committed (헌신할 수 있는 계획)	내담자가 이행하겠다는 약속을 할 수 있는 계획이어야 한다.

5 상담기법

현실상담의 관점에서 보면 상담은 내담자와 상담자 사이에 합리적인 대화를 강조하는 학습이다.

(1) 유머사용

유머는 즐거움이나 흥미를 기본 욕구로 강조한다. 유머는 적절한 시기에 사용되어야 상담에서 도움이 된다. 유머는 상담자와 내담자간에 상담관계가 형성되기 전에는 유머를 사용하는 것은 바람직하지 못하다. 상담자가 유머를 사용한다는 것은 내담자와 동등한 입장에서 서로 즐거움을 공유한다는 의미이다. 이러한 유머는 적대적인 것이 아니라 선의를 가지고 해야 적절하게 활용하여야한다.

(2) 역설적 기법

역설적 기법이란 하나의 언어충격기법을 의미한다. 내담자가 계획을 세우려 하지 않고 저항을 보이거나 실천을 하지 않을 때 역설적 기법을 사용할 수 있다. 상담자는 내담자의 모순된 요구나 지시를 주어 내담자를 당황스럽게 하는 역설적 기법을 사용한다. 예를 들어 잠을 잘 수 없다고 불평하는 내담자에게는 계속 깨어 있으라고 한다. 실수하는 것을 죽도록 무서워하는 내담자에게는 일부러 실수하라고 말한다. 부부싸움을 잘 하는 부부에게 계속 언쟁하라고 한다. 신체적 증상을 호소하는 병사에게 '이 일병에게 너의 팔도 너의 몸의 일부인데 아픈 것이 당연하지' 라고 말하면서 내담자의 증상을 열거한다. 이 기법은 강력한 기법으로 충분히 훈련을 받은 상담자 혹은 철저한 지도감독 하에 실시해야 한다. 이러한 역설적 기법은 내담자의 행동과 정서는 그 자신이 선택에 따른 책임이라는 점을 부각시켜서, 다른 생산적인 대안을 선택할 수 있음 지각시킨다.

상담이론 비교 요약

① 정신분석 상담이론

- 개관 : 창시자는 Freud이다. 이 접근은 최초로 포괄적인 성격이론 및 심리치료의 체계를 확립했다. 정신분석이론의 핵심은 무의식, 어린 시절의 경험, 성(性), 공격성 등이 강조된다.
- 인간관 : 인간은 비합리적이고, 결정론적인 존재이다. 인간의 행동은 기본적으로 생물학적 충동과 본능을 만족시키려고 하는 욕망에 의해 동기화된다. 인간은 무의식 속에 잠재해 있는 어린 시절의 심리 성적인 사건들에 의해 결정되는 존재로 인간을 보고 있다.
- 성격이론 : 인간의 성격은 원초아, 자아, 초자아로 구성되어 있고, 인간은 의식수준은 3가지로 무의식, 전의식, 의식을 갖고 있다. 성격구조의 역동성은 충동과 저항의 상호작용으로 이루어진다고 본다. 자아가 욕구충족의 과정에서 적절히 처리하지 못 할 때 불안이 생기고 이것이 무의식의 수준에서 인간행동에 영향을 미친다.
- 상담목표 : 내담자가 자기 행동의 무의식적 동기를 각성하여 의식수준에서 행동할 수 있는 성격으로 변화할 수 있도록 도와 내담자가 다른 사람을 사랑하고, 인정하고, 수용하는 태도로 잘 적응하는 개인으로 변화할 수 있게 한다.

② 인간중심 상담이론

- 개관 : 창시자는 Rogers이다. 정신분석적 접근에 반대해서 일어난 접근이다. 처음에는 비지시적 접근이라고 하였으나 그 후 내담자 중심 접근으로 바꾸이었다. 최근에는 인간중심적 접근으로 더 알려져 있다.
- 인간관 : 인간은 자신 속에 자기를 이해할 수 있고, 자아개념과 기본적인 것을 변경시킬 수 있는 자원을 갖고 있다. 또한 인간은 스스로 실현 경향성을 가지고 있는데 그 중에서 가장 중요한 것이 자아실현의 경향성이다. 인간은 지속적으로 성장해 가는 존재로 인간을 보고 있다.

- 성격이론 : 성격은 유기체와 자아로 구성되어 있다고 본다. 유기체는 인간의 전체(신체, 사고, 행동, 신체)로서의 한 개인을 지칭한다. 이러한 유기체는 주관적 경험 즉 현상적 장이라고 하며 현상적 장은 개인이 실제한 경험한 세계를 의미한다. 자아는 개인의 전체적인 현상적 장으로부터 분화된 부분을 의미한다.
- 상담목표 : 충분히 가능한 인간으로 성장시킬 수 있도록 자기 존재를 완전히 각성하고 이를 실현하게 한다. 이를 위해 자기 문제를 이해하도록 최대한 환경을 제공하고, 개인의 가능성을 발휘에 방해가 되는 요소를 제거한다. 내담자가 자유롭게 선택하고, 행동하고, 책임지는 인간으로 변화할 수 있게 한다.

③ 인지행동 상담이론

- 개관 : 창시자는 Ellis이다. 인간의 사고와 신념이 정서와 행동에 크게 영향을 미친다는 점을 강조하였다. 그래서 자신의 비합리적 신념체계를 바꾸도록 하는 인지적 재구조화를 위해 훈육적, 지시적, 적극적인 교육을 강조되고 있다.
- 인간관 : 인간은 동시에 사고하고, 느끼고, 행동하며 이들은 서로 중대한 영향을 주고받는다. 인간은 합리적이고 올바른 사고를 할 수도 있고, 비합리적이고 왜곡된 사고를 할 수도 있다. 인간은 자신의 미래를 변화시키고 통제할 수 있는 능력을 가지고 있는 존재로 인간을 보고 있다.
- 성격이론 : 인간의 성격발달 중 이상성격의 발달에 보다 관심이 많다. 이상성격은 타고난 경향성으로서의 생득적인, 사회적, 심리적인 면에 기초한다. 특히 비합리적 사고와 신념체계가 자신을 계속 재교화 시켜서 자기 파괴적이 되도록 한다고 본다.
- 상담목표 : 내담자의 비합리적인 신념들을 줄이고 보다 합리적이고 현실적이며 관대한 인생관을 갖게 하여, 더욱 융통성 있고 생산적인 삶을 살아가도록 돕는다. 이를 위해 자기관심, 자기지도, 사회적 관심, 관용, 융통성, 불확실성 수용, 몰입, 과학적 사고, 자기수용, 모험, 비유토피아적 이념 등에 관심을 갖도록 한다.

④ 현실치료 상담이론

- 개관 : 창시자는 Glasser이다. 성공적 정체감을 강조하고, 전통적인 접근 방법에 반대한 이론이다. 복잡한 현실적 장면의 맥락에서 결정을 내리고 그 결과에 대해 책임을 지도록 한다. 내담자가 더욱 현실적인 행동을 배워서 성공적으로 현실을 극복해 나갈 수 있는 방법에 초점을 둔 비교적 단기간의 상담의 접근으로 더 알려져 있다.
- 인간관 : 인간은 정체감을 개발하려는 기본적 욕구가 있다. 그런데 인간은 성공적인 정체감을 개발할 수도 있고, 패배적인 정체감을 개발할 수도 있다. 인간의 성장동기를 중요시하며 결정론적 입장을 반대하고 자기결정을 강조한다.
- 성격이론 : 인간의 기본욕구인 정체감은 자신과 주위 사람들의 개입을 통해 발전한다. 즉 자신과 주위 사람들이 자신의 사랑하고 가치있게 여기면 성공적인 정체감이 발달하지만 그렇지 못할 때는 패배적 정체감이 발달한다. 스스로 책임을 지지 못할 때와 행동과 환경이 현실에서 불일치하는 경우에 문제행동이 일어난다.
- 상담목표 : 내담자가 현실적으로 책임질 수 있는 행동을 하게하고, 성공적인 정체감을 발달하도록 하여 자율성과 자기결정을 할 수 있도록 한다.

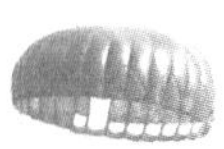

의사결정 유형검사

이 검사는 여러분의 의사결정 유형을 알아보기 위한 것입니다. 문항들을 하나씩 읽어가면서 자신의 입장과 똑같거나 거의 같으면 「그렇다」 밑에 괄호 안에, 자신의 입장과 매우 다르거나, 상당히 다르면 「아니다」 밑의 괄호 안에 ○표를 해주시기 바랍니다. 자신의 의사결정 유형을 정확히 알 수 있도록 정확하고 솔직하게 응답하시기 바랍니다.

번호	문항	그렇다	아니다
1	나는 중요한 결정을 할 때 매우 체계적으로 한다.		
2	나는 중요한 결정을 해야 할 때, 누군가가 올바른 방향으로 이끌어 주었으면 한다.		
3	나는 내 자신의 즉각적인 판단에 따라, 매우 독창적으로 결정을 한다.		
4	나는 대체로 미래보다는 현재의 내 입장에 맞춰서 일을 결정한다.		
5	나는 모든 정보를 수집할 수 있는 상태에서는 중요한 결정을 좀처럼 하지 않는다.		
6	나는 왜 그렇게 결정했는지 이유는 모르지만, 곧잘 올바른 결정을 한다.		
7	나는 어떤 결정을 할 때 그것이 나중에 미칠 결과까지도 고려한다.		
8	나는 어떤 결정을 할 때 친구의 생각을 중요시 한다.		
9	나는 남의 도움 없이는 중요한 결정을 하기가 정말 힘들다.		
10	나는 중요한 결정이라도 매우 빠르게 결정한다.		
11	나는 어떤 결정을 할 때 내 자신의 감정과 반응에 따른다.		
12	나는 내가 좋아서 결정하기 보다는 남의 생각에 따라 결정하는 경우가 많다.		
13	나는 충분한 시간을 두고 생각을 한 후에 결정을 한다.		
14	나는 어떤 일을 점검해 보거나 사실을 알아보지도 않고 결정하는 경우가 많다.		
15	나는 친한 친구와 먼저 상의하지 않고서는 어떤 일이든 좀처럼 결정하지 않는다.		
16	나는 결정하는 것이 어려워 그것을 연기하는 경우가 많다.		
17	나는 중요한 결정을 해야 할 때 우선 충분한 시간을 갖고 계획을 세우며 실천할 일들을 골똘히 생각한다.		
18	나는 결정에 앞서 모든 정보가 확실한지 아닌지를 재검토한다.		
19	나는 진지하게 생각해서 결정하지 않는다. 즉 마음속에 있던 생각이 갑자기 떠올라 그에 따라서 결정한다.		
20	나는 중요한 일을 할 때 미리 주의 깊은 세밀한 계획을 세운다.		
21	나는 다른 사람들의 많은 격려와 지지가 있어야만 어떤 일을 결정할 수 있을 것 같다.		
22	나는 어떤 일을 결정한 후에 대개 그 결정이 내 마음에 들지 안 들지를 상상해 본다.		
23	나는 평판이 좋을 것 같지 않은 결정을 해 봤자 별 의미가 없다고 생각한다.		
24	나는 내가 내리는 결정에 굳이 합리적인 이유를 따질 필요가 없다고 생각한다.		
25	나는 참으로 올바른 결정을 하고 싶기 때문에 성급하게 결정을 하지 않는다.		
26	나의 어떤 결정이 감정적으로 만족스러우면 나는 그 결정이 옳은 것으로 생각한다.		
27	나는 훌륭한 결정을 내릴 자신이 없어서 대개 다른 사람들의 의견을 따른다.		
28	나는 내가 내린 결정 하나 하나가 최종 목표를 향해 발전해 나가는 단계라고 곧 잘 생각한다.		
29	친구가 나의 결정을 지지해 주지 않으면 나는 나의 결정에 그다지 자신을 갖지 못한다.		
30	나는 어떤 결정을 하기 전에 그 결정이 가져올 결과를 가능한 한 많이 알고 싶다.		

[채점 방법]

다음의 각 유형별로 해당되는 번호의 문항에 대한 응답 중 '그렇다'에 응답한 문항의 개수를 센다.

(1) 합리적 유형 : 1, 5, 7, 13, 17, 18, 20, 25, 28, 30
(2) 직관적 유형 : 3, 4, 6, 10, 11, 14, 19, 22, 24, 26
(3) 의존적 유형 : 2, 8, 9, 12, 15, 16, 21, 23, 27, 29

출처 : 고경자(1992)

의사결정의 유형의 특징

1. 의사결정이란

의사결정은 대안들 중에서 가능성 있는 대안을 선택, 결정하는 행위이다. 의사결정 유형은 논리적인 전략의 사용정도와 책임정도에 따라 분류된다.

2. 의사결정 유형

(1) **합리적 유형** : 확장된 시간 조건 내에서 연속적인 결정들이 서로 관련되어 있음을 인식하며, 자신과 상황에 대하여 정확한 정보를 수집하고, 신중하게 논리적으로 의사결정을 수행해 나가며, 의사 결정에 책임을 지게 된다.

① 장점
- 의사 결정이 합리적이고 심리적 독립과 성장에 도움이 된다.
- 잘못하거나 실패할 확률이 상대적으로 낮다.

② 단점
- 의사결정에 시간이 걸린다. 돌발 상황에서는 적용할 수 없다.
- 경우에 따라서 지나치게 신중을 기하되 기회를 놓치기도 한다.

(2) **직관적 유형** : 의사 결정에 대한 책임을 받아들이지만 미래를 별로 고려하지 않고 정보 탐색 활동이나 대안들에 대한 논리적인 평가 과정도 거의 갖지 않는다. 의사 결정의 기초로서 상상력을 사용하고 현재의 감정에 주의를 기울이며 정서적 자각을 사용하는 특징이 있다.

① 장점
- 빠른 의사 결정, 스스로의 선택에 책임을 진다. 돌발 상황에 유리하다.

② 단점
- 잘못하거나 실패할 확률이 상대적으로 높다.
- 일관성을 요구하거나 장기적인 일에는 부적하다.

(3) **의존적 유형** : 의사 결정에 대한 개인적인 책임을 부정하고 그 책임을 외부로 투사하려는 경향이 있다. 의사 결정 과정에서 타인의 영향을 많이 받으며 수동적이고 순종적이고, 사회적 인정에 대한 욕구가 높으며 의사 결정 상황이 여러 가지로 제한을 받는다고 지각한다.

① 장점
- 의존자가 우능할 경우 성공가능성 높다.
- 사소한 일에 대한 의사결정에 적합하다.

② 단점
- 의사결정을 내려야 할 때 정서적 불안을 느낌. 다른 사람의 눈치를 보는 관계로 소신 있게 일을 처리하지 못한다.
- 실패했을 때 남의 탓을 하기 쉬움 한다.

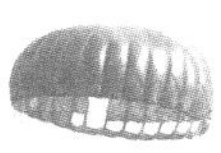

군 내담자 이해 및 평가

우리 마음속에는 늘 뭔가를 경계해 조심하고,

처음 보는 과격해 보이는 행동 같은 것은

멀리하고자 하는 본능이 자리 잡고 있다.

그 본능이 맡은 일은 우리를 보호하는 것이며,

따라서 위험스러워 보이기만 해도 일일이 피하도록 한다.

그런데 그 본능은 틀린 적이 많다.

「 바러라 셔 」

시간을 내어 가까운 사람들에게 애정을 표현하고 인정해주어라.

그들이 얼마나 소중한지 이야기해주어라.

그들에 대한 애정을 글로 써주어라.

등을 토닥여주고 괜찮다면 안아주어라.

표현을 하지 않아도 여러분의 사랑을 상대방이 알 것이라고 단정하지 마라.

직접 말로 표현하라.

사랑한다는 말은 아무리 많이 해도 지나치지 않다.

「존 맥스웰」

부하들은 대부분 20대 초·중반의 나이로 이들은 통상 MZ세대로 지칭된다. 따라서 신세대를 이해하는 것이 군 상담의 첫 걸음이다. 군 상담은 일반상담과 달리 기다리는 상담이 아니라 부하를 호출하거나 또는 찾아가서 하는 상담이다. 병영생활기록부와 각종 심리검사 등을 활용하여 도움이 필요한 병사를 우선 식별할 수 있지만 기록 문서만으로는 관심병사를 식별해서는 안 된다. 반드시 부하의 행동을 관찰하는 것이 필요하다.

군 상담은 일반상담과는 다른 독특한 문제유형을 지닌다. 군에서 발생하는 문제는 크게 부대에 관한 문제와 개인적인 문제로 나누어 볼 수 있다. 과중한 업무로 인한 복무부적응은 부대 문제와 밀접한 연관이 있다. 여자 친구와의 결별이나 부모의 이혼, 개인의 질병 등은 개인 문제에 속한다. 부대에서 발생되는 문제는 어느 하나의 원인으로 발생하는 것이 아니라 복합적인 요인으로 발생한다고 볼 수 있다.

이러한 내담자가 호소하는 문제는 다양하며 같은 문제에 대해서도 개인이 갖고 있는 가치관, 경험, 능력 등의 개인차로 인한 서로 다르게 해석하고, 문제 해결을 대처하는 방식도 각기 다르게 갖는다. 효과적인 상담을 위해서는 우선적으로 내담자의 특성을 이해하는 것이 중요하다.

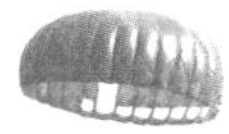

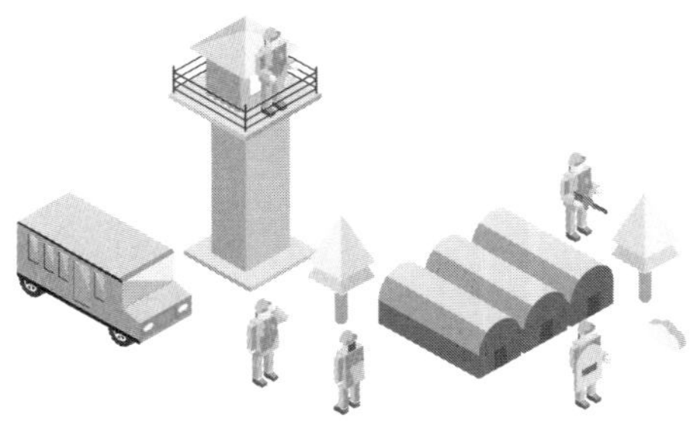

CHAPTER 01

군 내담자 이해

1 군 생활 갈등요인

군대 조직은 계급과 직책 그리고 권위를 바탕으로 이루어진 위계적 집단조직으로 구성되어 있다. 일반사회와는 상이한 조직 특성의 차이점을 보인다.

이에 따라 대부분의 부대원들은 군 입대와 함께 환경변화에 따른 스트레스를 경험하고 있으며, 또한 군 생활 간 경험하는 다양한 갈등요인에 의해 복무 부적응 및 심리적 다양한 증상이 노출되어 있다.

군 생활 간 경험하는 다양한 갈등요인은 개개인의 성장환경과 성격, 가치관과 같은 특성과 상호작용하여 복무 부적응 등에 영향을 줄 수 있다. 이러한 갈등요인은 집단생활 속에서 발생하는 내적 갈등요인과 함께 외적 갈등요인(예: 가정, 개인, 이성, 진로 문제 등)으로 구분할 수 있다.

(1) 군 생활의 내적 갈등요인

군 입대를 통해 물리적·사회적으로 급격한 환경변화를 겪게 된다. 입대하면서 겪게 되는 물리적 변화는 낯선 지역과 환경에서 생활하게 된다는 것, 가족·친지, 친구 등 중요한 대상과의 관계에서 분리되어 생활해야 한다는 점, 다양한 전투훈련과 부대관리 작업 등의 육체적 활동의 증가, 개인적 공간이 없는 공동체의 군 환경 등을 예로 들 수 있다. 사회적 변화로서 자신의 의사와 상관없이 통제된 생활, 엄격한 위계조직 내에서의 개인, 권한과 책임의 부여 등에 있다. 그 밖에 집단따돌림, 폭행, 가혹행위, 동료 전우들 간의 갈등 등 단체생활 속에서 발생하는 갈등요인도 군 생활 속에 늘 잠재 되어 있다.

(2) 군 생활의 외적 갈등요인

가정문제, 경제문제, 이성문제, 진로문제 등 다양한 문제로 인한 갈등요인이 부대 적응에 영향을 미치는 외적 갈등요인이라 할 수 있다.

병사들은 이 같은 다양한 문제를 가지고 군에 입대한다. 입대 후 외적 갈등요인의 문제를 주도적으로 해결할 수 없다는 현실에 대해 스스로 무능력감을 가지고, 소외감과 자괴감을 가지게 되면서 입대 전 보다 더욱 심리적 증상은 심화되어 큰 갈등요인으로 작용할 수 있다. 이러한 외적 갈등요인은 내적 갈등요인과 복합적으로 작용하여 외부로 문제 증상을 표출하여 부적응적인 행동을 유발하도록 촉발하여 군 생활 적응에 어려움을 가지게 된다. 이러한 심리적 증상이 더욱 심화되면 위기상황까지 도달하는 경우가 있다. 따라서 평소 잘 적응하고 정상적인 군 생활을 하던 병사들도 내적·외적 갈등을 느끼는 순간 심리적 갈등 및 부적응을 초래하기도 한다.

2 개인적인 요인

효과적인 상담을 위해서는 병사들의 개인의 고유한 특성과 이러한 특성들이 결합되어 형성되는 상호작용을 정확하게 탐색하고 이해하여야 한다. 병사들 마다

외적으로 드러나는 유사한 문제라도 개인의 고유한 특성 즉 성격, 태도, 가치관, 성장환경 등의 개인차로 인해 받아들이는 것이 각기 다르기 때문이다. 이와 같은 특성은 개인의 신상정보자료를 통해서도 확인할 수 있으나, 이러한 신상자료는 개인이 말하기 싫은 부분은 충분히 감출 수 있는 부분으로 정확한 정보라고는 보기 어렵다. 다만 기본적인 정보로 활용하되 자료를 기초로 하여 다양한 채널을 통해 보다 정확하게 병사를 이해하기 위해서는 관심과 노력을 갖고 병사를 이해하는 것이 중요하다.

3 심리적 특성

상담을 받고자 하는 내담자는 상담에 대한 두려움과 기대에서 심리적 거부감과 함께 상담에 대한 여러 가지의 태도를 보일 수 있다. 상담자는 효과적인 상담을 유도하기 위해서는 우선 내담자의 심리적 특성을 이해하는 것이 중요하다.

(1) 선입견 사고

내담자는 자신의 문제에 대해 주관적인 해석과 선입견을 가지고 투사적 사고를 가지고 있다. 대부분 내담자는 주로 자신의 책임은 없는 데 주위환경, 주변사람들이 문제를 제공한 원인이라는 사고로 문제의 핵심과 책임을 타인에게 전가하거나, 개인 스스로의 객관적인 입장에서의 상담자의 조언, 지도 등을 거부하기 쉽다.

(2) 심리적 긴장감

내담자의 불안은 첫 상담이 상담의 전체기간 중 가장 불안하고 두려운 시간이기 쉽다. 자신의 문제를 어떻게 이야기해야 할지 막연해할 뿐만 아니라 상담자에게 도움을 청한다는 것에 대해서도 편안할 수는 없는 것이다.

가령 상담자가 자기를 '약한 사람', '의존적인 사람'으로 생각할까봐 두려워하는 것이다. 또한 상담자와 상담에 대해 안심을 못하기 때문에 자신의 개인적인 비밀을 이야기하기 힘들고, 상담의 내용을 다른 전우들에게 알려질지 모른다는 불안이 있을 수 있다. 군 상담현장에서는 대다수 상급자인 경우가 많으므로 내담자의 불안과 긴장은 더욱 커질 수밖에 없다.

(3) 직접적인 도움을 기대

내담자는 상담자로부터 직접적인 도움과 문제를 해결해 줄 것을 기대하고 있는 경우가 많다. 상담자는 상담자이기 전에 군 간부로써 병사들의 애로사항을 대변하여 문제를 즉시에 해결해야하는 책임을 가지고 있다. 또한 군의 위계적 구조에서 병사의 애로사항도 지휘계통을 통해 이루어지는 과정이 있다.

이러한 내담자의 입장에서는 상담자이면서 간부로써의 이중적 관계에서 문제해결의 기대를 가진다. 상담자는 내담자가 무엇을 원하는지를 구체적으로 자신의 기대와 원하는 바를 표현할 수 있도록 하고 적극적으로 내담자의 기대와 원하는 바를 탐색하여야 한다. 내담자들이 갖고 있는 기대 또한 원하는 바가 부적절 하거나 현실에 맞지 않는 경우 이를 지도해 주어야 한다.

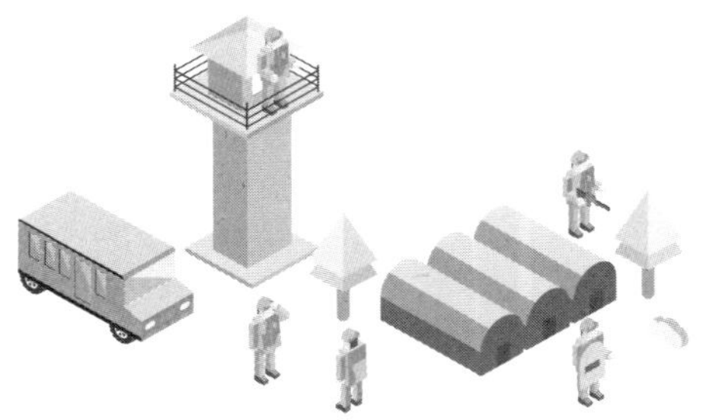

CHAPTER 02

군 내담자 식별

군내에서 생활하는 부하들 중에서 직접적으로 상담을 요청하지 않는 가운데 심리적인 문제갈등을 보이는 대상을 식별하기는 쉽지 않다. 부대에서 자신의 심리적 문제를 개방하지 않고 내면화 시키는 부하들이 결국 부대를 적응하지 못하고 어려움을 혼자서 해결하고자 할 시 부딪치는 문제로 인해 다양한 형태의 사고로 이어지는 경우가 대부분이다. 상담을 요청하는 부하는 자신의 문제를 이해하고 통찰하여 새로운 방향으로 부대에 적응을 하기 위해 다양한 도움과 스스로 자신의 문제를 극복하고자 노력하는 태도에서 점진적으로 부대에 적응하는 사례를 흔히 볼 수 있다. 군 생활에서 간부들이 간과하지 말아야 할 중요한 과제가 내담자를 식별하는 것이 중요하며 사전에 사고를 예방할 수 있다. 이러한 내담자를 식별하여 적시적인 상담을 통해 효과적으로 문제해결에 도움을 주기 위해 간부는 힘들어하는 부하가 없는지 끊임없는 관심을 갖고 다양한 수단을 활용하여 부하를 이해하고 관찰해야 한다. 이러한 내담자를 식별하기 위해서는 직접적 관찰과 간접적 관찰을 통해 내담자를 식별하는 요령은 다음과 같다.

1 직접적인 관찰

군 생활 간 부하의 말과 행동을 통해 상담이 필요한 대상을 식별할 수 있다. 이러한 말과 행동상에서 직접적으로 관찰이 가능한 주요 요소는 시간, 사건, 장소 등의 세 가지 요소가 있다.

(1) 시간에 따른 관찰이다.

평소와는 다른 행동적 변화를 관찰할 수 있다. 부하들이 가족문제, 이성문제, 친구문제의 갈등을 가질 때는 예를 들면 '휴가를 나온 후 이상하게 마음을 잡기가 힘듭니다. 멍하게 있다가 선임병에게 자주 혼나기도 하고...' 등에서 휴가 전과 후의 행동의 변화를 확인할 수 있다. 간부는 전입 이후부터 일정한 시간 동안의 행동적 변화를 살펴보는 것도 중요하다.

(2) 사건에 따른 관찰이다.

군생활과정에서 주요 부대활동이나 부대원의 신상관련 사건 전·후의 행동변화를 관찰할 수 있다. 주요 부대활동에서는 유격훈련, 혹한기 훈련, 사격측정 등의 부대 훈련에 심적인 부담을 가지는 병사들에게는 행동적·심리적 불안한 현상을 관찰할 수 있을 것이다. 신상과 관련된 사건으로 예를 들면 '부모님의 이혼', '부모의 죽음', '여자 친구와 이별' 등의 가까운 사람의 죽음, 이성 친구와의 이별 등 중요한 의미의 사건들이 발생하게 되면 부하의 행동과 심리적 변화에 많은 영향을 줄 수 있는 사건으로 유심히 관찰이 필요하다. 대다수 부하들은 '괜찮습니다', '아무 일 아닙니다.'라는 말을 하게 되는데, 이때 간부는 부하의 언어와 행동의 변화를 관찰하고 상담을 진행해야 한다.

(3) 장소의 변화에 따른 관찰이다.

교육훈련이나 체육활동시간에는 활발하게 참여하는 부하가 일과시간 이후에 생활관에 전우들과 함께하지 않고 혼자서 조용히 있는 등의 행동에 대해서 확인

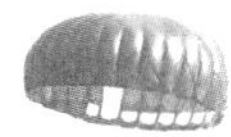

해야 한다. 예를 들면 행정병으로 일하는 병사가 주말에 생활관에서 전우들과 같이 TV시청과 오락 등을 즐기면서 자유스러운 가운데 생활을 해야 하는데 주말이면 업무가 있다고 사무실에서 업무로 보낸다. 이러한 부하는 사무실과 생활관에서의 일치되지 않는 행동으로 특정 장소에서 특이한 행동 또는 부정적인 행동을 보인 경우 부하를 질책하기 보다는 부하에게 도움이 필요하다는 신호로 반드시 확인해야 한다.

2 간접적 관찰

군 생활에서 간부들에게 부하를 관찰할 수 있는 제한점으로 간부와 병사 간의 관찰할 수 있는 시간과 공간을 볼 때 간부는 퇴근 이후에는 병사들을 관찰할 수 없다. 특히 군 생활에서 선임병·후임병 간의 갈등의 문제는 일과시간 이후에 주로 이루어진다. 이러한 시간은 간부가 직접 관찰하기는 어렵다. 공간적인 부분에서도 일과시간에 각자의 직무가 있고 교육훈련 시에도 교육훈련 과목별 교관도 간부별로 맡은 과목으로 진행되어 직접 접촉하는 시간은 그렇게 많은 공간에서 생활하지 않는다. 이러한 직접적인 관찰에서 제한점을 간접적 관찰을 통해 종합적으로 확인하는 것이 중요하다.

간접적인 관찰의 주요 요소로는 다양한 소통수단, 주변인의 적극적인 접촉, 심리검사 활용하기 등을 통해 확인 할 수 있다.

첫째, 다양한 소통수단으로 인터넷의 홈피, SNS 등을 활용하여 개인의 감정상태를 확인하는 방법과 휴가 시 개인 신상의 변화에 대한 문자대화를 통해 현재 상태를 확인할 수 있다.

둘째, 주변인의 적극적인 접촉을 통해 부하의 행동변화를 확인하는 노력도 필요하다. 부대 내에서 어려움을 말하지 못하는 고충을 가족이나 친구를 통해 전달된 내용 등을 주변인을 통해 확인하는 것도 중요한 방법이다. 또한 주변인들과의 접촉을 통해 주변인과 함께 부하의 신상을 함께 관리하는 방법도 매우 유용할 것이다.

셋째, 심리검사 활용하기로 부하가 전입 시 심리검사 결과와 자대에서 심리검사 결과를 비교하여 차이점을 통해 이상 징후를 확인할 수 있어야 한다. 또한 군에서 다양한 심리검사를 활용하는 것도 부하의 행동변화를 확인하는 데 유용하다. 예를 들면 국방망의 인터라넷에 탑재된 인터넷 중독진단, 정신건강 자가진단, 개인안전지표 등은 필요시 활용할 수 있다. 심리검사를 진행할 시 유의사항으로 편안하고 조용한 장소에서 진행을 해야 한다. 부하의 심리적 상태에 따라서 진단 결과에 영향을 미친다. 간부는 심리검사에 대한 충분한 이해와 전문적인 지식을 가지고 있어야 한다. 대략적인 진단과 해석은 신뢰도에 영향을 미칠 수 있으며, 부하를 이해하는 데 도움이 안 된다.

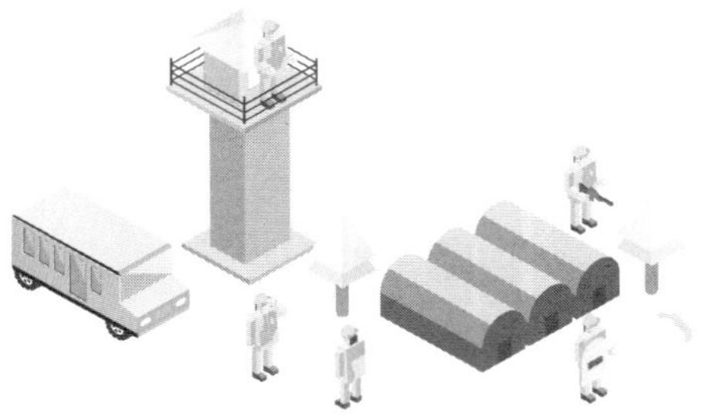

CHAPTER 03

군 내담자의 요인 평가

효과적인 상담을 진행하기 위해서는 상담자는 내담자의 증상을 정확하게 파악하는 것이 보다 중요하다. 내담자의 문제가 무엇인지 정확하게 파악하기 위해서는 여러 각도로 노력을 하여야 한다. 이러한 노력을 통해 내담자를 정확히 이해하고 내담자가 무엇을 원하고 무엇을 도움받고자 하는지는 상담목표로부터 전 과정에 중요한 영향을 미치게 된다. 내담자를 정확히 이해하는 일은 상담의 성공을 좌우한다. 상담자는 내담자를 이해하기 위해서는 내담자의 현재의 문제평가, 심리적 평가, 지적·기능·발달수준의 평가, 정서상태의 평가, 자아개념의 평가, 대인관계 평가, 내담자 기대 평가 등을 통해 파악할 수 있다.

1 내담자의 현재의 문제 평가

군 상담에서는 대다수 해당 소속 간부가 문제증상을 가지고 있는 병사를 대상으로 상담을 의뢰하는 경우가 많다. 따라서 내담자는 자발적인 내담자보다 비자발적인 내담자가 많을 수 있다. 그러나 상담자에게 오는 목적은 도움을 받기 위해서다. 도움을 받고자 하는 목적은 내담자마다 다르다.

첫째, 현재 도움을 청하는 이유를 이해하는 것이 중요하다. '왜 지금' 문제가 되어 도움을 청하는지에 대한 이유를 파악해야 한다. 예전까지는 별문제가 없이 잘 적응해오다 '어떠한 문제가 현재 생활을 하기 어려울 정도로 힘들게 하는가?'라는 현재 어려움에 처한 사항이 내담자 생활과정상에 어떠한 어려움을 받고 있는지를 파악하는 것이 중요하다.

둘째, 현재 문제로 인해 내담자의 생활과정상에 어떠한 변화와 영향을 미치는지, 내담자는 이러한 문제로 어떠한 증상을 갖고 있는가를 탐색해야 한다. 상담자는 내담자의 현재 고통의 수준, 문제해결 능력, 자아강도 등을 파악한다.

2 내담자 심리적 평가

내담자의 심리상태를 정확히 파악하는 것은 무엇보다 중요하다. 심리적 평가는 내담자의 특성이나 속성을 기술하는 과정이다. 상담자는 '정말 이것이 내담자의 문제인가?'를 끊임없이 자문하면서 내담자의 심리평가를 정확하게 해야 한다. 심리평가 방법에는 면담법과 심리검사법, 내담자 행동평가법으로 구분한다.

예를 들면 내담자가 '저는 무슨 일이든 제대로 하는 것이 없는 것 같습니다. 저는 동료 전우들과도 잘 어울리지 못하는 것 같습니다. 저는 사격도 훈련도 제대로 하지 못해 매번 성적이 나쁩니다. 선임병들은 늘 저를 못마땅하게 봅니다. 그래서 저는 부대에 별 도움이 되지 않는 것 같습니다.' 이 경우에는 내담자가 자신은 부족한 것이 너무 많고 무엇이든지 잘할 수 없다는 열등하고 무가치하다고 평가하고 있으며, 자존심이 손상되어 있다고 추론할 수 있다. 상담을 통해 내담자의 이야기를 들으면서 언어와 행동을 관찰한 내용을 기초로 상담자는 추리하게 된다. 이런 관찰과 추리가 최근 심리검사를 받은 자료와 비교하여 보다 구체적으로 나타나는 현상을 종합적으로 평가하여 내담자의 심리적 상태를 평가하고 구체적으로 기술하고 이해하는 것이 상담에서 보다 중요하다. 이러한 상담에서 관찰과

심리검사 결과를 기초하여 내담자의 현재 정서상태를 이해하고 무엇을 원하는지를 탐색하여 내담자를 도와줄 수 있어야 한다.

3 내담자의 지적 · 기능 · 발달 수준의 평가

상담 장면에서는 내담자가 사용하는 어휘, 문법의 정확성, 개념적 사고능력 등을 기초로 하여 내담자의 지적발달 수준을 이해해야 한다. 지적기능의 손상이나 결핍은 신체적 문제가 있음을 의미할 수도 있기 때문에 중요하다. 지적발달 수준은 기본적인 생활을 유지하는데 필요한 능력에 영향을 줄 수도 있고 주지 않을 수도 있다. 그러나 지적 발달수준은 상담 개입에 영향을 주기 때문에 지능과 적응행동을 모두 평가하여야 한다. 또한 지적발달 수준에 있어서도 상담자들이 아동을 다룰 때와 성인을 다룰 때의 기법에 차이가 있어야 한다.

4 내담자의 정서적 상태의 평가

정서는 인간행동의 중요한 요인이므로 상담과정에서도 주요 요인이 된다. 상담에서는 내담자의 중요한 경험이나 상황에 관해 느끼는 감정을 이해하도록 도와주는 것이 필수적인 과정이다. 따라서 내담자가 표현한 주된 감정과 내담자가 강한 감정을 느끼는 상황을 민감하게 파악하는 것이 중요하다. 상담자는 내담자의 감정을 민감하게 파악해야 하는 중요한 감정은 불안, 공포, 분노, 적개심, 증오, 공격심, 우울, 슬픔, 죄의식, 행복감, 기쁨 등이다.

5 내담자의 자아개념의 평가

상담자는 내담자가 자신에 대해 무엇을 어떻게 믿고 있느냐의 신념, 즉, 자신에 대한 태도이다. 바로 내담자의 자아개념을 이해하는 것이 보다 중요하다. 내담자의 자아개념을 이해하는 데는 내담자가 자신에 대한 믿음이 '긍정적인지 혹은 부정적인가?', '현실적인가 혹은 비현실적인가?'를 파악하고 내담자의 자아개념을 변화시키기 위해 무엇을 도와줄 것인지가 상담의 전략이다.

6 내담자의 대인관계 특성의 평가

상담의 도움을 받으러 오는 내담자의 대다수의 갈등문제는 대인관계가 내담자들이 제시하는 문제의 주요 근원이라고 볼 수 있다. 대인관계 특성을 이해하기 위해서는 질문을 통해 내담자의 대인관계 폭과 대인행동을 이해하는 것이 중요하다. 내담자는 '주위 간부와 동료 전우들에 대해 신뢰하는가?', '불신하는가?', '주변 동료들에게 솔직하게 자신을 드러내는가?', '좋은 인상을 주기 위하여 외면만을 드러내는가?', '내담자가 대인관계에서 긴장하는 편인가? 혹은 이완하는 편인가?', '어떠한 대인관계 상황이 내담자에게 특별히 중요한 의미를 가지는가?' 등의 질문을 통해 내담자의 대인관계의 특성을 평가하고 이해하는 것이 중요하다. 예를 들면 내담자는 상급자나 자신보다 높은 지위에 있는 사람과 대화를 할 시는 말을 더듬고, 긴장을 하면서 땀을 흘리면서 눈을 맞추지 못한다. 이러한 내담자는 권위자 즉 아버지, 선생 등의 어린 시절에 관계에서 어려움을 경험한 것으로 추론할 수 있다.

7 내담자의 기대의 평가

상담을 받고자 하는 내담자에게는 상담자에 기대를 가지고 상담을 받고자 한다. 기대의 의미는 어떠한 상황에서 무엇이 일어날 것인가에 대한 예측이다. 내담자의 기대는 상담과정에서 상담자부터 자신이 원하는 것을 얻고자하는 기대를 예측할 것이다. 그래서 상담자가 노력하여야 할 중요한 한 가지가 내담자의 기대가 현실적인지 비현실적인지를 잘 파악하고 적절한 기대를 수정하는 것이다.

예를 들면, 내담자는 상급자로부터 처벌받거나 부정적인 반응이 올 것으로 기대하여 불안과 공포를 느끼는 내담자가 있다. 이런 내담자는 자기의 불안과 공포가 근거 없다는 사실을 직시하도록 상담자가 도와주어야 한다. 그렇게 되었을 때 내담자는 상급자로부터 격려와 지지를 받을 수 있다는 기대를 새로 학습하게 될 것이다.

군 상담의 환경조성

존중은

염려하는 모습을 보이면서 사람을 진심으로 배려하는 것이다.

존중한다는 것은

어떤 사람을 개인적으로 좋아해야 한다는 것을 의미하지 않는다.

항상 그에게 동의하고 이해해야 한다는 것도 아니다.

존중은 사람을 대할 때 그 사람이 인간적이고 내적으로

본질적 가치가 있다고 보는 자세를 요구한다.

「 레니 어레돈도 」

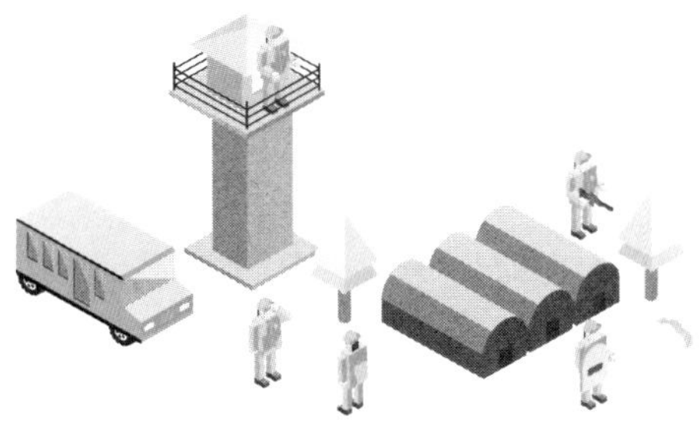

CHAPTER 01

상담환경 가꾸기

상담자는 상담 전에 준비해야할 중요한 과제가 있다. 상담환경을 조성하고 가꾸어야 한다. 상담환경에 물리적이고 심리적 분위기로서 상감 분위기를 조성하는데 필수적이다.

첫째, 물리적 분위기로 상담자와 내담자가 서로 마주 앉아 편안한 마음으로 대화를 할 수 있는 아늑한 곳이어야 된다는 것이 무엇보다 중요하다. 내담자가 편안하고 안정된 마음으로 자유롭게 이야기를 할 수 있는 아늑한 장소와 비밀이 보장될 수 있는 장소가 되어야 한다.

부대 내 상담을 할 수 있는 상담소를 마련하여 언제든 편안한 마음으로 상담을 받을 수 있는 분위기를 마련하는 것이 중요하다. 상담실의 위치적 거리도 유지하여야 한다. 주의가 산만하거나 신경을 쓰게 하는 장소는 금물이다. 누구의 방해도 받지 않는 공간을 선택하여야 한다. 내부 환경도 깨끗하고 포근한 조명을 유지하되 햇빛이 직접쬐는 곳은 삼가도록 한다.

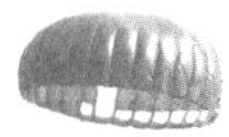

둘째, 심리적 분위기도 중요하다. 심리적 분위기란 내담자가 중심이 되는 곳, 내담자를 위하는 곳, 내담자가 마음 놓고 속사정을 다 이야기할 수 있는 개방적 분위기, 내담자 마음이 편안해지고 자신의 문제를 통찰하여 스스로 문제 해결의 기쁨을 느낄 수 있는 분위기를 말한다. 이러한 분위기에서 가장 중요한 것은 상담자의 심리적 안정감이다. 상담자의 얼굴이 피곤해 보이거나 지루해 보여서는 안 된다. 바쁜 것같이 서두르거나 답을 재촉해서도 안 된다. 상담 시 다른 일을 해가면서 이야기를 듣는 태도 등은 금물이다. 상담자의 복장도 너무 화려하거나 경직된 복장 등은 내담자에게 신뢰감을 받지 못할 수 있다. 단정하면서 자유로운 깔끔한 복장으로 내담자에게 심리적으로 편안감을 줄 수 있도록 한다.

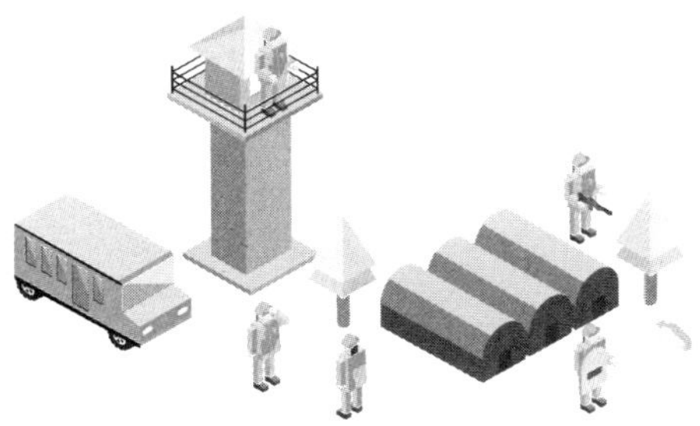

CHAPTER 02

경청하기

경청하기란 내담자의 말(언어적)과 행동(비언어적)을 상담자가 적극적으로 들어주고 있음을 전달하여, 내담자가 자신의 속마음과 현재의 상태를 표현할 수 있도록 도와주는 기술이다. 상담자가 내담자의 말을 경청한다는 것은 간단하고 쉬운 일이 아니다. 그러나 경청은 일상대화에서 가장 기본이 되면서 중요한 것이다. 상대방의 말을 잘 듣지 않고는 그 현재 감정과 생각을 이해할 수 없기 때문이다. "사람을 움직이는 가장 중요한 무기는 입이 아니라 귀다"라는 말이 있으며, "상담은 입으로 하는 것이 아니라 가슴과 귀로 하는 것이다."라는 말이 있듯이 경청은 자유롭게 표현할 수 있는 기회를 제공하는 상담기술에서 중요한 기술이다. 또한 적극적인 경청하기는 상대가 말하는 깊은 뜻을 주의 깊게 정성들여 듣는 태도를 말한다. 다시 말해서, 몸짓, 표정, 음성고저 등에 나타나는 미묘한 반응을 알아차리고 내면의 심층적인 의미와 감정을 이해하고 표현하는 과정을 포함한다. 이러한 적극적인 경청의 사례를 보자.

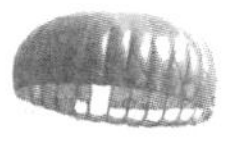

예문 1 김상병 : 업무를 하려고 하면 집중이 안 되고 시간이 지날수록 머리가 아파옵니다. 저는 업무가 잘 안 맞는 것 같습니다.
간 부 : 업무를 하려고 노력해도 다른 생각만 들고 집중이 안 돼 자신은 업무가 안맞는 사람이라고 생각하니 참으로 안타깝겠구나.

예문 2 이병장 : 말년 휴가를 제가 언제 갈 수 있나요?
간 부 : 말년 휴가를 제때에 가지 못할까봐 걱정하고 있구나.

경청하기 요령

경청하기는 부하의 말과 행동에 대한 상담자의 집중을 요구한다. 하지만 우리는 생활하는 가운데, 상대방의 말을 끝까지 듣지 않고 단정해 버리거나, 주의집중하지 않고 건성으로 듣는 경우가 많다. 이러한 경우는 상급자일수록 많다. 간부는 부하를 대하면서 자신의 말을 많이 하는 것보다 오히려 부하의 말을 많이 들어줄 때 부하들의 마음을 얻게 되고, 리더십 발휘와 부대 성과에 효과적이다. 이처럼 간부가 부하의 말에 대해 집중하여 듣고 있고, 부하의 말을 이해하고 있다고 느끼게 하는 것이 중요하다. 효과적인 경청의 요령에 대해서 네 가지를 살펴보자.

(1) 상담자와 내담자의 시선접촉

다른 사람을 주목하는 것은 그에게 관심을 가지고 있음을 알리는 효과적인 방법이다. 즉 대화 시 부하와 눈을 맞추면 상담자가 부하에게 진실한 관심을 보여줄 수 있다. 상담자는 내담자에게 진지한 관심을 가지고 자연스럽게 눈길을 보내면 된다. 상담자는 내담자에게 보내는 눈길에서 '너의 마음을 이해하고 있다.' 라는 뜻을 전달하여야 한다.

상담자는 내담자와 어느 정도의 거리를 두는 것이 좋은가를 고려할 필요가 있다. 어떤 내담자는 너무 가까이에서 시선을 받으면 불편해 하는 경우가 많다. 그러므로 내담자가 시선을 받을 때 불편해 하거나 긴장하는지를 살펴야 한다.

(2) 상담자의 자세

보통 상담자는 이완된 자세로 내담자 쪽으로 약간 몸을 기울이는 것이 좋다. 상담자의 자세가 이완되지 않고 긴장된 경우는 내담자를 주목하지 못하고 상담자 자신을 더 의식하게 될 수 있다. 또한 상담자의 긴장은 내담자에게도 긴장을 유발할 가능성이 크다. 한편 지나치게 형식적이고 딱딱한 자세는 내담자에게 부담감을 줄 수 있다.

(3) 상담자의 몸짓

몸짓은 내담자에게 많은 암시와 뜻을 전달한다. 상담자의 편안한 몸동작은 부하 역시 편안하게 만든다. 때때로 고개를 끄덕여 줌으로써 상담자가 주의를 기울이고 있다는 것을 보여주며, 내담자에게는 말을 계속하도록 용기를 북돋운다. 한편 상담자는 자신의 자세와 몸짓이 어떤 의미를 전달하는지 주목하고 이것이 자신이 의도한 것인지를 분명히 파악해야 한다.

(4) 상담자의 언어 반응

상담자의 언어 반응은 내담자의 진술의 흐름을 따라야 한다. 경청을 함으로써, 빗나간 질문을 하거나 내담자의 뜻과는 다른 방향으로 대화를 이끌지 않게 된다. 또한 내담자가 표현한 의미에 새로운 것을 덧붙이지 않게 한다. 군 상담자가 말을 많이 하여 상담을 주도하기보다는 내담자에게 말할 기회를 주고 부하의 말을 방해하지 않는 것이 중요하다.

경청하면서 내담자가 말한 의미를 언급하거나 격려할 때만 말을 한다. 가령, “음, 그랬구나”, “그렇지”라든가, 내담자의 말 중 핵심 단어를 언급하는 것은 “너의 말을 듣고 있으니 계속 말하라”라는 긍정적인 신호를 보내는 것이다.

(5) 경청하기 효과

군 상담자는 경청하기를 통해 내담자의 언행에 집중함으로써 내담자가 말하는 이야기의 흐름과 주체를 쉽게 파악할 수 있다. 또한 상담자의 경청하기는 내담자로 하여금 자신의 이야기가 수용되고 있음을 느끼게 하여 자신의 생각이나 감정을 자유롭게 표현할 수 있도록 북돋아 주고, 자신의 문제에 대한 깊이 있는 탐색을 하도록 도와주며, 상담에 대한 책임감을 느끼게 해준다.

(6) 경청하기 방해요소

군 상담자는 부하의 말과 행동의 본질을 파악하고 노력해야 한다. 그러기 위해서는 부하의 언행에 집중해야 하는데, 내담자의 말을 잠깐 듣고 해결책을 제시하거나 자신의 경험을 애기하는 경우가 자주 일어난다. 경청하면서 자주 일어나는 방해요소를 몇 가지 정리해 보면 다음과 같다.

① 군 상담자 위주의 생각
- 잠깐 듣고 문제의 해결책이나 자신의 경험을 제시하고 싶다는 생각
- 자신의 호기심을 해소하기 위해 물어보려는 생각

② 군 상담자의 올바르지 못한 행동
- 불필요한 몸동작이나 습관적 행동
- 계속 다른 곳을 쳐다보는 행동

③ 군 상담자의 올바르지 못한 언어반응
- 내담자가 표현한 내용, 감정과 어울리지 않는 표정
- 적절하지 못한 어조 또는 억양의 언어 반응

출처 : 교육사령부(2009), 군 상담, p1-17, 재인용.

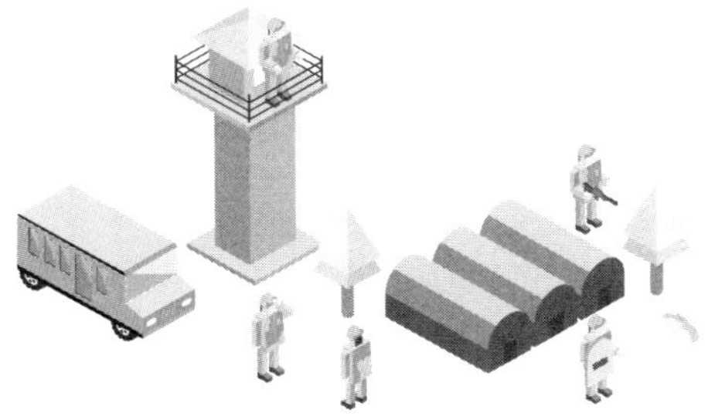

CHAPTER 03

공감하기

Rogers(1961)는 공감을 '가설이라는 사실을 잊어버리지 않으면서 내담자의 경험을 마치 자신의 경험인 것처럼 내담자의 세계를 경험하는, 즉 내담자의 현상적 세계로 들어가는 상담자의 능력'이라고 정의하였다.

공감(共感)하기란 이장호(1997)는 자신이 직접 경험하지 않아도 다른 사람의 감정을 거의 같은 내용과 수준으로 이해하는 것이다. 공감이란 내담자에게 관찰될 수 있는 언어적으로부터 내담자의 감정, 태도 및 신념 등 잘 관찰될 수 없는 것에 대하여 정확하게 의미를 이해하는 것으로 설명할 수 있다.

내담자를 공감하기 위해서는 내담자의 불안, 좌절, 환경적 압력, 의사결정 문제에 관하여 내담자의 입장에서 느끼도록 노력해야 한다. 우리는 똑같은 사건에 대해서 서로 각기 다른 경험을 한다. 어떤 사람은 담담한 기분을 받아들이는 반면 다른 사람은 불안이나 두려움을 느낄 수 있다. 우리는 각자의 나름대로의 오랫동안 가치를 형성해 왔고 매 순간 가치를 형성해 가는 존재이기 때문에 태도의 변화는 생각보다 쉽지 않다. 이러한 상담자는 내담자의 주관적으로 경험하는 내적 감정을 정확히 이해하는 것이 필요하다.

또한 상담자는 내담자의 감정, 신념, 가치관의 내용 등을 안다는 것만으로는 충분하지 않다. 상담자가 관찰하고, 추론하고 느낀 바를 내담자에게 전달하는 것이 보다 중요하다.

예문 1 김일병 : (머리를 푹 숙인 채) "부모님이 이혼을 하겠다고 합니다."
※ 내적 감정 읽어주기 : 외로워졌고, 거부당했고, 버림받았다.
간 부 : "이번 일은 너에게 매우 충격이 크겠구나. 아마 너는 부모님들이 너를 돌보지 않은 채 떠나버릴 것 같아 불안하게 느낄 거야"

예문 2 김상병 : 다른 병사들은 시시한 애기들도 참 잘하고 잘 어울리는데 저는 왜 그런 이야기 거리가 없는지 모르겠습니다.
간 부 : 다른 애들은 친구를 잘 사귀는데 김상병은 친구를 사귈 줄 몰라서 답답하지만 이제 부터라도 친구를 사귀는 법을 배우고 싶다는 것 아니겠니?

연습문제

(상황) 김 일병은 최근에 애인 문제로 고민을 하고 매우 불안해 보인다.

한 달 전부터 애인이 전화를 받지 않고, 문자와 이메일을 보내도 답장이 없어서 무슨 일이 있나 해서 궁금하기도 하고 불안하기도 합니다. 지난 번 휴가 때 헤어지자는 말에 화가 나서 술을 마시고 헤어졌는데 일어나보니 집이었고, 어떻게 됐는지 모르고 부대로 귀대를 하였습니다. 그 이후 애인이 연락이 없어 불안하고 걱정도 됩니다.

상담자는 내담자가 말하고자 하는 내용에 주의하면서 동시에 어떻게 말하고 있는지 느낌과 행동에 주의를 기울이면서 경청을 하고 공감하기를 한다.

1. 2인 1조로 짝이 되어 한 사람이 먼저 자신의 상황이라고 생각하고 이야기를 한다. 한 사람은 이야기를 경청하고, 공감하기를 해 봅시다.

2. 서로의 역할을 바꾸어 봅시다.

3. 서로의 느낌과 상대방이 해주었을 때의 느낌을 나누시오.

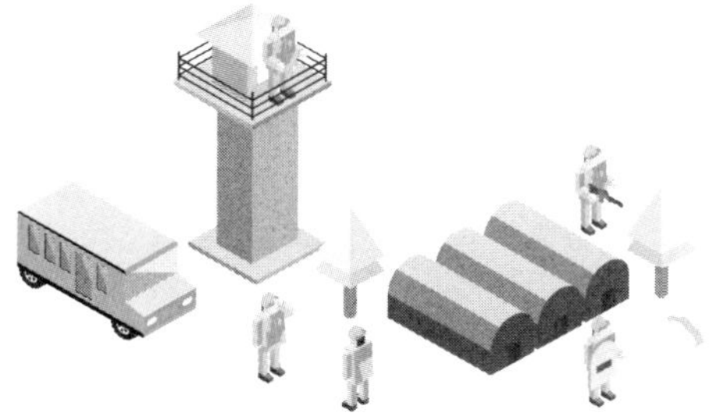

CHAPTER 04

무조건적 긍정적 존중과 수용하기

상담자는 내담자로부터 아무런 조건 없이 인간의 행동을 수용하고 존중하는 태도를 갖는 것은 상담자가 인간을 신뢰하는 마음이 없이는 불가능하다.

무조건적 긍정적 존중과 수용이란 상담자는 내담자를 하나의 인격체로서 무조건적으로 존중하고 있는 그대로 모습을 따뜻하게 수용하는 것을 의미한다.

조건적 긍정적 존중은 이미 형성되어 인간 성장을 방해하는 가치의 조건화 태도와 대립되는 것으로 우리는 쉽게 타인의 행동을 판단에 따라 평가하는 경향이 있다. 인간에게는 선천적으로 타고난 자신만의 고유성과 독특성이 있다. 사람들은 사회 환경 속에서 심리적인 생존을 위해 여러 가지 가치조건에 길들여져서 자기를 성장시키는데 걸림돌을 가지게 되므로 각 개인들을 그러한 가치조건에서 벗어나도록 해야 한다. 군 상담자는 내담자가 현재 어떤 문제를 가지고 있고 어떤 상황에 처해 있든지 간에 내담자를 있는 모습 그대로 수용하고 존중해 한다.

내담자를 무조건적으로 긍정적 존중을 한다고 해서 내담자의 의견에 상담자가 동의하거나 승인한다는 의미는 아니다. 즉 내담자의 의견에는 동의하지 않을

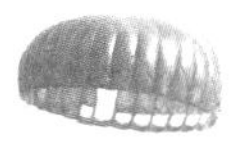

수 있지만, 내담자를 하나의 인격체(人格體)로서 존중할 수 있는 것이다. 반대 의견을 전달할 경우에는 표현이나 자세는 어디까지나 온화해야 한다. 다시 말해서 상담자와 내담자가 간에 의견이 일치하지 않는 것과 내담자를 수용하지 않는 것과는 구별이 되어야 한다.

예문 김상병 : (중대 보급병) 날씨가 춥고 짜증만 나고 일도 잘 안됩니다.
해야 할 일도 많은데 말입니다.

• 조건적 긍정적 존중
상담사 : 1. 좋은 결과를 얻으려면 이 정도는 참아야지
2. 참을성을 기르는 기회로 생각해라.

• 무조건적 긍정적 존중
상담사 : 1. 춥긴 춥고 일은 해야겠고 김 상병 고생이 참 많구나!
2. 추운데 일하느라 애를 많이 쓰는구나!

연습문제

김상병 : 오늘은 날씨도 춥고 야간에 근무(보초) 서기가 너무 힘듭니다.
시간은 왜 이리도 안 갑니까?

• 조건적 긍정적 존중
상담사 : 1.
2.

• 무조건적 긍정적 존중
상담사 : 1.
2.

군 상담의 대화기술

상처 받고 오해받을 위험이 있을지라도 네게 아주 중요한 것은 말로 입 밖에 내뱉음으로써 다른 사람이 알게 해야 한다는 것을 나는 거듭 확신하게 된다.

「오드르 로드」

사람들이 그들의 가장 바람직한 모습이 될 수 있도록 도와라.
그리고 그들이 이미 가장 바람직한 모습이 된 것처럼 대하라.
현재의 모습 그대로 상대방을 대해주면 그 사람은 현 상태
그대로 남아 있을 것이다. 하지만 상대방이 할 수 있는
잠재능력대로 그를 대해주면 그 사람은 결국 그것을 이뤄낼 것이다.

「 괴테 」

군 상담에 있어서 가장 어려운 점은 상황에 맞는 상담기술을 적용하는 것이다. 효과적인 상담을 위해서는 간부의 능력과 부하의 기대가 상황에 어울리게 해야 한다. 단순한 정보나 조언을 필요로 하는 문제 일 수도 있고, 간단한 칭찬 한마디로 부하의 성장을 유도할 수 있는 상황도 있다. 반면 구조화된 상담과 명확한 조치가 필요한 경우도 있다. 모든 간부들은 이러한 상담기술을 익힐 수 있지만 여전히 효과적인 상담자가 되기 위해서는 부족할 수 있다. 간부들은 정신분석적으로 부하를 상담할 수 있는 전문적인 지식을 가지고 있지 않다.

하지만 문제를 해결하는 과정과 의사결정 과정을 통해 부하들이 스스로 문제를 해결하는 데 도움을 줄 수는 있다. 상담기술은 바로 인간 행동에 대한 연구, 부대원들에게 영향을 미치는 문제유형, 그리고 부하를 효과적으로 대하는 방법 등에 의해서 개발되었다. 여기서는 반영하기, 질문하기, 명료화하기, 요약하기, 해석하기, 직면하기, 자기노출 등을 주로 다룬다. 상담자는 이러한 상담의 대화기술을 상담내용에 따라 다양하게 적용해야 한다.

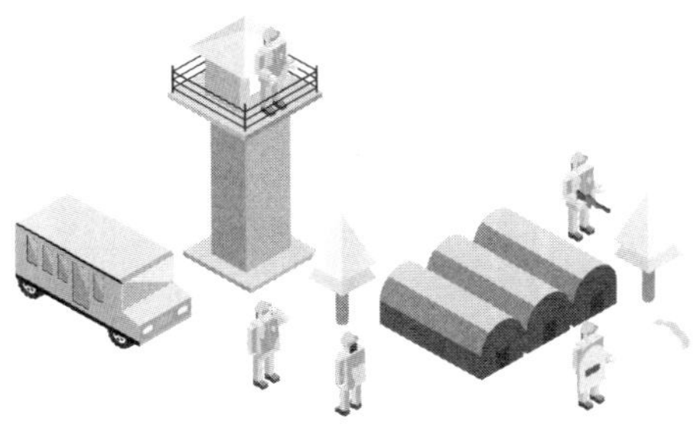

CHAPTER 01

반영하기

반영(反映)하기란 경청을 통해 파악한 내담자 진술의 핵심과 본질에서 내담자에 의해서 나타나는 생각, 느낌, 행동 등을 마치 거울에 자신의 감정과 태도를 비추듯 내담자의 태도와 감정을 상담자가 다른 참신한 언어 및 비언어적 수단으로 표현해 주는 촉진하는 기술이다.

1 반영하기 요령

반영하기 요령은 상담자가 경청하면서 내담자의 생각, 느낌, 행동 등을 통해 내담자가 바라는 바가 무엇인지 읽어주거나, 또는 상담자가 받은 느낌을 정리하여 표현해 주는 것이다. 이때 "~라는 말이구나!", "~구나!" 형태의 표현을 사용하면 효과적이다. 반영하기에는 크게 감정반영과 행동 및 태도반영, 내용반영으로 설명된다.

(1) 감정반영

내담자의 감정을 반영한다는 것은 내담자의 말에서 표현된 기본적인 태도, 주요 감정의 내용을 상담자가 다른 참신한 말로 부연해 주는 시도라고 볼 수 있다. 내담자의 감정에는 겉으로 보이는 표면 감정이 있고, 겉으로 보이지 않는 내면적 감정이 있다. 내담자는 자신의 감정을 솔직히 드러내지 않는 경우도 많다. 이러한 감정반영 시에는 내담자가 드러내지 않은 이면의 감정이나 비언어적 메시지에 초점을 맞출 필요가 있다.

예문 1 김일병 : 아휴 죽겠어요. 이 상병님은 나에게 항상 그런 식으로 해요. 그게 싫어요.
간 부 : 그것 때문에 당신은 정말로 화가 났구나.

예문 2 김일병 : 어제 아무 일도 아닌데 행정보급관님 한테 혼난 것이 정말 억울했습니다. 행정보급관님는 중대장님이 뭐라고 한마디 히시면 저한테 쏟아부으시는 것 같습니다. 이럴 거면 저도 빨리 후임병 받아서 보급병 그만두고 싶습니다. (눈물을 글썽이며)
간 부 : 아무것도 아닌 일로 행정보급관에게 혼난 것이 억울하고 화가 나는 가보구나.

예문 3 김일병 : (고개 숙인 채 낮고 단조로우며 무기력한 목소리로) 저 진짜 아주 만족합니다. 여기 왜 앉아 있어야 되는지 모르겠습니다. 모든 것이 너무 잘 되고 있습니다.
간 부 : 넌 만족하고 있다고 말하고 있는데 목소리나 표정을 보니 뭔가 (불만을) 감추고 있는 것 같구나.

(2) 행동 및 태도반영

상담자는 내담자가 말로서 표현하는 것뿐만 아니라 자세, 몸짓, 목소리의 어조(語調), 눈빛 등에 의해 표현되고 있는 것도 반영해 주는 것이 필요하다. 특히 내담자의 언어표현과 행동단서가 차이나 모순을 보일 경우에는 다음 예와 같이 반영해 주는 것이 바람직하다.

- "이상병은 지금 괜찮다고 말하고 있는데, 나에게는 초조하게 보이는구나."
- "김일병은 지금 아버지가 고마운 분이라고 말했는데 너의 목소리는 무언가 확신이 가지 않는 것 같구나."

- "김상병은 그 여자를 사랑한다고 이야기했는데, 그 여자에 대해 말 할 때마다 주먹을 꽉 쥐는구나?"
- "얼굴에는 미소를 띠고 있지만 김 일병 속은 편치 않은 것 같이 느껴진다."
- "어머님이 돌아가셔서 김 상병이 무척 상심되고 몸도 피곤한 것 같이 보여"

이와 같이 상담자는 상담 중에서 내담자의 감정뿐만 아니라 내담자의 행동에서 표현되는 것까지 반영할 수 있어야 한다.

(3) 내용반영

내담자의 진술 속의 핵심적인 생각과 감정을 상담자가 다시 말해주는 것이다. 내담자의 진술 내용이나 의미를 반복하거나 바꾸어 말하게 되는데 내담자의 진술 내용보다 적은 단어를 사용하고 내담자의 진술보다는 구체적이고 분명해야 한다. 재진술은 내담자가 경청을 통해서 들은 것을 말로 옮기고 상담과정에서 더욱 더 적극적인 역할을 수행하는 과정으로 내담자의 말을 얼마나 정확하게 듣고 이해하는지 알 수 있을 뿐만 아니라 내담자도 자신의 생각을 명료화하게 한다.

예문 1 정일병 : (사격대회를 앞두고) 내가 그것을 할 수 있을 것 같지 않아요. 난 실패투성이에요. 나는... 글세...음.. 이전에도 그런 성적을 결코 받아 본 적이 없고,,, 그래서 지금도 절대 해낼 수 없을 거예요.

간 부 : 정일병은 과거 경험 때문에 지금도 그것이 불가능하다고 확신하고 있구나(내용반영).
정일병은 노력하는 것에 대해서 좀 두려워하고 있구나(감정반영).

예문 2 유이병 : 행동이 많이 느려서 선임병들에게 지적을 많이 받았습니다. 제 잘못이라 생각해서 애쓰고 있지만...

간 부 : 선임병들이 느린 행동을 나무라나 보구나. 고치려고 노력하지만 잘 안되는 것 같고...(내용반영).

유이병 : 일과시간 내내 힘들게 워드를 쳐도 간부님들이 '수고했다' 한 마디 없고 가끔 저는 워드 치는 기계 같습니다.

간 부 : 열심히 해도 간부들이 칭찬 한마디 없어서 속상하다는 말이지(감정반영).

연습문제

실제 상담할 때는 이 세 가지의 반영하기가 섞여서 사용된다. 상담자는 내담자가 말하고자 하는 내용에 주의하면서 동시에 어떻게 말하고 있는지 느낌과 행동에 주의를 기울여야 한다.

1. 2인 1조로 짝을 이루어서 한 사람이 먼저 일주일 동안 지내면서 힘들었던 상황에 대하여 이야기하고, 다른 한 사람은 다시 반영하기를 사용하여 상대방의 말을 들으면서 5분간 대화를 이어 나가시오.

2. 제한 시간이 되면 역할을 바꾸어서 5분간 대화를 나누시오.

3. 이제 각자가 자신이 반영하기를 했을 때 느낌과 상대방이 해주었을 때의 느낌을 나누시오.

2 반영하기 효과

상담자의 반영하기는 내담자로 하여금 자기이해를 도와주고, 이해 받고 있다는 인식을 주며, 자기의 말을 재음미 할 수 있게 해주고 자신의 문제에 대해 보다 깊이 있는 탐색을 할 수 있도록 도와준다.

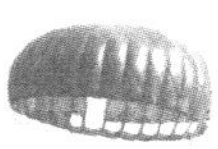

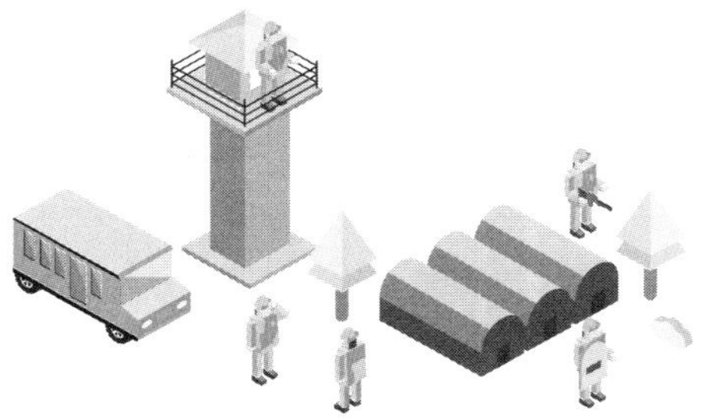

CHAPTER 02

질문하기

상담현장에서 상담의 주요 기법이 '질문을 통한 탐색'으로 믿는 사람이 많다. 즉 내담자에게 많이 물어 볼수록 내담자의 문제를 더 깊게 이해할 수 있다고 생각하는 경향이 있다. 그러나 어떤 질문을 어떻게 하느냐가 중요한 것이다. 이 장에서는 상담 중 질문에 관한 올바른 이해와 활용을 위해서 그 유형과 유용성 등에 관해서 살펴보고자 한다. 질문(質問)하기란 상담자의 호기심 해소가 아닌 내담자가 문제를 더 깊게 탐색할 수 있게 하고, 자기개방을 독려하여 내담자 스스로 자신에 대해 살펴볼 수 있도록 돕는 기술이다. 흔히 초보상담자는 내담자에게 많이 물어볼수록 내담자의 문제를 더 깊게 이해할 수 있다고 생각을 하는 경향이 있다. 그러나 어떤 질문을 하느냐가 중요하다. 상담자가 질문을 사용하는 세 가지 목적이 있다.

첫째는 내담자가 개방하고 더 많은 자기노출을 하도록 격려하기 위해서, 둘째는 내담자가 자기의 표현을 더 구체적이 되도록 돕기 위해서, 셋째는 상담자가 내담자의 상황을 더 명확히 이해하기 위해서이다(노안영, 2009). 상담자는 적절한 질문을 통해 내담자가 자신의 생각이나 느낌을 표현하고 내면의 통찰을 가져

오도록 도와야 한다. 그러기 위해서는 효과적인 질문을 할 수 있어야 한다. 질문에는 개방형 질문과 폐쇄형 질문이 있다. 이에 대해 살펴보자.

1 개방형 질문

개방형 질문은 폐쇄형 질문보다는 내담자의 반응에 한계를 정하는 것 보다 오히려 내담자에게 많은 여지를 주며 연관된 영역을 탐색하고 명료화하도록 하는 질문이다. 개방형 질문은 '무엇, 어떻게' 등으로 시작하는 문장 형태로서 내담자에게 더 많은 이야기를 할 기회를 주고 정보를 수집하고 너담자가 본인 문제를 살펴보고 명확히 해가도록 돕는다. 또한 상담을 시작하게 해주며 어떤 사항에 대한 상세한 설명을 촉진시켜 준다. 따라서 폐쇄형 질문보다는 개방형 질문을 사용하는 것이 보다 바람직하다.

예문 1 간 부 : "훈련이 끝나고 나니 기분이 어떠했니?"
이상병 : 이번 훈련은 힘은 들었지만 많은 것을 배운 것 같습니다.

예문 2 간 부 : "김일병 현재 군 생활은 어떠니?"
이상병 : 처음에는 두렵기도 하고 불안도 하였지만 지금은 괜찮은 것 같습니다.

예문 3 간 부 : "휴가 때 어떻게 보냈어?"
이상병 : 부모님도 뵙고, 친구들도 만나고 즐거운 시간을 보냈지만, 여자 친구가 이제 그만 만나자고 해서 기분이 썩 좋지는 않습니다.

2 폐쇄형 질문

구체적인 답변을 유도하는 질문으로 답변은 매우 짧다. 상담자가 자료를 모으는 데 사용되며 특정한 대답을 이끌어 내는 질문이다. 폐쇄형 질문에 대한 내담자의 대답은 매우 짧아서, 전형적으로 한두 마디의 대답, 즉 '예'나 '아니오' 같이 구체적이고 제한적인 응답을 요구하는 질문이다.

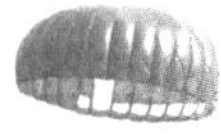

폐쇄형 질문은 '예', '아니오' 또는 시기, 나이 등의 특정적이고 한정적인 대답을 요구하는 질문으로 단점은 내담자가 대답을 하기 위해 자신의 창의력을 사용하지 못하게 하는 점이다. 내담자가 창의적이 되도록 격려해 주지 못하고 내담자에게 제한된 반응만 하도록 하기 때문에 새로운 정보를 공유할 수 없다.

예문 1 간 부 : "훈련이 끝나고 나니 기분이 좋았지?"
김일병 : 예 / 아니오.

예문 2 "부모님이 돌아가셨을 때가 몇 살이었어?"
"형제가 어떻게 되니?"
"지금 무슨 약을 복용하고 있어?"

3 질문하기의 효과

상담자의 효과적인 질문하기는 내담자의 문제에 대해 명확하게 이해할 수 있도록 해주며, 내담자로 하여금 관심 받고 있다고 느끼게 하여 자신의 속마음을 더 자세하게 표현하게 한다. 질문의 효과에는 긍정적 효과와 부정적 효과가 있다. 긍정적 효과는 상담의 방향을 제시해주고, 내담자의 관심사를 정확하게 지적하고 명료화하며 내담자가 자기탐색을 통해 내담자의 긍정적인 면을 찾도록 도움을 준다. 부정적인 효과는 내담자의 이야기를 통제하든지, 질문을 많이 하면 공격적으로 여겨져 내담자는 방어적인 태도를 보이게 된다.

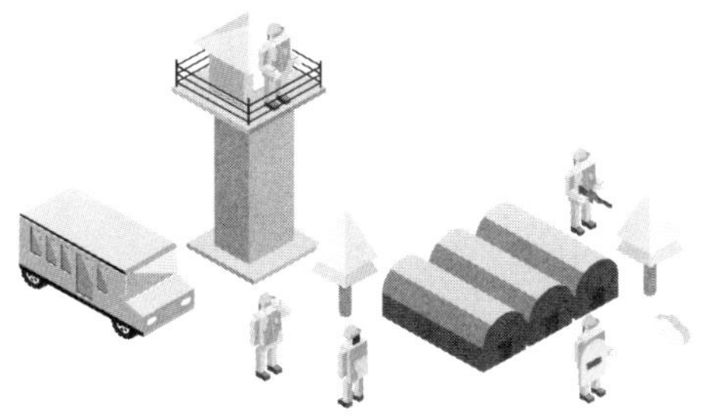

CHAPTER 03
명료화하기

명료화(明瞭化)란 어떤 문제의 밑바닥까지 깔려 있는 혼란스러운 감정과 갈등을 가려내어 분명히 해 주는 것이다. 다시 말해서 내담자가 한 말 중에서 모호한 점을 내담자가 확실히 알도록 해주는 것이다. 명료화는 내담자가 말하고자 하는 의미를 상담자가 생각하고, 이 생각한 바를 다시 내담자에게 말해준다는 점에서 단순한 재진술이 아니다. 또한 상담자가 내담자의 반응을 이해할 수 없을 때는 분명하게 다시 말할 것을 요청하기도 한다.

명료화 기법 활용은

- 내담자의 말이 모호하거나 잘 이해되지 않을 때 한다.
- 내담자 스스로 자기의 말을 재음미하거나, 구체적인 예를 들어 명확히 해 줄 것을 요청한다.
- 내담자의 진술에 대한 상담자 자신의 반응을 나타냄으로써 내담자의 반응을 명료화 한다.

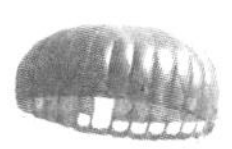

• 상담자의 반응의 개인적인 반응이 되지 않도록 하며, 직면과 같이 직접적이고 강렬하지 않도록 해야 한다.

예문 1 **내담자의 말하는 의미가 모호하거나 혼란 시**

• "잘 이해를 못하겠는데. 정상병이 말하고자 하는 바를 좀 더 구체적으로 말해줄 수 있겠니"

• "김하사가 군 직업에 대해서 느끼는 감정이 어떤지 정확히 이해가 되지 않구나! 예를 들어서 간략하게 다시 말해 줄 수 있겠니"

예문 2 **표현내용의 의미 탐색**

이일병 : 저는 갑갑한 것은 절대 참지 못합니다.

간 부 : 이일병이 절대 참지 못한다는 말은 어떻게 하는 것을 의미하는지 듣고 싶구나!

예문 3 **표현 안 된 내용의 의미 탐색**

서일병 : 저는 열등감이 많은 것 같습니다.

간 부 : 서일병은 어떤 상황에서 열등감이 문제가 되지는 궁금하구나!

연습문제

1. 2인 1조로 짝을 이루어서 한 사람이 먼저 일주일 동안 지내면서 힘들었던 상황에 대하여 이야기하고, 다른 한 사람은 다시 명료화하기를 사용하여 상대방의 말을 들으면서 5분간 대화를 이어 나가시오.

2. 제한 시간이 되면 역할을 바꾸어서 5분간 대화를 나누시오.

3. 이제 각자가 자신이 명료화하기를 했을 때 느낌과 상대방이 해주었을 때의 느낌을 나누시오.

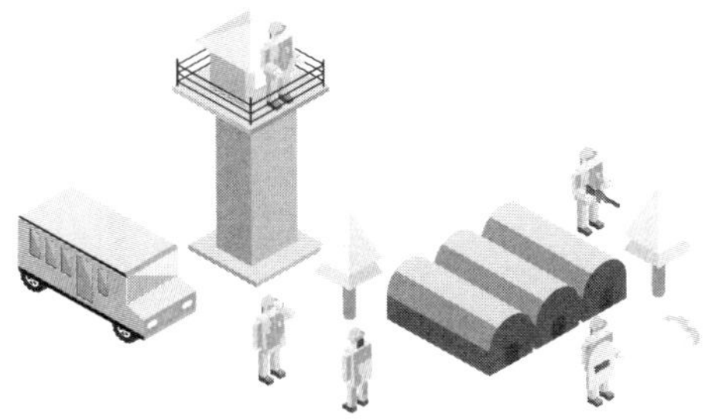

CHAPTER 04
요약하기

요약(要約)이란 내담자가 표현했던 주요한 주제를 상담자가 정리해서 말로 나타내는 것이다. 다시 말해서 내담자의 언어적, 비언어적 메시지 등을 모아서 핵심적인 주요 내용을 내담자에게 제시하는 것으로 내용반영의 하나이다. 요약은 매 회기 끝날 무렵 내담자의 여러 가지 생각과 감정을 묶어서 정리하는 것을 말한다. 요약은 내담자가 미처 자각하지 못하고 있던 의미 및 관계를 분명히 구분해서 이해할 수 있도록 문제 해결과정을 밝히며 자신의 생각과 느낌을 탐색하도록 돕는다.

1 요약의 시기

① 새로운 회기를 시작하는 초기에 지난 회기의 내용을 요약하여 들여 줄 때 사용한다.

② 상담 중에 내담자가 두서없는 얘기를 할 때 상담자가 내용을 요약하면서 정리할 때 사용한다.

③ 상담이 끝날 때에 오늘의 상담 내용을 요약하기로 정리할 수 있다.

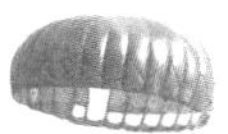

2 요약의 과정

① 내담자의 말 중에는 중요한 내용과 감정에 주의를 기울인다.
② 파악된 주된 내용과 감정을 통합해서 전달한다.
③ 상담자가 자신의 새로운 견해를 추가하지 않도록 한다.
④ 가능한 내담자가 스스로 요약할 수 있도록 돕는다.

예문

- "김하사는 가정이나 학교, 현재의 직업에 대하여 말한 것을 보면, 모든 생활에서 실패감을 느낀 것 같구나"
- "이일병은 지금까지 과거 직업에 대해서 좋아하는 점과 싫어하는 점, 또한 이일병이 원하는 직업이 어떤 것인가에 대해서도 이야기를 했네? 이일병은 오늘 상담에서 우리가 전체적으로 어떤 이야기를 했는지!"
- "지금까지 정이병은 이렇게 말했어."
- "정이병은 지금까지 군 입대 전에 생활과 입대 후에 생활의 대인관계에 대해서 자신의 이야기를 했고, 앞으로 어떻게 하고 싶은지에 대해서 이야기를 했어."

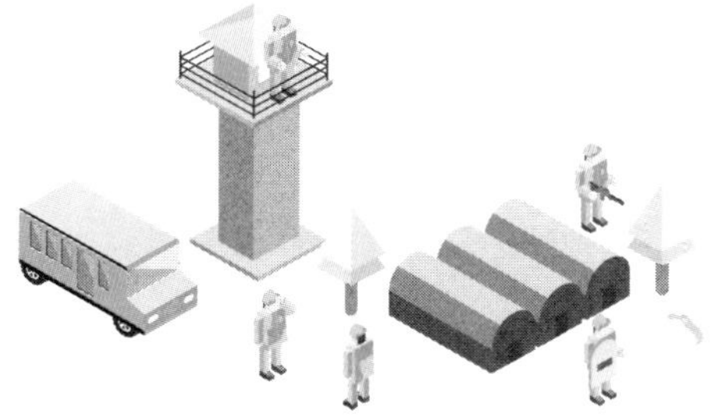

CHAPTER 05

해석하기

Ivey와 Ivey(2003)는 해석을 활용함에 있어서 "상담자는 내담자에게 상황을 생각하는 새로운 대안적 방식을 제공해 주어야 한다. 해석은 새로운 관점에서 현실을 재구성하는 것이다" 하였다. 해석은 내담자로 하여금 자기의 문제를 새로운 각도에서 이해하도록 그의 생활경험과 행동의 의미를 설명하는 것이다. 해석은 어떤 이론적 입장에서 도출되었느냐에 따라 그 내용이 달라질 것이다.

해석은 내담자의 말을 바꾸어 말하기나 느낌의 반영과 크게 다른 것은 아니다. 바꾸어 말하기와 느낌의 반영이 하는 기능의 하나는 내담자가 방금 말한 것의 내용 또는 느낌을 구체화하는 것이다. 해석의 정확성 여부도 내담자가 자기문제에 보다 효과적으로 대처하는데 그 해석을 얼마나 활용했는지에 달려 있다. 해석이 타당성에 대한 또 다른 기준은 내담자에 대한 상담자의 견해나 이해 내용에 내담자가 만족하느냐는 것이다. 만일 상담자와 내담자의 견해가 일치되지 못한다면 해석이 받아들여지기 힘들 것이다. 해석은 상담자는 내담자가 새로운 관점을 통해 자신의 문제를 보고 자기가 처한 상황을 보다 잘 이해하며 환경에 능률적으로 대처하는 데 활용한다.

예문 1 이상병 : "제가 그렇게 자주 파견을 가다보니 부대에 오면 불안해 집니다."
간 부 : "파견을 자주 가서 군생활에 소홀한 것에 대해서 소대원들이 어떻게 보고 있을지 걱정이 된다는 애기구나!"

예문 2 김이병 : 선임병은 생활관을 좀 깨끗이 하고 이등병으로서의 도리를 지키라고 잔소리를 계속해요. 무슨 이유인지 모르겠지만 전 그냥 하고 싶지가 않습니다.
간 부 : 아마, 김이병 네가 그 선임병에게 이미 감정이 상해 있기 때문에 비록 선임병이 옳은 말을 해도 그 이야기를 듣고 싶지도 않은 것 같구나.

예문 3 김하사 : 어젯밤에 술을 너무 많이 마셨어요.
계속 울음이 솟구쳐서 엉엉 소리 내어 울기까지 했어요.
소대장A : 눈물이 날 때가지 술을 마셔댔군. 지금은 그것을 수치스럽게 생각하느냐(내용 요약)
소대장B : 어젯밤 일에 대해 굉장히 기분이 안 좋았군(전반적 느낌 반응)
소대장C : 어젯밤에 자신을 통제할 수 없었든 것에 대해 속이 상하가 보군(경한 해석)
소대장D : 감정을 통제할 수 없을 정도로 술을 마셨군. 어젯밤 일을 생각 할 때 어린애처럼 행동한 데 대해 자신을 벌하고 싶으신가 보군(해석)

1 해석의 효과

① 내담자의 통찰을 촉진시킨다.

② 내담자로 하여금 자신의 감정과 그 원인을 보다 깊이 알 수 있도록 돕는다.

③ 긍정적 해석의 경우 내담자로 하여금 안도감과 '내가 할 수 있다'는 느낌을 증진시킬 수 있다.

2 해석을 사용하는데 중요한 사항

① 상담관계에서 확고한 신뢰관계가 형성될 때까지 해석을 시작하지 않는 것이 바람직하다. 해석 시는 공손하게 하고 비난과 공격, 적대감, 비웃음을 행하여서는 안 된다.

② 문제가 철저히 탐색 될 때까지 기다리라. 상담자가 내담자를 위해 무엇을 진행할 것인지 알게되고, 내담자가 해석을 들을 준비가 되었다고 생각될 때에만 해석을 제공하는 것이 좋다.

③ 임의적인 해석을 자제하라. 내담자가 의식하지 못하는 의미까지 설명 한다는 점에서 상담기술 중 가장 복잡한 것이 해석이다. 사용 시 신중하게 다루어야 한다.

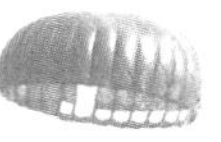

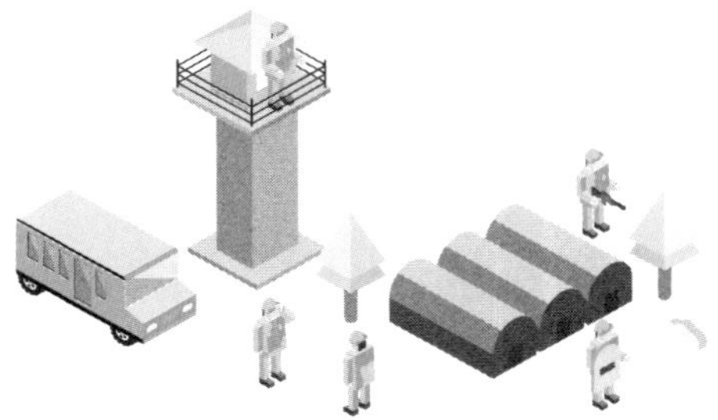

CHAPTER 06
직면하기

직면은 내담자에게 정직하게 직접적으로 문제를 지적해주고 인식 시켜주는 것이다. 상담에서 사용되는 직면은 내담자의 말과 행동에서 표출되는 불일치, 모순 혹은 생략을 상담자가 언어화시키는 상담 개입으로서 정의된다. 내담자의 행동, 사고, 감정에 있는 어떤 불일치나 모순을 지적해 주어 내담자의 자각을 돕는 것을 의미한다. 직면은 내담자 스스로 깨닫지 못하고 있지만 그의 말이나 행동에서 불일치가 발견될 때 불일치를 지적하고, 내담자가 변명을 하거나 책임을 회피하는 언어행동을 할 때 책임감을 강조하기 위해 직면을 사용한다. 즉 직면은 내담자에게서 저항을 받게 되거나 또는 개방적인 대화로 이끌게 되는 어떤 모험을 포함한다. 예를 들면 사격을 잘해서 중대장에게 칭찬을 받고 싶어 하는 병사가 사격시합을 앞두고 사격연습을 하지 않는다면, 상담자는 그 욕구와 그가 하고 있는 행동 사이의 모순점을 지적하는 직면을 사용하게 한다.

직면은 내담자의 통찰을 일으키게 하는 강력한 기법인 것은 틀림없지만 강력한 만큼 위험도 따를 수 있기 때문이다. 따라서 내담자가 받아들일 준비가 되어있지 않은 상태에서 상담자가 무리하게 내담자를 직면시킨다면, 내담자는 저항으로 인한 상담의 효과를 기대할 수 없다. 즉 내담자가 받아들일 준비가 되어 있을 시에 직면을 사용하게 한다.

예문 1 김상병 : 저는 김 일병하고 아주 친하게 지내고 있습니다. 그런데 김 일병하고 나 사이에 정 상병이 끼어들려고 해서 싫습니다. 그러나 같은 생활관에서 전우들과 같이 친하게 지내는 것이 좋겠지요.

간 부 : 너와 김 일병 사이에 정 상병이 끼어들면 싫어하면서 생활관 전우들과 모두 친하게 지내는 것이 좋다고 말하는 것은 이상하게 들리는구나?

예문 2 김일병 : "지난 밤 꿈에 아버지와 싸우고 화가나서 집을 잠시 나갔다가 들어와서 아버지 방에 조용히 들어가보니 아버지가 죽어 있었습니다. 그래서 깜짝 놀라 잠에서 깨어났습니다."

간 부 : "너무 권위적이고 무관심한 아버지가 혹시 일찍 사라졌으면 하는 생각이 마음 한 구석에 있었는지 모르겠군."

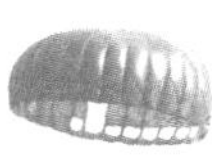

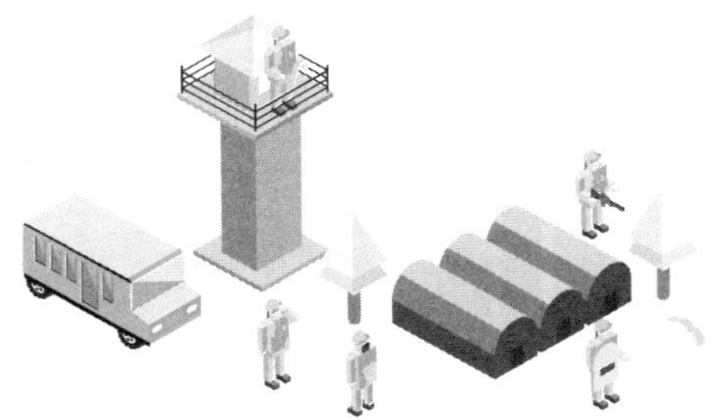

CHAPTER 07

자기노출하기

상담자가 내담자와 신뢰할 수 있는 인간관계를 맺으려면 상담자는 자신을 내담자에게 나타내 보인 것이 좋다. 자기노출이란 상담자가 상담과정에서 상담자가 내담자와 비슷한 환경에서 문제해결의 통찰을 얻게 했던 상담자의 생각·감정·행동·경험을 내담자에게 드러내는 것이다. 자기노출은 상담자와 내담자의 관계를 형성하는 데 보다 도움이 된다고 믿는다. 상담자의 자기노출을 통해 내담자가 새로운 방향으로 생각할 수 있도록 돕고, 내담자뿐 아니라 상담자 자신도 약점을 가진 사람이라는 노출을 통해 상담관계에서 친밀감과 안정감을 형성해 줄 수 있다. 상담자의 자기노출은 내담자가 자신이 이야기하기 꺼려하는 부분을 자유롭게 자기노출을 촉진하는 효과를 줄 수 있다. 이러한 상담자의 자기노출을 통해 내담자에게 문제해결을 위한 모델링이 되는 효과를 가져다 줄 수 있다.

자기노출의 기술을 효과적으로 활용하기 위해서는 상담자는 내담자가 처해 있는 유사한 상황에 있었을 때 상담자 자신이 얻었던 통찰을 내담자에게 간단히 제시하고, 자기노출 이후 내담자에게 초점을 맞추고 내담자가 이야기할 수 있는 기회를 주면서 내담자로 하여금 자기노출을 사용하지 않을 때보다 더 깊은 통찰을 주기 위해 자기노출을 사용한다는 것을 기억해야 한다. 자기노출은 내담자를 돕기 위한 목적이 될 수 있도록 상담자의 충동적 자기노출은 자제해야 한다.

도리어 내담자를 불편하게 느끼게 하거나 상담자와 관계를 악화시킬 수 있다. 상담자는 자기노출 중에도 내담자를 돕기 위한 목적으로 자기 노출을 사용하여야 한다.

예문
윤중사 : 김 상병 어서 들어와 요즘 무슨 고민이 있니?
김상병 : 요즘 후임병이 말을 안 들어서 힘들어 죽겠습니다.
윤중사 : 요즘 후임병들 정말 말 안 듣지?
김상병 : (침묵)
윤중사 : 나도 소대 병장들 때문에 애 좀 먹었지(웃으면서), 병장들이 말도 안 듣고 그럴 때 마다 병장들을 두들겨 팰 수도 없고, 어떻게 해야 할지 막막하기도 하고, 그만두고 싶다는 생각도 들기도 했지.
김상병 : 어제도 식당 청소를 하는데, 후임병들이 청소는 하지 않고 모여서 담배 피고, 놀고 있기에 한마디 했더니 후임병 한 명이 불만 섞인 태도를 보이는 겁니다.
윤중사 : 그랬구나! 나도 처음 부임했을 때 소대 식당을 관리 책임을 맡고 식당관리를 하는데 식사하고 청소를 하지 않아서 중대장님께 혼나고서 정말이지 참을 수 없더라고…, 그런데 가만히 생각해보니 내가 어떻게 해야 할지 답답하기도 하고 억울한 생각도 들었지
김상병 : 예. 맞습니다. 지금 제 심정이 그렇습니다.

사례를 통한 반영·명료화·직면·해석·요약 비교

비무장지대에서 근무하는 내담자(김일병) 사례

> 지난 밤 저는 꿈에 간부와 야간 매복을 갔는데, 글쎄 제가 움직이는 물체가 적군인지 알고 쏘았지만 나중에 가까이 가보니까 간부가 죽어 있었습니다.
> 그래서 깜짝 놀라 잠을 깨었습니다. 일요일 부대에서 '디어 헌트(der hunt)'라는 영화를 본 적이 있는데 본지 며칠 안되서 그런 꿈을 꾸었는지 모르겠어요.

1. **반영** : "그런 끔찍한 꿈을 꾸고 마음이 몹시 당황했겠군."
2. **명료화** : "꿈이었지만, 총을 잘못 쏘아서 간부를 돌아가시게 한 죄책감 같은 것을 느꼈겠구만."
3. **직면** : "너무 권위적이고 무관심한 간부가 혹시 일찍 사고로 세상을 떠났으면 하는 생각이 마음 구석에 있었는지도 모르겠군."
4. **해석** : "간부에게 충성을 해야 한다는 군대문화에서 볼 때 그런 꿈을 꾸었다는 사실에 자네 마음이 심란하기도 하겠지, 그리고, 한편으로는 권위적 존재에 적개심을 간접적으로 나마 인정하고 표현했다는 점도 중요하겠지."
5. **요약** : "김일병이 그런 꿈을 꾸었다는 것을 보면 지금 많이 힘들고 군생활을 잘해야겠다는 부담감을 많이 가지고 있는 것 같구나? 김 일병은 잘 하려고 하는데 간부가 관심도 가져 주지 안고 야단만치는 것에 서운하고 화가 나기도 해서 군 생활을 하기 싫은 마음도 있어 힘들기도 하고 미안하기도 하고 그런 마음인 것 같네."

군 상담 진행과정

할 수 없다고, 불가능하다고 한계를 그을 수 있는 자는 자기 자신 뿐이다.

당신이 스스로 의심하고 할 수 없다는 틀 속에 스스로 가두지 않는다면

당신은 무엇이든 극복하고 무엇이든 할 수 있다.

「 카네기 」

상담은 상담자가 내담자를 첫 만남에서부터 상담은 시작된다. 서로 적극적으로 협력하면서 상담이 종결될 때까지 내담자의 심리적 문제를 해결하기 위해 노력하는 일련의 과정이다. 이 과정을 상담의 진행과정이라 한다. 상담과정은 초기단계, 중기단계, 종결단계로 구분할 수 있으나 정확히 단계를 설정하기는 어려울 수 있다.

상담의 초기단계에는 상담의 준비과정으로 상담 준비는 효과적인 상담이 이루어질 수 있도록 상담에 필요한 사항을 준비하는 단계와 상담자과 내담자 간의 신뢰관계를 형성하고, 상담자는 효과적인 상담을 위해 상담을 구조화하는 단계이다. 중기단계에서는 상담자의 특성, 상담내용과 상황 등에 따라 다소 차이는 있지만 상담을 효율적이고 체계적으로 실시하기 위해 전개하는 일반적인 절차이다.

중기단계에서는 내담자와 신뢰관계 형성을 지속 유지하면서 내담자의 심층적으로 내담자의 문제를 이해하고 자신의 심리적인 문제에 대한 자기 탐색과 통찰을 이해함으로써 자신의 문제를 해결하는 과정을 가진다. 또한 상담자와 내담자가 목표를 설정하고 목표의 행동계획 수립에 대한 행동으로 실천을 통해 상담목표에 도달하기 위해 노력하는 상담의 가장 중요한 단계이다.

종결단계에서는 내담자가 자신을 이해하고 좀 더 현실 생활과정에서 적응할 수 있는 새로운 행동을 현실 생활에서 실천하고 평가한다. 이러한 평가는 내담자가 현실 생활과정에서 새로운 생활에 살아가기 위한 내담자의 심리적 문제를 일으키는 자신의 사고, 감정, 행동, 생활태도 등의 문제를 이해하고 자신의 결점을 보완하고 장점을 발견하여 활용할 수 있는 자원을 어떻게 적용 시킬 것인가를 구체적으로 계획을 수립하도록 진행한다. 상담의 종결 시 내담자가 다루어야 하는 것은 상담자와 상담관계를 어떻게 효과적으로 종결하고, 내담자 스스로 잘 적응할 수 있도록 종결에 정성을 들여야 한다.

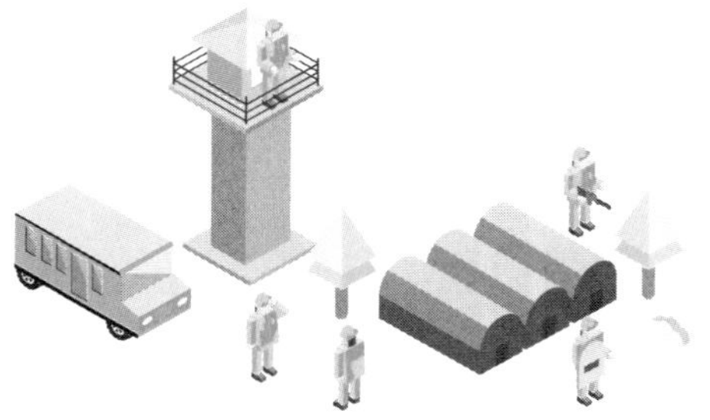

CHAPTER 01
군 상담 초기단계

1 상담신청

군 상담 현장에서 병사가 상담을 신청 시에는 우선 상담신청 전에 병사의 기본정보를 탐색하기 위해 병영생활지도기록부의 기술내용을 탐색하고 인성검사의 결과 등의 내용을 이해한 후에 병사와 상담을 진행하는 것이 중요하다. 추가적으로 상담신청서를 준비하여 내담자가 직접 작성할 수 있도록 사전에 준비한다. 신청서에는 병영생활기록부에 포함된 내용에서 중요한 내용을 발췌하여 재확인하는 의미와 새로운 정보를 탐색하는 데 유용하게 활용할 수 있도록 준비해야 한다. 주요 포함내용은 상담일자, 소속, 계급, 성명, 연령, 학력, 성장배경, 가족관계, 상담 및 정신치료 경험, 상담경위, 주 호소문제 등을 포함할 수 있다. 이러한 내용을 기초하여 병영생활지도기록부에 기록된 내용과 차이점을 발견하고 차이점의 이유를 확인하는 것도 중요하다.

이는 내담자가 입대 시 병영생활지도기록부에 기술하는데 자신이 들어내기 싫은 부분은 기술하지 않는 경우가 있다. 이러한 불일치한 내용은 내담자의 문제를 이해하는 데 많은 도움이 된다. 상담신청 시 상담자 응대가 보다 중요하다. 상담을 신청하기 위해 방문한 상담신청자는 자신의 문제를 노출해야 하기 때문에 상담자에 대한 신뢰감과 상담관계가 안전하다는 믿음이 필요하다.

상담자는 내담자가 보여주는 중요한 행동양식을 파악하고 그것을 존중함으로써 신뢰관계를 쌓아야 한다. 라포 형성에 도움이 되는 기술은 의사소통 기술이 있고, 이것은 언어적 의사소통과 비언어적 의사소통으로 나눌 수 있다(엄명용, 2002).

(1) 언어적 의사소통

언어적 의사소통은 내담자가 이야기하고자 하는 내용을 군 상담사가 임의로 바꾸지 않고, 있는 그대로 듣고 계속 이야기할 수 있도록 기다려 주는 것을 말한다. 내담자의 메시지를 명확히 이해하기 위하여 사용되는 것이다. 성공적인 상담 진행을 위해서는 초기부터 신뢰관계를 형성하는 것이 매우 중요하다. 내담자 입장에서는 상담 장소가 매우 낯선 장소이고, 본인의 문제를 솔직하게 이야기하는 것이 부담스러울 수 있다. 군 상담사는 내담자의 말에 집중하고 수용하는 모습을 보여주면, 상담신청자는 조금 더 적극적으로 자신이 하고자 하는 주제로 집중해서 이야기할 수 있다. 따라서 군 상담사는 다양한 방법으로 상담신청자와 의사소통을 하기 위한 노력이 필요하다.

사례 1 **지지적인 언어 반응**

김이병 : 사실... 상담 받으러 오기까지 고민을 많이 했습니다.
이중사 : 아... 고민을 많이 했구나?
김이병 : 네, 괜히 다른 사람들이 저를 이상하게 볼 것 같더라구요.
이중사 : 대부분 상담을 받는다는 것을 부담스러워들 하더구나.
특히 처음 상담하는 경우라면 더욱 그럴 수 있지.

사례 2 **감정에 대한 반응**

이상병 : 김일병이 요즘 제가 무슨 말만하면 눈을 둥그렇게 뜨면서 말대구를 하는데 어떻게 해야할지 모르겠습니다.
윤중사 : 요즘 부쩍 김일병이 반항적인 태도를 보이는 모습에 당황스럽기도 하고, 화도 많이 나겠구나!

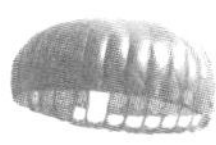

(2) 비언어적 의사소통

비언어적 의사소통이란 지속적으로 내담자와 시선을 맞추거나 지금 하고 있는 말을 이해하고 있다는 것을 알리기 위해 고개를 끄덕여 주는 행동을 말한다. 때로는 말보다 나타나는 표정이나 몸짓이 더 솔직한 감정이나 진실을 전해주기도 한다. 따라서 군 상담자는 자신의 비언어적 의사소통이 언어적 의사소통의 내용과 상반된 메시지를 전달하지 않는지 주의가 필요하다. 또한 내담자의 비언어적 의사소통에 세심한 의미를 해석할 수 있어야 한다.

내담자에 비언어적 의사소통을 통해서 자신이 수용 받고 있다는 감정을 가짐으로써 군 상담자에 대한 신뢰감을 느낄 수 있다. 첫째는 상담자와 눈을 맞출 시 대화하는 상대에게 눈을 맞추는 경우와 시선을 회피하는 경우는 관심이 있거나 열의가 있으면 사람들은 서로 대화하는 상대에게 눈을 맞추려고 하지만, 지루하거나 관심이 없으면 눈을 맞추지 않는다. 둘째는 내담자의 옷차림과 외양을 관찰하는 것도 중요하다. 옷차림을 통해 그 사람이 직업이나 연령, 성격, 처한 환경, 현재의 기분 등을 짐작할 수 있다. 셋째는 내담자의 표정을 관찰 시 눈썹을 치켜올리거나 눈을 크게 뜨는 경우는 무언가로 인해 놀랐다는 것을 의미할 수 있고, 찡그리는 표정을 짓는 경우는 현재 상황에 대해서 마음에 들지 않는 부분이 있지만, 표현하지 않고 참으려는 태도를 의미로 볼 수 있다. 미소를 짓는 경우는 현 상화에 만족감을 가지고 있다고 볼 수 있다. 넷째는 내담자의 자세와 몸동작을 관찰하는 것으로 몸가짐이나 손이나 팔, 다리 등의 동작도 의미를 전달한다. 다리를 떨고 있으면 불안을 느끼고, 손을 비틀거나 만지작되면 긴장감을 가고 있음을 알 수 있고, 주먹을 불끈 쥐고 있을 경우는 화가 났음을 알 수 있다.

비언어적 의사소통에서 중요한 것은 군 상담자와 상담신청자 양자에 서로 상호적이라는 점이다. 군 상담자가 내담자에게 특정한 인상을 받듯이 내담자도 군 상담자에게 특정한 인상을 받는다.

[표 8-1] 비언어적 의사소통기법 중 바람직한 또는 바람직하지 않은 태도 예시

구분	바람직한 태도	바람직하지 않는 태도
얼굴 표정	• 따뜻하고 배려하는 표정 • 다양하며 적절한 생기있는 표정 • 자연스럽고 여유 있는 입모양 • 간간히 적절하게 짓는 미소	• 눈썹 치켜뜨기 • 하품 • 입술을 깨물거나 꼭 다문 입 • 부적절한 희미한 미소 • 지나친 머리 끄덕임
자세	• 팔과 손을 자연스럽게 놓고 상황에 따라 적절한 관계 • 상담신청서를 향해 약간 기울인 자세 • 관심을 보이는, 그러나 편안한 자세	• 팔짱끼기 • 내담자로부터 비껴 앉는 자세 • 의자에서 몸이나 손을 흔드는 태도 • 의자에서 손이나 손가락을 대는 것 • 손가락으로 지적하는 행위
눈맞춤	• 직접적인 눈맞춤(문화를 고려한) • 상담신청자와 같은 눈높이 • 적절한 시선 움직임	• 눈을 마주하기를 피하는 것 • 내담자보다 높거나 혹은 낮는 눈높이 • 시선을 한곳에 고정하는 것
어조	• 크지 않는 목소리 • 발음이 분명한 소리 • 온화한 목소리 • 상담신청자의 느낌과 정서에 반응하는 어조 • 적절한 말 속도	• 우물대거나 너무 작은 목소리 • 너무 잦은 문법적 실수 • 너무 긴 침묵 • 너무 빠르거나 느린 목소리 • 신경질적인 웃음 • 잦은 헛기침
신체적 거리	• 의자 사이는 1m~2.5m	• 지나치게 가깝거나 먼 거리 • 책상이나 다른 물체 사이에 두고 말하기
옷차림/ 외양	• 단정하고 점잖은 복장 • 내담자의 특성에 맞춤	• 특정 브랜드가 크게 쓰여 있는 복장 • 지나치게 편한 복장

출처 : NCS학습모듈(2017), 심리상담(I). p5.

(3) 군 상담자의 대화법

군 상담자는 군에서 사용하는 언어와 말투에서 내담자가 경직되어 자기표현을 방해할 수 있다. 군 상담자의 언어 사용은 많은 힘을 가지고 있다. 말을 통해서 상대방의 마음을 읽을 수도 있고, 마음의 문을 닫게 할 수 있도 있다. 상담을 하다보면, 어떤 말은 단 한 마디로 마음의 문을 굳게 닫히게 한다. 따뜻한 언어의 사용은 공격적인 성향을 가진 내담자를 개방적이고, 온화하게 만들 수도 있다. 다음 [표 8-2]와 같이 볼 수 있다.

[표 8-2] 공격적인 말과 따뜻한 말

공격적인 말	따뜻한 말
그것도 못해?	지금하고 있는 일이 어렵고 힘드니?
왜 한눈을 팔아?	대화를 할 때는 나의 말에 집중을 해주었으면 고맙겠어!
지금 나를 놀리는 거야?	지금 이야기하고자 하는 것을 솔직하게 대답해 주면 좋겠어!
하라는 일은 안 하고 딴 짓만 할래?	자신이 해야 할 일은 책임있게 해주었으면 좋겠어!

속담에도 '가는 말이 고와야 오는 말이 곱다'라고 하였다. 뇌에 입력된 정보가 공격적으로 학습되면 공격적이고 사나운 말이 나오고, 부드럽고 따뜻한 방향으로 학습되었다면 따뜻한 말이 나온다. 긍정적 사고는 긍정적 언어가 나오고 긍정적인 언어는 상대의 열정을 불러내 새로운 긍정적인 방향으로 갈수가 있다.

2 접수 면접

접수 면접은 내담자가 작성한 신청서를 기초로 심층적으로 정보를 수집한다. 이를 통해 내담자의 사고, 감정, 행동, 군 생활양식을 이해하는 것이 중요하다. 내담자의 문제를 올바르게 평가하기 위해서는 내담자가 자신의 문제에 대해 어떤 태도를 갖고 있는가를 평가해야 할 것이다. 이런 과정에서 내담자 자신에 대해 이야기한 내용과 이야기 도중에 내담자가 보이는 정서 상태가 서로 부합하는지를 관찰해야 한다. 또한 내담자가 군 생활환경이 현재 어떻게 상호작용하는가를 평가해야 할 것이다. 이러한 내담자의 문제를 식별하고, 최근 입대 이후의 현재까지의 변화된 사항 위주로 파악한다. 내용을 중심으로 내담자의 정보를 탐색하는 요령은 다음과 같다.

1. **기본 정보 재탐색** : 병영생활지도기록부를 참조하여 질문을 통해 재탐색한다.
2. **외모 및 행동태도** : 내담자의 복장상태, 표정, 시선의 적절성, 상담자와 대화의 태도, 예의 등에 관찰 내용을 기록한다.
3. **호소문제** : 상담을 받고자하는 이유, 목적, 배경 등을 파악한다(발생 시기, 상황적 배경, 문제발생 경로, 현재 상태의 심각성 등을 구체적으로 파악한다.).

4. **주요 기능상태** : 내담자의 호소 문제를 기초로 정서적 · 환경적 · 생물학적 기능을 급격히 저하시키는 요인을 파악한다.
5. **스트레스 원** : 군 동료(선 · 후임)문제, 간부, 가족문제, 이성문제, 진로문제, 군 환경적 요인 등의 요인을 파악한다.
6. **군대 지원체계** : 내담자가 어려운 일이나 억울한 일을 경험할 때 상의하거나 내편이 되어 줄 수 있는 사람이 있을까? 라는 생각을 할 수 있다. 상담자는 내담자의 지원체계를 탐색하는 것은 매우 중요하다. 지원체계가 많을수록 내담자에게 상담의 효과에 영향을 미친다.(간부, 선임병, 동기, 가족 등).
7. **호소문제와 관련된 개인사 및 가족관계** : 내담자가 군 입대 전 현재와 같은 갈등의 문제를 경험하였는지? 같은 갈등의 문제가 있었다면 어떻게 대처 했는지?에 대한 개인사와 가족관계를 연결지어 정보를 탐색하는 것이 바람직하다.

3 상담자의 정서적 안정유지

상담자의 정서 상태가 내담자와의 상담관계 형성에 의미 있는 영향을 미칠 수 있다. 간부도 다양한 업무를 수행하는 가운데 내담자와 상담을 하게 된다. 간부도 한 인간이기에 불완전 할 수 있다. 가정적이나 부대업무로 인해 스트레스를 받을 수 있다. 이러한 정서적으로 불안한 상태에서 내담자를 상담한다는 것은 내담자에게 도움을 주는데 방해요인이 될 수 있다. 상담자는 최대한 편안하고 안정된 상태에서 상담에 임할 수 있도록 해야 한다. 이러한 경우에는 상담자는 자기조절을 통해 안정된 정서를 유지한 가운데 상담에 임해야 내담자에게 도움을 줄 수 있다.

4 상담관계 형성

상담자와 내담자 간에 상호 신뢰관계를 형성하는 것은 상담과정에서 상담의 효과에 영향을 미친다. 군 현장에서의 상담은 내담자가 바라보는 관점에 따라 달리할 수 있으나 간부는 상급자라는 의식에 많이 불안해하고 불편해할 수 있다. 간부에게 개인의 고민을 털어놓는다는 것이 어려울 수 있다. 또한 비밀 보장이 되지 않을 것이라는 생각에서 내담자의 내면의 심층의 갈등 문제를 쉽게 이야기

하는 어려움을 가질 수 있다. 이러한 불안을 처리하기 위해서 우선 내담자와 가벼운 대화로 시작하는 것이 좋을 것이다. 가벼운 사회적 대화나 상담을 받으러 온 이유 등을 질문을 통해 내담자의 말을 경청하고 있다는 것을 표현해야한다. 내담자에게 인간적 관심을 가지고 있고 내담자의 말을 존중하려는 태도를 확실히 전달하는 것이 중요하다.

5 상담의 구조화

상담의 구조화는 상담의 전체적으로 진행되는 절차를 내담자가 알 수 있도록 말해 주는 상담자의 모든 언급을 의미한다. 상담을 처음 경험하는 내담자는 상담이 어떻게 이루어지는지 궁금할 것이다. 또한 상담에 대해서 어떻게 생각하고 있는지와 상담에 기대를 가지고 있을 것이다. 상담을 구조화함으로써 내담자에게 불안감과 상담에 대한 이해를 통해 상담에 적극적으로 참여해야 하는지는 알게 된다. 구조화 작업은 첫 상담 시 진행하는 것이 바람직하다. 상담의 구조화에 요소는 상담의 시간, 횟수, 장소, 상담관계, 비밀보장이 포함된다.

(1) 상담시간

병사들은 주로 근무시간 중에 상담을 실시하고 병사의 기본권을 보장해 주는 것이 좋다. 상담시간은 30~40분 정도가 바람직하고 길어지더라도 1시간 이내에 마치는 것이 바람직하다. 상담시간이 길어지면 상담 주제를 벗어날 가능성이 있으며, 상담자가 주의집중을 하지 못할 수 있다.

(2) 상담횟수

내담자의 문제의 질, 자아강도, 해결하고자 하는 의지 정도에 따라 달리할 수 있지만 군 상담은 부대의 훈련과 휴가 등의 제한되는 요인을 고려하여 단기상담으로 이루어지고 내담자가 정서 상태가 심각하다고 판단될 시는 상급자와 상급부대에서 운영하는 전문상담기관과 상담전문가에게 의뢰하는 절차가 필요하다.

(3) 상담장소

상담에 방해를 받지 않는 장소로 선정하는 것이 바람직하다. 지휘관실과 같은 공식적인 장소는 경직된 분위기로 개방적인 대화를 유도하기가 어려우므로 편안하고 주변이 조용한 분위기의 장소를 선정하는 것이 좋다. 중대 상담실, 옥외휴게실, 간부연구실 등이 좋으며, 상담 전에 상담이라는 안내문을 표기함으로써 상담에 방해가 되지 않도록 하는 것도 필요하다.

(4) 상담관계

상담은 내담자가 상담자를 믿을 수 있다는 신뢰관계를 형성하는 것이 매우 중요하다. 내담자가 자신의 이야기를 자유롭게 표현할 수 있도록 관계형성이 되어야 한다. 부대훈련 시에는 수직관계를 유지하지만 상담현장에서는 수평관계를 유지하여야 내담자가 자신의 이야기를 표현할 수 있다. 즉 수평관계는 상담자와 내담자가 평등하고 내담자 자신을 진정 어린 관심으로 도와줄 수 있다는 확신을 표현하는 관계로 상담을 진행하여야 한다.

(5) 비밀유지

내담자를 자신이 말하는 내용이 다른 사람에게 전달되어 그 사람이 내담자에게 불리하게 그 정보를 사용할 수도 있고, 그 결과 내담자를 더 나쁘게 생각하게 될지도 모른다는 두려움에서 벗어나게 한다. 일반상담과 군 상담의 큰 차이점이 비밀유지이다. 상담에서 내담자가 불안해하는 요인 중에 하나가 비밀보장이다. 개인사가 외부로 유출되는 것에 대해서 민감하게 받아들이는 부분이다. 상담 후에 생활관으로 돌아갈 시 내담자의 심리적 문제에 영향을 준 대상이 있다는 것에 불안감을 가질 수 있다. 상담자는 비밀보장을 각별히 관심을 가지고 내담자와 상담 후 문제가 악화되지 않도록 보호해야 한다. 그러나 예외적인 경우는 있다. 내담자 심각한 위기(자살우려, 가혹행위 피해 등)에 있는 병사일 경우는 신속히 지휘계통으로 내담자의 신상에 문제가 되지 않도록 보호 조치가 필요할 것이다.

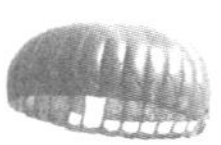

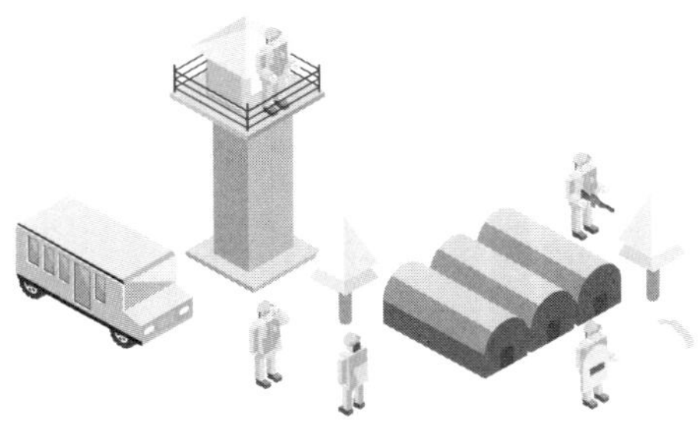

CHAPTER 02

군 상담 중기단계

군 상담 초기단계에 이어 군 상담 중기단계는 목표 달성을 통해 성취하는 단계이다. 상담 중기단계에서는 상담자와 내담자가 더욱 신뢰관계가 형성되어지고 지속적으로 유지해야 하는 단계이다. 상담자와 내담자가 신뢰가 한층 더 깊은 관계로 발전하고 심리적 안정된 관계를 바탕으로 내담자는 자신의 문제에 대해서 심층적으로 탐색하며 자신의 문제를 통찰을 통해 문제를 해결하게 된다. 상담 중기단계는 상담목표를 설정하고 목표를 구체적으로 실행하는 단계로 내담자의 변화를 도와주는 상담자와 내담자의 핵심적인 상담과정 단계이다. 상담 중기단계에는 상담목표를 설정하고, 내담자 자신의 문제를 탐색하고, 해결 대안을 탐색하고 행동계획을 수립하여 행동실천으로 구분된다.

1 상담목표 설정

상담자는 내담자와 협의를 통해 상담의 목표를 설정하게 된다. 상담자는 내담자의 정보 수집을 통해서 얻은 내담자의 주 호소 문제를 중심으로 내담자가 성취해야 할 과제를 선정하여 구체적으로 목표를 설정한다. 상담의 구체적인 목표는 모호하고 불분명해서는 안 된다. 상담의 목표는 행동적 용어로 기술되어야 한다. 내담자의 변화는 관찰할 수 있는 행동의 변화가 일어날 때만 상담이 성공했다고 말할 수 있기 때문이다.

예를 들면 "소대장에게 상담을 받고부터 동료들과 관계가 좋아진 것 같고 대인관계에 자신감을 얻었습니다. 전과는 달리 선임병들과 자주 대화를 나누기도하고 농담도 자연스럽게 나오고 선임병들과 오랫동안 대화 나누기도 합니다. 지난 인성교육 시간에 내 자신이 생각하는 인성에 대해서도 발표를 한 적도 있습니다. 많은 전우들이 공감을 해 주었습니다."

상담의 목표를 설정하는 또 다른 이유는 내담자로 하여금 자신의 문제를 해결하기 위해 적극적으로 참여하라는 의미도 있다. 상담이 잘 진행이 되고 있는지, 언제 상담을 종결해야 할 것인지에 대해서 알기위해서는 상담목표가 설정이 되어야 한다.

2 내담자 문제 탐색

상담자는 내담자와 효과적인 대화가 이루어지도록 유도해야한다. 내담자가 지금까지 상담을 통해 자신을 힘들게 하는 심리적인 문제, 문제 발생의 근원 등을 여러 가지 관점에서 자신이 처해있는 외부환경이나 과거 사건들이 현재 자신이 경험하고 있는 문제가 어떻게 연결되어 있는지를 돌이켜 봄으로써, 정말 자신에게 있어 중요한 문제가 무엇인지, 자신의 사고, 감정, 행동 등의 생활양식 등을 자각할 수 있도록 도와주는 단계이다.

이 단계에서 무엇이 문제인지, 무엇을 바라는지를 정확히 파악하고 내담자로 하여금 스스로 자신의 문제를 이야기하도록 도와야 한다. 상담중기단계에서의 상담자의 역할은 상담자와 내담자 모두가 상담하고 있는 내용에 대해 명확히 이해할 수 있으므로 촉진적인 관계형성을 유지하는 가운데 상담자는 내담자의 문제를 이해하면서 내담자의 변화를 어떤 부분을 시킬 것인지, 그 변화를 어떻게 가져올

수 있을지 알아야 한다. 상담자는 내담자가 원하는 변화에 대해 설정한 목표를 근거로 하여 내담자의 능력을 고려하여 내담자가 스스로 목표를 달성할 수 있고 변화될 수 있도록 구체적인 행동전략을 수립하여 도와야 한다.

3 대안을 탐색하고 실천하기

상담자는 내담자의 자기의 문제에 대하여 잘 이해하고 나서 상담의 목표를 수립한 다음에 문제해결의 방안을 검토하고, 실행해야 한다. 내담자가 이야기한 문제를 새로운 시각으로 볼 수 있도록 한다. 내담자가 목표달성에 실패하는 경우는 다양한 방법을 충분히 탐색하지 않을 시 발생하게 된다. 내담자는 자기에게 익숙하고, 쉬운 방법으로 문제를 해결하고자 대안을 선택할 수 있다. 이런 경우 상담자는 전문가의 입장에서 상담자가 보는 견해와 대안을 제언하여 줌으로써 내담자를 도울 수 있다. 대안을 탐색할 시 상담자는 내담자의 환경, 욕구, 가치관, 자원, 방해요인을 고려하여 대안을 탐색하고, 선택해야 한다.

대안을 실행하는 데 있어서 방해되는 요인에 대한 내담자와 충분한 논의가 되지 않는다면 내담자가 실행하는 과정에서 어려움을 가질 수 있다. 이러한 요인을 고려하여 내담자에게 유익하고, 타인에게도 해가 되지 않는 대안을 탐색하여 실행할 수 있도록 하여야 한다.

4 행동계획 수립하기

상담자는 선택한 대안을 목표달성을 위해 구체적이고 현실적 행동계획을 수립하도록 돕는 단계이다. 언제, 어디서, 무엇을, 어떻게 할 것인지를 구체화하도록 하는 것이 효과적이다. 행동계획은 지금 당장 실천 가능해야하고, 관찰 가능한 계획이여야 한다. 목표를 달성하기 위한 여러 가지 방법 중 내담자의 능력과 조건에 맞는 행동계획을 수립하도록 하여야 한다.

행동계획을 구체화하기 위해서는 세부 행동계획을 수립하고, 행동결과를 평가하게 하는 방법 등이 포함되어야 한다. 세부 행동계획 수립에서 아래 사례를 가지고 행동계획의 수립단계를 진행해 보기로 하자.

김일병은 군 입대이후 부대 적응에 힘들어하고 있다. 말수가 적으며 내성적인 성격이다. 입대 전에도 대학 친구관계도 소극적인 만남을 가졌고, 많은 사람들이 모인 장소를 불편을 느껴 모임에 자주 빠졌다고 한다. 혼자 있는 것이 편안하다고 한다. 김일병은 고등학교 당시 시골에서 도시로 입학을 하기 위해 이모집으로 혼자 이사를 오게 되었고, 고등학교시절부터 친구들과 사귀는 것에 어려움을 가졌고, 학교를 마치고 집에 와도 누구하고 이야기 상대가 없어 주로 방에서 혼자 있는 시간이 많아 혼자 생활이 익숙하게 되었다고 한다. 이러한 김일병에게는 군 생활은 자연적으로 힘든 생활이 될 수밖에 없는 환경이었다. 이러한 김일병을 상담한 상담자는 김일병의 부대 적응을 위해 새로운 생활방식을 수정하고, 부대에 적응할 수 있는 행동계획을 수립한다.

행동계획을 수립할 때 상담자는 상담의 목표를 기초로 하여 구체적인 행동계획을 수립하도록 도와야 한다. 김일병의 상담의 목표는 아래와 같다.

① 같이 생활하는 생활관의 전우들과 즐겁게 지낸다.
② 군에 잘 적응하고 싶고 부대 적응을 위해 자신 있게 표현한다.
③ 가능하다면 많은 사람들과 어울리기

목표를 달성하기 위해서는 김 일병은 어떤 대안을 생각해 낼 수 있는지 탐색하도록 한다. 상담자는 김 일병에게 군 입대 후 현재까지 문제를 위해 어떤 노력을 했는지에 대해서 기술하도록 한다. 내담자는 자신이 선택한 대처방법을 적용하였지만 자신이 원하는 방향대로 이루어지지 않아서 더욱 답답한 심정에서 도움을 요청할 수도 있다.

이러한 내용을 중심으로 상담자는 김 일병이 원하는 목표를 중심으로 문제를 해결하기 위해서는 어떠한 노력을 해야 하는지를 충분한 시간을 주고 창의적인 아이디어를 기술하도록 한다. 김일병의 제시한 대안은 다음과 같다.

① 아침에 일어날 때 큰 소리로 “좋은 아침입니다” 라고 인사한다.
② 지나가는 전우를 볼 때는 간부와 선임병에게 경례구호를 큰 소리로 인사한다, 지나가는 동료들에게는 반갑다고 큰 소리로 인사한다.

③ 식사 시간에는 동료들과 함께 같이 식사를 즐긴다.
④ 단체로 하는 운동에 적극적으로 참여한다.

이상의 네 가지 대안을 제시한 김 일병은 더 이상 생각이 나지 않는다고 말할 수 있다. 이때 상담자는 유익한 조언을 해 줄 수 있다. 상담자는 조언을 할 시 일방적으로 조언을 하는 것이 아니라 내담자에게 듣고 싶은가를 우선 확인해 보고 내담자와 합의하에 조언을 해야 한다.

① 상대방의 이야기를 잘 들어주고 반응하기(공감능력 향상)
② 자유시간을 이용하여 동료들과 마트에서 대화나누기(대인관계기술 향상)
③ 교육훈련 시 발표하기(자기표현력 향상)

내담자는 자신의 아이디어와 상담자의 조언을 고려하여 김일병이 선택 한 과제에 대해서 어떻게 실천할 것인지를 구체적으로 행동계획을 수립하는 과정이 이루어져야 한다. 이러한 과제를 실천하는 과정에서 김 일병에게 행동과제를 실천하는 데 김 일병에게 방해가 되는 것이 어떤 것이 있는지를 스스로 찾아서 상담자와 김일병이 행동을 실천하는 데 방해되는 요인을 대처하는 방법도 포함하여야 한다. 또한 김 일병이 선택한 과제를 상담자와 연습을 해보고 싶은가를 김일병에게 확인해보고 상담자와 같이 연습을 해보는 것도 김 일병이 실천하는 데 많은 도움을 줄 수 있다.

5 행동실천을 확인하기

내담자는 행동계획을 수립한 후 그것을 실천하는 단계로 이행하게 된다. 상담자는 내담자가 행동으로 실천하고자 노력하는지 문제해결을 하기 위해 적절한 대처를 하고 있는지를 지속적으로 확인이 필요하다. 내담자는 과거 익숙한 생활방식을 버리고 새로운 대처방식을 활용한다는 것이 쉽지 않다. 새로운 행동을 했으나 상대방의 반응이 내담자가 원하는 방향대로 되지 않을 시 쉽게 포기할 수 있다.

새로운 행동이 자기의 생활방식으로 자리 잡기 위해서는 무수히 반복을 통해 자리를 잡아야 한다. 내담자는 실천하기 전에 많은 불안과 걱정이 수반될 수밖에 없다. 이러한 내담자에게 상담자는 행동을 관찰하면서 격려와 지지를 아낌없는 피드백을 줌으로써 내담자에게 동기를 부여하여야 한다. 또한 상담자는 자원을 적절히 활용할 수 있어야 한다. 군대 환경에서의 자원은 동료들의 지지와 격려가 중요한 역할을 할 수 있다. 동료들은 내담자에게 믿음과 희망을 줄 수 있는 분위기를 조성하여 행동을 실천해 나갈 의지를 북돋운다.

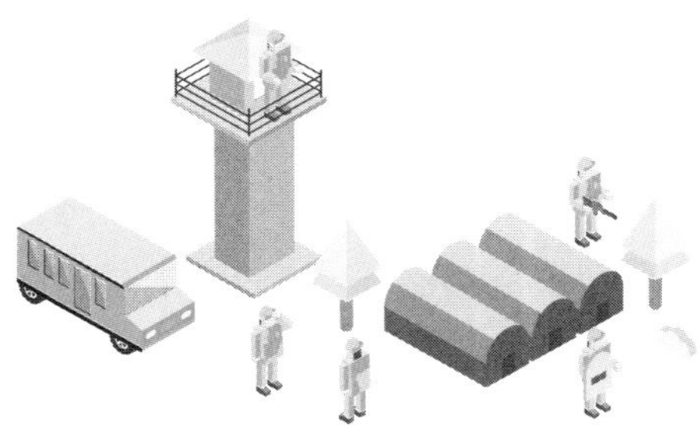

CHAPTER 03

군 상담 종결단계

상담의 종결은 내담자가 설정한 목표들이 상담자와 내담자에게 만족스럽게 성취되었을 때 상호 합의에 의해서 하는 것이다. 내담자는 그가 원했던 방식으로 변화되고 독립적으로 유지되도록 충분히 내면화되었을 때가 바로 상담을 종결해야 할 시기이다. 상담종결을 위한 준비는 결과목표들에 대한 성취적 역할과 상담관계 문제의 역할로 구분할 수 있다.

종결 준비의 시기 결정에 있어서 내담자가 결과목표에 대한 성취적인 측면을 고려한다면 내담자 행동에 있어서 긍정적이고 관찰 가능한 변화, 내담자의 감정이 긍정적인 변화를 보일 때, 스스로 문제를 대처할 수 있는 능력에 관한 지속적 언급을 할 때, 그리고 미래와 관련하여 언어적으로 계획을 수행하고자 분명한 표현을 할 시에 상담종결을 준비해야 한다.

상담의 종결은 내담자의 목표들에 대한 성취적 역할도 중요하지만 그 다음은 상담자와 내담자의 상담관계 문제의 역할에서도 종결을 하여야 한다. 상담상황에서 인식해야 하는 또 다른 중요한 측면이다. 군 상담은 단기상담으로 이루어지는 경우가 대부분이다. 이러한 단기상담으로 이루어지는 반면 상담관계는 일반상담과 차이점이 있다. 내담자가 소속된 간부와 병사의 관계로 상담 진행과정에서 이중관계를 유지하면서 상담을 하지만 내담자 입장에서는 달리 생각할 수 있을 수 있다. 나를 보호해주는 부대의 간부로서 상담의 종결은 내담자로 하여금 종종 상실에 두려움을 유발시킬 수 있기 때문에 해결해야 할 과제이다. 상담을 종결하는데 있어서 가장 큰 어려움은 이러한 상실에 대한 내면에 숨겨진 불안이 자리 잡고 있다는 점이다. 상실에 대한 공포는 분노와 질투와 같은 정서를 유발 할 수도 있다. 상담자와 내담자는 건강한 유착관계를 향상시킬 수 있도록 최대한 노력을 기울여야 하고, 극단적인 의존심 또는 동경과 같은 건강하지 않은 유착관계는 분명히 피해 갈 수 있도록 한다.

상담의 조기종결 시기도 중요하다. 상담자로서 상담의 범주를 넘어선 내담자의 정서적 증상일 경우는 상담을 조기 종결하여 지휘계통을 통하여 전문가 상담이 필요 시는 조기 종결로 내담자에게 유리한 방향으로 상담이 진행될 수 있도록 해야 한다. 상담자가 보기에 실제로 눈에 띄는 향상이 없는데도 상담 받을 필요가 없다고 의사를 표현한다면, 상담자는 이에 적절한 대처를 해야 한다. 이러한 내담자는 상담을 종결하고 싶어 하는 욕구의 표현일 수 있다. 이러한 경우 지휘계통을 통해 상담자 보다 상급자나 전문상담자에게 상담의 의뢰 요청하여 상담을 조기 종결 시킬 수 있다.

군 상담 환경에서는 병사가 전역 시까지 간부와 함께 생활하는 과정과 병사를 지속적으로 관리해야 하는 관계에서 상담을 종결 후에도 필요시 추후상담을 진행할 수 있다. 추후상담은 내담자의 행동 변화를 지속적으로 점검하고, 내담자가 잘하는 점을 강화하고 부족한 점은 지속적으로 관리를 해서 부대 적응에 도움을 줄 수 있어야 한다.

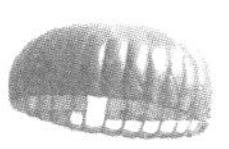

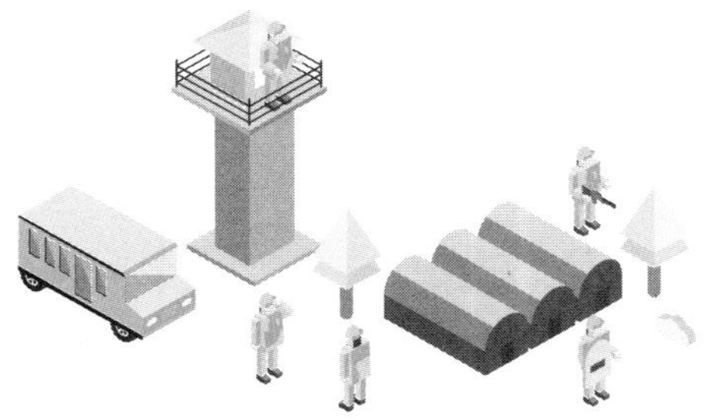

CHAPTER 04

군 초보 상담자를 위한 제언

상담이라는 개념은 내담자로 하여금 배우는 방법을 배우도록 격려하는 과정이다. 상담의 핵심적 의미는 내담자로 하여금 그의 현재적 기술과 미래의 욕구까지 처리할 수 있는 방법을 배우게끔 하는데 있는 것이라고 볼 수 있다. 이러한 상담의 의미를 상담자는 잘 이해하고 있을 것이다.

또한 상담자는 인간적인 자질과 전문적인 자질을 갖추고 있고 같이 동고동락하는 부하라 하더라도 간부가 아닌 상담자로서 처음 임하는 초보상담자는 자신이 상담을 잘 할 수 있을까?, 부하에게 도움을 줄 수 있을까? 하는 두려움과 불안을 갖게 된다. 상담을 잘해서 부하를 도와주어야겠다는 의욕은 넘치지만 한편으로 상담자가 아닌 간부로서 내담자가가 받아들일까에 대한 두려움과 불안도 있을 것이다.

군 초보상담자가 상담 장면에서 겪게 되는 중요한 문제들은 다음과 같다.

1 긴장하고 불안해하지 말라.

상담은 군 생활에서 이루어지는 진지한 대화가 문제해결 과정으로 진행되는 것에 불과하다. "내가 김일병의 문제를 잘 해결해 줄 수 있을까?", "김일병의 질문에 어떻게 답변해야 할까?" 등의 생각을 하다보면 초조감이 생기고 불안해지기 쉽다. 상담자는 내담자의 문제를 해결해주는 해결사가 아니다. 내담자가 스스로 자신의 문제를 탐색하고 정리하는 과정을 돕는 조력자의 태도를 가져야 한다.

2 내담자를 경청하고 관찰하라.

경청과 관찰은 상담자의 기본적인 태도이다. 자신을 의식하지 말고 내담자의 언어적 내용에 경청하고 관찰해야 한다. 조그만한 내담자의 반응이라도 주의 깊게 살피고 그 반응이 내담자에게 어떤 의미를 가져다주겠는가? 하는 것을 생각해야 한다.

3 자신에게 솔직하고 자신을 격려하라.

초보상담자들은 종종 상담을 잘 해 보겠다고 하는 심리적 의욕으로 인해 너무도 높은 수준의 목표를 설정하는 데 이러한 동기가 작용하는 상담에 있어서는 자신의 기대에 부응하는 상담결과를 기대하기 어렵다. 상담자다운 솔직성을 유지하는 것이 보다 유익할 것이다.

4 완벽주의적 상담을 배격하라.

상담자들은 다음과 같은 말로써 자신에게 과도한 부담을 지우는 경향이 있다. '나는 완벽한 상담자가 되어야 한다. 그렇지 않으면 부하가 나를 우습게 볼 수 있

다.', '나는 상담에 관한 무엇이든지 알아야만 하며, 내가 모르는 부분이 있다는 것은 부하가 알면, 나를 무능하게 볼 것이다.', '내 도움을 원하는 부하를 도울 수 있어야 한다. 도울 수 없는 사람이 있다면, 그것은 분명 나의 무능함을 인정하는 것이다.'

이러한 생각은 자신에게 부담 지우는 가장 대표적인 자기 패배적 신념 중의 하나는 완전해야 한다는 사고이다. 인간은 불완전하다는 사실을 이해해야 한다. 지식이 부족한 것은 수치스러운 것이 아니다. 부하가 원하는 것이 다양한 문제를 호소하고 부하가 원하는 것이 현재의 나에게 한계점을 줄 수 있는 문제일 수도 있다. 상담자는 진실을 수용하고 개방적인 자세를 가지는 것을 가치 있는 것으로 믿고 자신의 부족한 부분은 차상급자나 병영생활전문상담관에 의해 도움을 요청하고 부하의 문제를 혼자서 완벽하게 해야겠다는 생각보다 유연성을 가지는 것이 부하에게 도움이 된다.

5 내담자의 침묵에 인내심을 가져라.

상담 중 내담자가 보이는 침묵으로 인해서 당황하지 말고 불안해하지 말아야 한다. 내담자의 침묵에 대해 당황하고 불안한 것은 초보상담자들 누구나 일반적인 현상이다. 그러나 상담 중에 나타나는 침묵의 대부분은 내담자가 자기 이해 및 통찰하고자 하는 과정에서 나타나는 경우가 대부분이며 내담자가 자신이 표현하고자 하는 내용을 마음으로 정리하는 경우에 침묵이 나타난다는 점을 이해하고 재촉하지 말고 인내심을 가지고 기다려 주어야 한다.

부 록

우리가 불행한 것은

가진 것이 적어서가 아니라

따뜻한 가슴을 잃어가기 때문이다.

따뜻한 가슴을 잃지 않으려면

이웃들과 정을 나누어야 한다.

행복은 이웃과 함께 누려야 하고

불행은 딛고 일어서야 한다.

법정의 「 홀로 사는 즐거움 」 중에서

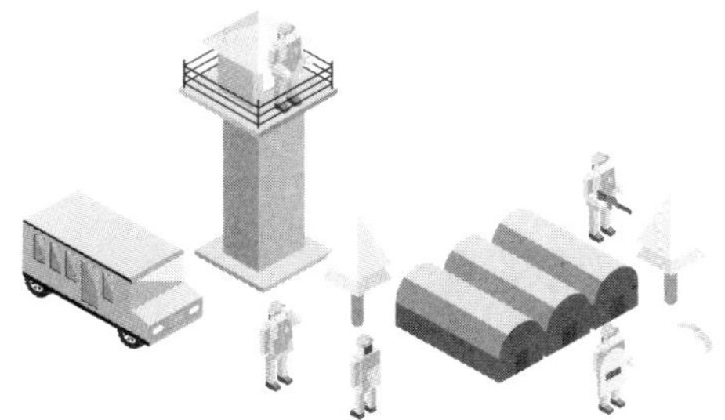

CHAPTER 01

상담 용어 해설

각인 어린 동물이 최초로 본 비교적 큰 움직이는 대상을 따라가는 것을 학습하는 학습의 한 형태이다. 예를 들어 어린 새끼가 출생 후 11~18시간 내에 성숙한 암컷(대개는 어미)을 따라 다니는 것을 학습한다. 그러나 그 때 그 오리 새끼들이 보는 대상은 어미가 아니라 다른 움직이는 물체라도 되며 그들은 그 후 계속해서 그 대상을 따라다닌다.

감정이입 타인이 느끼는 것을 직접 경험하지 않더라도 그 사람의 감정을 이해할 수 있는 능력으로 정서적인 경험이라기 보다는 지적 경험을 상담에서는 이해한다.

감정전이 정신분석의 치료적 상황 중의 하나로 환자가 무의식적으로 치료자를 정서적 반응의 대상으로 삼아서 치료자를 마치 자신의 과거에 의미 있는 인물, 흔히 부모인 것처럼 대하는 내담자의 감정이다.

감정정화 누적되어 있던 감정이나 억압된 정서의 분출 또는 해소·분노 같은 감정을 다소 폭발적으로 표출하는 행위 자체로도 치료효과가 있지만, 이러한 행위 자체만으로는 상담으로 볼 수 없어서 의사상담 방법이라고 불리며, 원어 그대로 카타르시스라고도 한다.

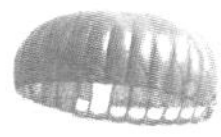

갈등 동시에 두 개 이상의 상반된 충동, 동인 및 내·외적 욕구가 발생했을 때 타나는 거의 비슷한 힘이 대립된 상태를 일컫는다. 이에는 두 개의 정적 유의성을 띠고 상호 배타적인 접근-접근형 갈등, 두개의 부적 유의성을 띠고 상호 배타적인 도피-도피형 갈등, 정적 유의성과 부적 유의성을 동시에 띠고 있는 접근-도피형 갈등이 있다.

강박증 강박행동이라고도 표현하는 것으로 강박관념에 대한 반응으로 나타나는 반복적이고 의도적인 행동이 일정하거나 상동화된 형태로 나타난다.

강박장애 원하지 않는 생각과 행동을 반복하게 되는 불안장애의 하위 유형이다. 반복적으로 의식에 침투하는 고통스러운 생각, 충동 또는 이미지인 강박사고와 불안을 감소시키기 위해 반복적으로 나타내는 강박행동이 주된 증상이다. 강박행동은 청결행동, 확인행동, 정돈행동, 지연행동 등의 형태로 나타나며 스스로 부적절하고 지나치다는 것을 알면서도 강박사고로 인한 불안감으로부터 회복되기 위해 반복적으로 하게 된다.

개인적 무의식 무의식의 표층으로 주로 개인의 어린시절(0~5세)지각과 억압된 경험으로 이루어지는 정신세계로 프로이드의 개념이다. 집단 무의식과 대비되는 것으로 개인적 무의식은 개인의 삶에 환경 속에서 경험된 것으로 남에게 이야기하고 싶지 않는 한과 응어리를 말한다. 이는 무의식 속에 존재하는 감정과 사고, 그리고 지식, 기억이 조직된 무리로 열등감이다. 또한 자아와 인접된 영역으로 한번 의식된 것으로 억압, 억제, 망각, 무시되는 경험들이다.

고독 고독은 주위에 마음을 함께할 사람이 없어 혼자 동떨어져 있음을 느끼는 상태, 또는 외로움을 의미한다. 혼자 동떨어진 마음의 상태이다. 그래서 오늘날은 고독을 넘어서서 외톨이족, 은둔족이 많이 생기고 있다. 헤밍웨이는 고독해서 자살을 했다.

고착 정신분석에서 심리성적 발달 초기 단계를 원만하게 거치지 못하거나 애착대상을 바꾸지 못함으로써 발달단계나 대상에 얽매여서 머물러 있는 것을 말한다.

공감 감정이입이라고도 한다. 상대방의 경험, 감정, 사고, 신념을 상대의 준거체계에서 자신이 상대인 것처럼 듣고 이해하는 능력이다.

공감적 이해 내담자의 향상적인 세계를 이해하는 것으로 내담자의 입장이 되어서 그가 느끼고 생각하는 것을 있는 그대로 인식할 수 있는 능력을 말한다.

긍정적 존중 내담자의 행동이 불쾌하거나 상담자의 기준어 맞지 않더라도 그를 하나의 인간으로서 비소유적으로 배려하고 수용하는 것으로 치료적 변화에 필수적인 조건 중의 하나이다.

내담자 괴로움과 고통, 불만 아래에서 자기표현이 제대로 되지 않고, 타인과 대화가 힘들며 인간관계 수립이 어렵고 이해와 사랑이 단절된 것으로 느껴지는 감정적으로 얼어붙은 인간이다. 이들은 문제에 대한 이해와 통찰, 그에 따른 대처기술이 필요하다.

내면화 타인의 태도, 행위의 수준, 의견들을 자신의 가치체계 속에 병합하는 것으로 프로이드는 초자아 또는 성격의 도덕적인 면은 부모의 태도를 내면화하는 데서 나온 것으로 믿었다.

동일시 심리성적 발달단계 중 남근기에서 아동이 자신과 유사한 사람의 특성이나 성공한 사람, 자신에게 있는 것처럼 여기는 과정을 말한다.

동조 집단압력 때문에 자신의 의사와는 무관하게 집단이 취하는 행동이나 생각에 따라가게 되는 것이다.

리비도 프로이드가 말한 심리성적에너지로 태어나면서부터 갖고 나오는 에너지로 심리적 측면의 전성설(全成說)의 하나이다. 발달 단계는 리비도가 집중되는 신체 부위에 따라 구강기, 항문기, 남근기, 잠복기, 성기기의 5단계로 구분된다.

무의식 개인이 잊었고 기억해 낼 수 없는 기억과 생각, 정신분석에서는 꿈, 환상 등을 통해서 무의식의 내용을 추적, 해석한다. 즉 무의식은 의식으로 이용할 수 없는 기억이나 충동이나 욕망 등을 말한다. Freud 정신분석 이론에 따르면 고통스런 기억은 억압되어 무의식으로 되어 깨닫지는 못하더라도 계속해서 우리의 행동에 영향을 미친다고 한다. 무의식은 받아들일 수 없는 갈등이나 욕망을 포함하는 정신측면, 자유연상이나 꿈의 분석을 통해 이것을 의식상에 떠오르게 할 수 있다.

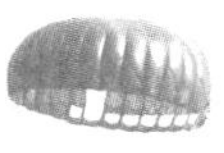

망상 사실의 제시나 논리에 의해 수정될 수 없는 잘못된 사고로서 계속적인 체계적 망상은 정신병적 상태나 편집반응이 특징이다.

문장완성검사(SCT) 불완전한 문장의 일부분을 제시해 주고, 각 개인의 관념에 의해 불완전한 부분을 문장으로 완성시키도록 하는 검사로 이를 분석하여 개인의 감정, 공상, 욕구, 태도 등을 알아내게 한다. "나는 _____를 가장 좋아한다." 등이 그 예이다.

방어기제 자아가 원초아의 욕구와 초자아의 욕구 사이에 조정을 하는 과정에서 원초아의 욕구가 강해지면 불안감을 느끼게 되는데, 이때 이러한 불안으로부터 자신을 보호하기 위해 사용하는 정신 책략이다.

상담자 내담자의 심리정서적 생활에 깊은 관심을 가지고 내담자와 밀접한 인간적 접촉을 통해 기본적으로 인도주의적 관점에서 고통받는 내담자를 돕고자 하는 마음가짐을 가진 인간이다. 군 리더는 군 상담자로서의 특성인 태도와 상담기술을 통하여 촉진적 환경을 제공하여야 한다.

성격 한 개인을 개인으로서와 인간의 존재를 만드는 요인들의 집합으로 모든 인간들이 공통적으로 가지는 사고, 감정, 그리고 행동 등을 만드는 독특한 형태이다.

신체화 심리, 신체적 질병처럼, 심리적 스트레스의 결과로 나타나는 신체적 증상을 기술하기 위해 종종 심리 치료에서 사용하는 용어이다.

수치심 자존감이 낮아지기 때문에 생기는 현상이다. 그렇기 때문에 인생의 바닥치기를 할 가능성이 많다. 칭찬을 해야 상승하는 것이다.

양가감정 어떤 사물이나 개인에 대하여 긍정적 감정과 부정적 감정을 동시에 가짐. 한 사람의 마음 속에 사랑과 미움 등 서로 상반되는 감정이나 태도가 존재함. 두 가지 서로 상반되는 목표를 향해 동시에 충동되는 상태를 말한다. 양가감정이 있으면 타인에 대한 감정적 태도를 신속하게 바꾸는 경향이 나타난다.

역전이 내담자의 태도 및 외현적 행동에 대한 상담자(또는 치료자) 개인의 정서적 반응, 흔히 상담·치료적인 과정에는 방해가 되는 상담자의 심리현상으로 간주된다.

열등감　자기를 남보다 못하거나 무가치한 인간으로 낮추어 평가하는 감정이다. 열등감의 형성된 원인은 신체 기관의 결함, 버릇없이 응석받이로 키움, 방임으로 본다. 그래서 열등감은 생명의 경시까지 이르게 된다.

염려　마음을 놓지 못한 상태에서 생기는 걱정이다. 심리적 긴장상태이며, 분노를 느끼게 한다. 염려가 장기화되면 심장병 유발의 빈도가 강해진다. 염려는 우리가 가지고 누렸던 과거의 모든 축복들의 가치를 감소시키고, 지금 실제로 누리고 있는 축복들을 보는 눈을 흐리게 만든다.

오이디푸스 콤플렉스　4~6세 정도의 남자 아이들이 어머니를 사랑하고 아버지와 갈등 관계에 빠지는 상황을 오이디푸스 상황이라고 한다. 오이디푸스 상황에서 남자 아이들은 어머니를 놓고 아버지와 경쟁하는 한편, 어머니의 사랑을 독차지하려는 욕망으로 아버지를 살해하려는 적의를 품기도 한다. 이런 현상을 정신분석학의 창시자 프로이트는 '오이디푸스 콤플렉스'라고 불렀다.

우울증　적합지 않는 슬픔, 실의, 침울, 무가치하다고 생각하며, 죄의식을 가지고 걱정도 한다. 주로 내적, 정서적 원인에 의해 우울증이 생기며 외상적 원인은 많지 않다. 불안이 비현실적인 공포인 것과 마찬가지로 우울증은 비현실적인 슬픔이다.

자기노출　자기 자신의 신상에 관한 기술이나 감정 혹은 성각을 남에게 전달하는 커뮤니케이션이다. 상담이나 심리치료에 있어서 적절한 시기에 상담자가 자신의 신상이나 경험, 생각, 감정을 말함으로써 내담자가 자신의 문제 상황을 보다 분명하게 이해하거나 자신의 문제를 해결하는 방안을 탐색하는 데 도움을 주고자하는 시도를 가리킨다.

원망　못마땅하게 여기어 탓하거나 불평을 품고 미워한다. 원망은 투사에서 자주 나타나는 현상이다. 이러한 현상은 자신이 불이익이 있을 때 잘 나타나는 현상이다.

이상적 자아　한 개인이 되어야 한다고, 될 수 있다고, 되고 있다고 생각하는 인간상

자살　자살은 '스스로 목숨을 끊는다'라는 사전적 의미를 가지고 있다. 매우 의존적인 사람, 자존감이 강한 사람이 상처 입으면 선택할 수 있는 방법 중의 하나이다. 심약한 사람이나 어려움에 봉착한 사람이 극단적으로 하는 방식이다. 뒤르겜

은 이기적, 이타적, 무통제적 자살을 말한다. 삶의 방향성을 갖게 해주어야 한다. 자살을 경고하는 신호들이 있다. 문제의 이력, 수행능력의 저하, 의사소통의 문제, 비합리적 감정폭발, 우울증, 낮은 자존감, 약물과 알코올, 위축, 희망의 결핍 등이다.

전이 내담자가 이전의 대인관계 중 중요했던 사람에게 가졌던 감정을 상담자에게 무의식적으로 표현하는 것으로 주로 부모와 아동 간의 정서적 관계를 재현하게 된다. 정신분석에서는 상담자가 전이의 대상이 되며, 전이감정은 내담자로 하여금 중요한 타인에 대해서 가졌던 감정을 표현할 수 있도록 하기 때문에 분석에 도움이 된다. 일반적으로는 한 대상에서 다른 대상으로의 감정 전이를 말한다.

정서 강력한 감정적인 경험 또는 정신상태로서 종종 아주 격한 감정폭발을 유발하기도 한다. 심리적이든 신체적이든 여러 가지 콤플렉스 반응에서 나타나는 공포, 분노, 사랑, 증오 등이 있다.

집착 집착이라고 하는 것은 하나의 고정적인 생각에 얽매여 다음 단계로 진행하거나 발전하기를 거절하는 것을 말한다.

죄책감 정해 놓은 원칙과 기준을 위반한 후에 생겨나는 정신적 고통이다. 자신의 미해결된 미안함과 죄로 인한 불편함이 클수록 죄책감은 더 깊이 있게 다가온다.

피해의식 과거에 타인들로부터 억울하게 피해를 당하면서 비통했던 그들이 그 손해를 본 감정들을 평생 잊지 못함으로써 하루하루를 고통 속에서 살아가고 있는 상태이다.

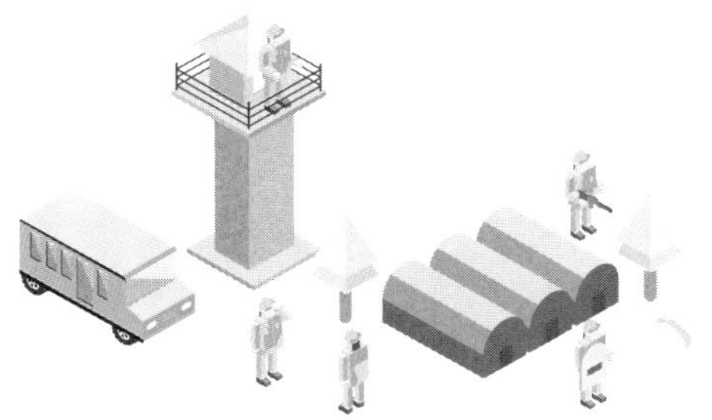

CHAPTER 02

내담자 정보 수집

내담자를 이해하는데 필요한 정보를 파악하는 것으로 가족관계, 현재 및 최근 주요 기능 상태(지적 및 정서적 기능, 사회적 기능 등), 문제 상태(문제의 심각도, 빈도, 기간 등), 정서 상태 평가(불안, 공포, 분노, 슬픔, 죄의식 등), 행동변화에 대한 동기(상담동기), 사회적 및 심리적 자원, 대인관계 특성, 신체적 특성, 내담자가 상담에 거는 기대, 이전 상담(정신과)경험 및 원하는 상담자 또는 상담시간에 관한 것 등을 포함한다. 이러한 내담자의 정보를 수집하기 위해서는 '내담자의 심리상태를 파악하는 관찰기술'로 접수상담 과정에서 내담자가 상담자에게 말하고 있는 언어적 표현 및 비언적으로 나타내는 행동을 관찰해야 한다.

여기서 내담자의 언어적 표현은 내담자가 상담자에게 말로써 표현하는 것을 말하며, 내담자의 비언적 행동은 내담자의 목소리, 어조, 어투, 얼굴표정, 눈 맞춤, 모의 움직임 등으 비언어적인 요소 등을 말한다.

1 내담자 정보수집 하기

(1) 호소문제를 바탕으로 내담자의 성장 경험과 발달사를 탐색

발달 단계로 두드러진 특징과 적응 상태를 탐색

- 아동기, 청소년, 학령기, 대학시절에 어떠했는지?
  학교폭력(가해자, 피해자), 가출, 부모와 관계, 친구관계 등
- 그 때 적응상의 어려움은 없었는지?
- 현재 기능 상태는?
  현재 대인관계와 군생활에 대한 분노, 우울, 불안, 두려움 등

(2) 호소문제를 바탕으로 가족관계를 탐색

① 가족 구성원들의 성격 특성을 탐색

- 가족 구성원들의 성격 특성을 탐색?
  - 아버지(어머니)의 성격은 어떠신지 듣고 싶구나?
  - 부모님의 관계는 서로 어떠신지 듣고 싶구나?
  - 김이병과 부모님의 관계는 어떤지 듣고 싶구나?

② 호소문제와 관련하여 가족들의 반응과 상호작용 탐색

- 내담자의 호소문제에 대해 가족들은 어떤 반응을 보이는지 그럴 때 내담자가 어떻게 행동하는지 등을 질문?
  - 이 문제에 대해 어머니(아버지)는 어떤 반응을 보이는지?
  - 어머니가 그렇게 반응할 때 김이병은 어떻게 반응을 하지?

(3) 호소문제를 바탕으로 내담자의 심리사회적 특성을 탐색

① 현재 내담자가 겪고 있는 스트레스의 원인을 탐색

- 현재 내담자가 가장 크게 느끼고 있는 스트레스는 무엇인지?
- 이로 인해 어떤 어려움이 있는지?

② 내담자의 사회적, 심리적 자원을 탐색한다.

- 내담자가 어려움이 있을 때 누구와 상의하는지? (부모, 선임병, 간부 등)
- 도움을 받을 사람은 있는지? (부대 내 선임병, 간부 등)
- 내담자가 기능을 잘 유지하고 있는 영역은 무엇인지? (강점 및 자원을 파악)

③ 내담자에 대해 좀 더 깊게 이해하기 위해 필요시 심리검사 의뢰

④ 내담자가 현재까지 보고한 발달력, 가족간계, 스트레스 원인, 사회적 및 심리적 자원 등의 내용을 접수상담에 기록한다.

[접수상담 기록 및 입력]

발달력	
가족관계	
스트레스원인	
사회적, 심리적 자원	
심리검사 실시/의뢰	심리검사는 군인성검사 참조, 문장완성검사 실시, 필요시 기타 심리검사 의뢰
상담사 소견	

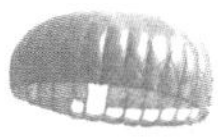

2 접수상담 기록지

1. 기본 신상정보

□ 현역 □ 상근 □ 최전방 수호병 □ 동반입대 □ 쌍둥이(해당 항목에 체크)					
소 속					
군 번		계 급		성 명	
생년월일		직 책		군사특기	
입대일		전입일		전역예정일	

2. 일반정보

성격특성		잘하는 것 (특기)		좋아하는 것 (취미)	
종 교		신앙정도	□ 영세 □ 세례 □ 수계		
학 력	초등학교	초등학교 □ 졸업 □ 중퇴			
	중학교	중학교 □ 졸업 □ 중퇴			
	고등학교	고등학교 □ 졸업 □ 중퇴			
	대학교	대학교 □ 졸업 □ 중퇴			
	대학원	대학원 □ 졸업 □ 중퇴			
	검정고시	( )년 합격			
동아리 및 취미활동	고등학교				
	대학교				
어학능력	□ 영어 □ 중국어 □ 불어 □ 일본어 □ 기타 ( )				
	수 준	□ 회화 가능 □ 독해 가능			

3. 가정 및 가족사항 (계속)

가족 중 국가유공자		관계( )	유공 내용( )
가족육군 복무여부	조부		근무 부대( )
	부친		근무 부대( )
	기타		근무 부대( )

4. 결혼 및 교우관계

<table>
<tr><td>결혼여부</td><td></td><td>결혼기념일</td><td></td><td>자 녀</td><td></td></tr>
<tr><td>여자친구
인적사항</td><td colspan="5">이름 : 나이 : 직업 : 연락처 :</td></tr>
<tr><td rowspan="5">친구</td><td>이름</td><td>연령</td><td>성별</td><td>직업</td><td>연락처</td></tr>
<tr><td></td><td></td><td></td><td></td><td></td></tr>
<tr><td></td><td></td><td></td><td></td><td></td></tr>
<tr><td></td><td></td><td></td><td></td><td></td></tr>
<tr><td></td><td></td><td></td><td></td><td></td></tr>
</table>

5. 신체 및 건강

<table>
<tr><td>신체등급</td><td></td><td>무도</td><td colspan="3"></td></tr>
<tr><td>신 장</td><td></td><td>체중</td><td>혈액형</td><td colspan="2"></td></tr>
<tr><td>시 력
(좌/우)</td><td></td><td>안경착용</td><td></td><td>왼손잡이</td><td></td></tr>
<tr><td>담 배</td><td></td><td>주량</td><td></td><td>약물복용 여부</td><td></td></tr>
<tr><td>특이 질환</td><td colspan="2"></td><td>신체적
특이사항</td><td colspan="2"></td></tr>
<tr><td>정신과
진료기록</td><td>진료이유</td><td></td><td>진료
기간</td><td colspan="2">( )년( )월
~( )년( )월</td></tr>
<tr><td>기타
참고사항</td><td colspan="5"></td></tr>
</table>

6. 자기개발

<table>
<tr><td>학위</td><td colspan="2">□ 학사 □ 석사 □ 박사 전공 ( )</td></tr>
<tr><td>논문제목</td><td colspan="2"></td></tr>
<tr><td rowspan="6">자격증</td><td>취득일</td><td>자격증 이름</td></tr>
<tr><td></td><td></td></tr>
<tr><td></td><td></td></tr>
<tr><td></td><td></td></tr>
<tr><td></td><td></td></tr>
<tr><td></td><td></td></tr>
</table>

7. 기타 참고사항(해당사항 있는 인원만 작성)

과거 군입대 지원경력	□ 장교 □ 부사관 □ 병 ( )
해외시민 · 영주권	□ 영주권 □ 시민권 □ 재외국민등록 (국가 :)
학창시절 생활태도	□ 퇴학 □ 정학 □ 낙제 사용 ( )
	장기 결석 ( )일, 사유 ( )
가출 사례	당시 연령 ( )세, 사유 ( )
처벌기록	□ 소년원 기간 ( )년 ( )월 수감 사유 ( )
	□ 교도소 기간 ( )년 ( )월 수감 사유 ( )
	□ 벌금 금액 ( )월 수감 사유 ( )

나의 성장기

50가지의 문장이 있습니다. 문장의 뒷 부분은 가장 먼저 떠오르는 생각으로 가득 채워 나가면 됩니다. 고민하지 말고 솔직하게 문장을 완성하기 바랍니다.

• **가족 관계**

1. 다른 가정과 비교해서 우리 집은 ______________________
2. 나의 어머니는 ______________________
3. 아버지와 나는 ______________________
4. 아버지와 어머니는 ______________________
5. 우리가족의 가장 큰 문제는 ______________________
6. 지금 내게 가장 걱정이 되는 가족은 ______________________
7. 내가 바라기는 우리 가족들이 ______________________

• **이성 관계**

8. 내 생각에 여자들이란 ______________________
9. 나의 애인은 ______________________

10. 이성친구와 사귈 때는 ______________________________
11. 이성친구와 관계에 이 있어서 가장 안타까운 것은 ______________________________
12. 이성친구에게 지금 필요한 것은 ______________________________
13. 학창시절 중 가장 기억에 남는 일은 ______________________________
14. 나의 가장 친했던 친구는 ______________________________
15. 나는 전학을 한 적이 ______________________________
16. 내가 가장 존경하는 분은 ______________________________
17. 내가 가장 좋아했던 과목은 ______________________________
18. 학창시절 가장 가슴 아픈 기억은 ______________________________
19. 학창시절 양심에 가책을 느끼는 일은 ______________________________
20. 고등학교 시절 내게 가장 큰 사건은 ______________________________

• **군 생활 / 대인관계**

21. 내 생각에는 군대는 ______________________________
22. 나를 괴롭히는 것은 ______________________________
23. 다른 사람이 나를 보면 ______________________________
24. 지금 나와 가장 친한 친구는 ______________________________
25. 내가 가장 싫어하는 사람은 ______________________________
26. 군에서 하고 싶은 것은 ______________________________
27. 나에게 이상한 일이 생겼을 때 ______________________________
28. 혼자 있을 때 나는 ______________________________
29. 어리석게도 내가 가장 두려워하는 것은 ______________________________
30. 군 생활 중 적응이 어려워지면 ______________________________
31. (도와 줄 사람이 있다면) 부탁하고 싶은 것은 ______________________________

• **건강**

32. 나는 입대 전에 ______________________________
33. 나는 병원에 ______________________________
34. 우리 가족 중에는 ______________________________
35. 나는 자살사이트에 ______________________________
36. 나는 약물을 ______________________________

37. 나는 환각제를 ______________________________

38. 나는 자살을 시도해 본 적이 ______________________________

39. 군에 들어오고 보니 아쉬운 점은 ______________________________

40. 앞으로 나는 군생활을 ______________________________

41. 앞으로 상관이 나에게 ______________________________

• 심리

42. 내가 행복해지려면 ______________________________

43. 때때로 두려울 생각이 올 때 ______________________________

44. 나는 어린시절 ______________________________

46. 내 성격은 ______________________________

47. 다른 사람에게 숨기고 싶은 것은 ______________________________

48. 나에게 인터넷은 ______________________________

49. 나는 게임을 ______________________________

50. 사랑하는 사람에게 하고 싶은 말은(짧은 편지) ______________________________

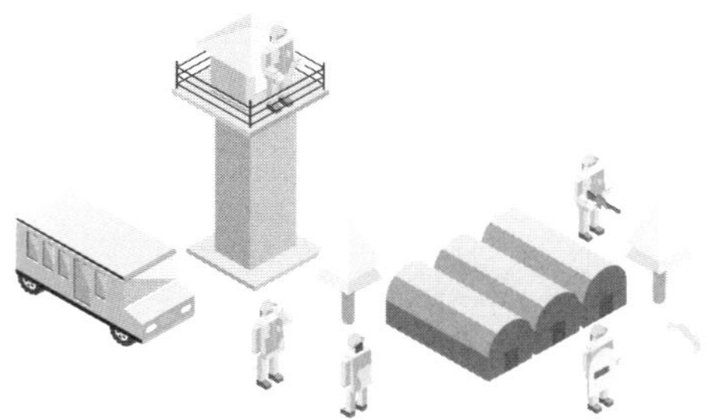

CHAPTER 03

신상 등급 분류기준표

1 등급분류

(1) 도움 그룹

① 자살시도 유경험자

② 과학적 식별도구 검사결과(부적응, 위험)

③ 신병교육대 및 훈련소 A급 선정인원

④ 정신과 군의관 판단 인원

⑤ 사고자 (구타가혹행위 및 군무이탈 등)

⑥ 동성애자(현재 성적 충동을 느끼는지 여부)

⑦ 신체 결함자(중증 고혈압, 고도비만, 천식, 기흉 등)

(2) 배려 그룹

① 자살생각 유경험자

② 과학적 식별도구 검사결과(관심, 주의)

③ 결손가정(가정폭력, 가정불화 경험자)
④ 학교생활 불성실자
⑤ 형사처벌자(폭행, 절도, 음주)
⑥ 알콜중독, 향정신성 의약품 등 경험자
⑦ 허약 체질자(비만, 여성적 체형, 체력 저조자)

2 등급분류 기준 요소

(1) 과거 이력 : 전입 이전 특이사항 파악

- 성격 : 사고우려 성격보유자(다혈질, 소심형)
- 정신과 : 상담치료경험 및 본드, 마약, 등 금지약물복용 경험자
- 신체 : 당뇨, 심장질환, 고혈압, 고도비만, 기흉, 천식, 디스크, 아토피, 체력저조(허약체질자), 비염, 습관성 탈골 등
- 가정 : 결손 및 애정도(편부, 편모, 부모 사망 등), 경제력
- 성장환경 : 대인관계(이성관계 결별 시, 동성애, 교우관계 문제), 자살 및 자해경험(시도, 생각, 계획 여부)
- 과학적 식별도구 : 병무청 복무부적합도 결과(부적응, 관심) 신병교육대 인성검사 결과
- 신병교육대대 의견 : 특이소견 기록

(2) 현재 상태 : 전입 이후 생활 간 변화사항(주 단위 최신화)

- 정신과 : 상담치료 여부
- 신체 : 당뇨, 심장질환, 고혈압, 고도비만, 기흉, 천식, 디스크, 아토피, 체력저조(허약체질자), 비염, 습관성 탈골 등
- 가정 : 결손 및 애정도(편부, 편모, 부모 사망), 경제력

- 생활환경 : 이성관계(결별시, 불화시), 비행여부(구타/폭건, 욕설 등, 징계회부, 군무이탈, 휴가 미복귀 등)
- 과학적 식별도구 : 신인성검사 적성적응도(사고우려, 위험, 관심, 부적응), 개인안전지표, 스트레스 자가진단, 우울증진단, 인터넷중독, 관계유형평가
- 군의관 의견 : 병원진료(정신과)
- 상담관 의견 : 심리상담 결과, 그린캠프 입소 등
- 또래 상담병 의견 : 평소 복무생활에 대한 상담병 의견
- 지휘관 최종의견 : 식별된 문제에 따른 복무생활 판단 기준표 외 복무우려도 판단

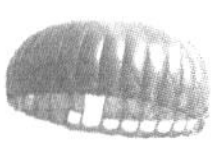

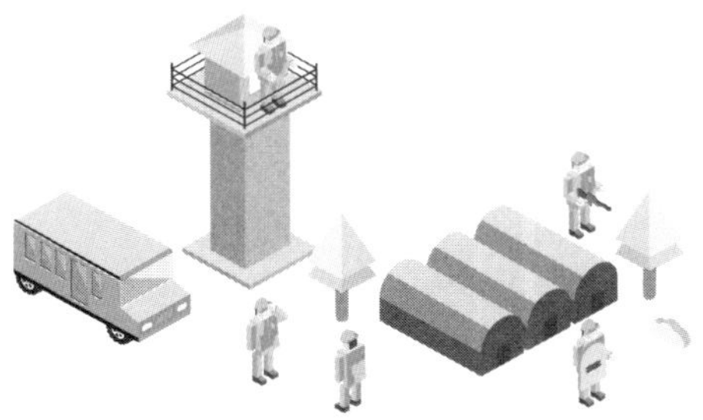

CHAPTER 04

현장 중심에 상담 기본 기술

1 병사와 마음을 소통하는 데 관심을 집중하라.

> 마음이 소통되어야만 병사의 진정한 고민을 파악하고 도움을 줄 수 있다. 형식적인 상담은 아무런 도움이 되지 않는다.

(1) 상담실은 병사가 안전하고 편하게 느낄 수 있는 장소인가?

경청을 위한 물리적 환경을 조성해야 한다. 주변에 방해받거나 누군가의 의식하지 않는 편안하고 안전한 장소라야 마음을 열고 자신의 고민을 털어 놓을 수 있다. 상담을 통해 소통하려면 최대한 아늑한 공간을 확보하라.

(2) 현재 몸과 마음은 상대를 편하게 수용할 수 있는 상태인가?

몸과 마음의 여유가 중요하다. 누군가를 진정으로 돕기 위해서는 나에게 육체적 심리적인 여유가 있어야 한다. 내가 피곤하고 귀찮은 상태라면 병사를 건성으로 응대하거나 짜증스럽게 대할 수 있다. 정말 중요한 상담이라면 건강하고 편안한 정서 상태에서 시작해야 한다.

마음이 소통되기 위한 기본적인 노력 세 가지

① 나는 지금 병사의 입장에서 듣고 있는가? (공감하기)
② 나의 관심은 병사가 지금 호소하는 것에 집중되고 있는가? (관심기울이기)
③ 지금 나의 질문은 상대를 더 잘 이해하기 위한 것인가? (질문하기)

2 병사의 마음의 문을 열어라.

상대방이 마음의 문을 편하게 열고 자신의 문제를 이야기하게 하려면 상담의 기초 기술인 경청, 공감, 질문의 기술이 숙달되어야 한다.

(1) 경청이 마음의 문을 열게 한다.

나는 상대의 이야기를 집중해서 듣고 있으며 상대는 내가 경청하고 있다고 느끼도록 상대방에 전달되어야 한다. 경청 시에는 내가 듣고 싶은 것만 듣는 선택적 경청은 경청이 아니다. 경청은 상대방이 무엇을 말하려고 하는지를 집중해서 듣는 것이며 상대에게 '내가 지금 너의 이야기를 집중해서 듣고 있다'라는 메시지가 전달되어야 한다.

(2) 나의 감정이 상대의 현재 감정에 공감 되어야 한다.

상대방의 마음을 진정으로 공감하기 위해 상대방의 감정의 수준에 내 감정을 맞추는 것을 말한다. 마치 라디오가 방송국의 주파수에 닿출 때 소통이 되듯이 공감 되어야 한다. 지금 병사의 마음이 슬픈지, 두려운지, 불안한지, 외로운지 거기에 맞게 내 표정, 목소리, 억양이 튜닝 되어야 한다.

(3) 좋은 질문이 마음의 문을 열게 한다.

폐쇄적 질문보다는 개방적 질문을 해야 한다. 어떤 질문이 좋은 질문인가?, 초기에 마음을 열게 하는 질문으로 '오늘 무엇에 대해 이야기해 볼까?', '지난번 이야기를 나눈 후에 어떻게 지냈니?', 자신을 더 깊게 탐색하도록 돕는 질문으로 '그 부분에 대해 좀 더 구체적으로 말해 줄 수 있을까?', '그때 마음이 어땠는지 말해주면 좋겠는데?', '군 복무가 힘들다는 것이 구체적으로 무슨 의미니?' 등이 개방적인 질문을 유도하여 병사가 자유롭게 자신을 구체적으로 표현하도록 유도한다.

3 간부 혼자만의 힘으로 문제를 해결하려고 하지 마라.

> 내 부하이기 때문에 나 혼자 힘으로 해결해야 한다고 생각하지 말고 지휘관, 인사관련 참모, 군의관, 전문상담관 해당 부모 등 모든 관계를 활용하라.

(1) 부하의 문제 해결을 위해 돕는 인적자원들을 활용하고 있는가?

내가 상담하고 있는 병사를 돕기 위해 주변에 많은 인적자원들이 있음을 결코 잊지 말라. 경험이 많은 지휘관, 인사관련 참모, 전문가, 해당 부모, 군종장교 등 인적자원을 잘 활용을 하고, 지역전문기관과 연계하여 필요시 도움을 받을 수 있도록 유지한다.

(2) 병사를 전문가에게 의뢰해야 하는 경우를 알고 있는가?

상담을 하다보면 간부의 능력의 한계를 이해하고 전문가에게 도움을 청하는 것이 병사들에게 도움이 된다. 심각한 정신증은 정신과 군의관에게 도움을 청하고, 자살 징후는 지휘관, 군종장교, 상담관 필요시 부모의 도움을 받아야 한다. 부대 내 구타나 가혹 행위가 확인 되었을 시는 지휘관, 인사장교에게 신속하게 보고 하여 계통에 의해 처리될 수 있도록 조치한다.

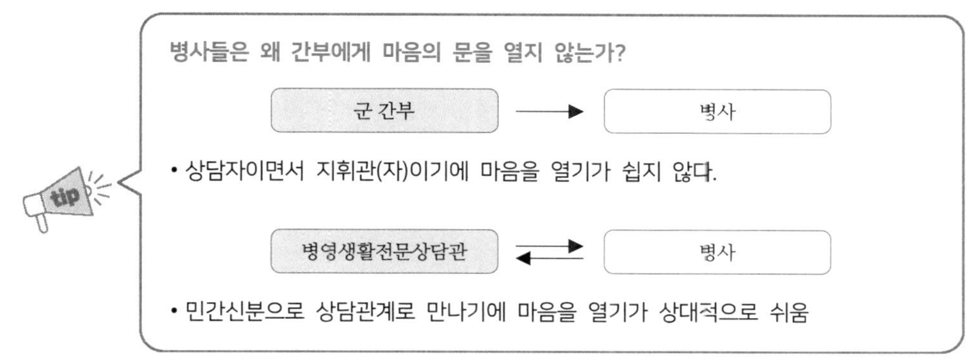

4 시기를 놓치지 말고 적극적으로 조치하라.

자살이나 탈영 사고 중에서 가장 아쉬운 경우는 위험 징후를 알면서도 막지 못한 경우이다. 위기 개입을 할 시기를 놓쳤거나 소극적으로 조치했기 때문이다.

(1) 나는 상담이 필요한 병사와의 만남을 자주 미루지 않는가?

군 상담은 자살, 탈영, 구타 같은 위기를 다룰 경우가 많은데 개입해야 할 시기를 놓치면 예방할 수 있었던 사고를 막지 못하는 안타까운 경우가 많기 때문이다. 순간적인 고비를 넘기는 것도 중요한 전략이다. 자살 충동을 느끼는 병사의 경우 그 감정이 정점에 이르는 순간이 있다. 자살 충동을 행동으로 옮기려는 바로 그 순간에 옆에서 누군가가 지켜주고 있다면 귀한 생명을 건질 수 있다.

(2) 사고를 예방하려면 적극적으로 조치해야 한다.

상담 후 조치가 필요할 때 어떤 태도를 취하는가? '설마?'하는 안일한 생각을 버리는 데서부터 시작된다. 구타나 가혹행위를 미온적으로 처리하면 큰 사고가 발생하므로 가시적으로 확실히 조치하는 것이 중요하다.

병장이나 간부도 자살을 하나요?

자살의 대상은 누구나 될 수 있다. 계급과는 상관이 없다. 간부도 자살을 하는 사례가 있지 않는가? 자살은 다양한 원인을 통해 증상이 지속적으로 유지하다 더 이상 유지하기 어렵다고 판단 될 시 일어나는 현상이다. 대부분 간부들은 일병까지 잘 적응을 하면 선임병에 대한 관심이 줄어들기 시작한다. 그러나 선임병들 중에서도 다양한 고민을 가질 수 있음을 간과해서는 안 된다.

5 우울증 병사의 상담

우울증은 치료가 필요하다. 그러므로 전문적 진단과 치료의 기회를 충분히 제공해야 한다. 우울증은 자살의 가장 큰 원인이기에 간부들은 우울증에 대한 상식 이상의 정확한 지식이 필요하다.

(1) 우울증에 대한 올바른 이해

나는 우울증에 대해 어느 정도의 지식을 가지고 있는가? 정신의학에서 말하는 우울증은 일시적으로 기분만 저하된 상태를 뜻하는 것이 아니라 생각의 내용, 사고과정, 동기, 의욕, 관심, 행동, 수면, 신체활동, 신경전달 물질 분비 등 전반적인 정신 기능이 저하된 상태를 의미한다. 우울증을 단지 의지가 약해서 생긴 것으로 생각하는 것은 오해이며 질병으로 보고 적극적인 치료를 받아야 한다.

(2) 우울증의 증상에 대한 이해

① 우울하고, 슬프고, 울적하고, 불행하고, 가라앉은 기분을 느낀다.
② 희망이 없고, 미래에 대해 비관적으로 느낀다.
③ 활력이 없고, 말을 잘 하지 않고, 즐거움을 느끼지 못한다.
④ 신체적 불편, 수면곤란, 피로감을 호소한다.
⑤ 좋지 않은 식사 패턴을 지니고 있다.

⑥ 주의 집중 곤란하여 자주 지적을 받는다.
⑦ 무기력하게 행동하고 쉽게 포기하려고 한다.
⑧ 자살에 대한 이야기를 한다.
⑨ 감정을 지나치게 통제하며 자신의 충동을 부인한다.
⑩ 화를 잘 내고, 신경질적이며, 걱정이 많고, 안절부절 못하는 사람으로 묘사된다.

(3) 우울증의 원인에 대한 이해

① 내가 중요하게 여기는 것을 상실 했을 때 : 가족, 연인, 재산, 건강상실, 자유, 명예상실, 꿈
② 과도한 스트레스를 지속적으로 받을 때 : 무기력감과 중압감
③ 어린 시절의 불우한 경험과 그로 인해 억압된 감정 : 부모의 심한 싸움, 폭력, 학대 등의 영향으로 억압된 감정들이 우울로 나타남
④ 부정적인 생각과 비합리적 신념 : 잃은 것, 없는 것에 초점을 맞추고, 극단적이고 파국적 사고를 가지고 있으며 자신의 뜻대로 되지 않을 시 절망과 비관

(4) 우울증 치료의 다양한 과정 이해

① 병사 본인의 충분한 증상 표현 및 협조
② 정신과 의사 및 전문상담자의 도움
③ 항우울제 같은 약물 처방
④ 주변동료, 가족들의 도움
⑤ 건강한 신앙생활 및 생각 바꾸기(인지치료 기법)

(5) 우울증 병사를 주변에서 돕는 방법

① 병사의 마음을 공감해 주라.
② 병사를 전문가의 치료로 안내하라.
③ 자살 위험을 파악하고 예방하라.

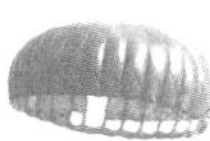

6 자살 충동 병사의 상담

'자살은 아무런 도움이 되지 않는다.'는 식으로 쉽게 논쟁하거나 타이르려고 해서는 안 된다. 자살을 생각하는 단계인지 실행에 옮기려는 단계인지 확인하라.

(1) 자살에 대한 편견을 바로 잡아야 한다.

① 자살이라는 단어를 이야기 하면 오히려 자살을 부추기는 것이 아닌가?

자살충동에 대한 진지하게 직접적으로 물어보아야 한다. 직접적으로 "자살에 대해 어떻게 느끼는가? 자살을 생각해 본적이 있는가?" 라고 묻는 것이 오히려 자살 위협을 줄이는 방법이다. 자살충동에 대해 표현하도록 기회를 주고 긴장감을 해소 할 수 있도록 해야 한다.

② 자살하려는 병사에게 "너무 심각하게 생각하지 마"라고 가볍게 넘기거나, "자살은 잘못된 거야"라고 강조해 가르치지 않는가? 자살충동의 표현을 진지하게 경청해야 한다. 자살 생각을 가볍게 받아들이면 자살 문제의 심각성을 축소시키고 자기 존중감을 더 상하게 할 수 있다. 또한 아무도 도와주지 않을 것이라고 생각하여 문제를 혼자서 해결하려고 할 것이다.

③ 스스로 자살한다고 이야기하거나 위협하는 사람은 절대로 자살하지 않는다고 생각하는가?

자살을 표현하고 위협은 명백한 자살 징후일 수 있다. 스스로 '자살' 한다고 이야기 하는 사람들 중 10%가 실제로 자살을 시도한다. 자살에 대한 이야기를 할 때는 문제를 축소하지 말고 있는 그대로 받아들이라. 대화하지 않으면 더 위험할 수 있다.

(2) 자살시도자의 핵심감정

자살 시도자들은 다양한 감정 반응을 보일 수 있다. 시도 전에 느끼는 감정들이 있을 수 있고, 시도 후 느끼는 감정도 있다. 이러한 감정들은 다양한 행동, 충동적인 성향, 복잡한 현실적 상황과 섞여서 나타나는 것이 대부분이다. 때로는 어떤 감정인지 시도자 본인도 명확히 알거나 말로 표현하기 어려울 때가 많을 수 있다. 자살행동을 결정하는 것은 심리적인 것일 뿐 아니라 생물학적 과정이기도 하며 두 가지 과정의 결과물 모두가 자살시도자에게는 어떤 감정, 충동행동을 표현한다. 이러한 자살시도자들의 감정을 살펴보고자 한다.

① 우울 : 자살을 생각하고 있는 사람들에게서 가장 흔히 보이는 감정 반응이다. 마치 검은 안경을 쓰고 세상을 바라보는 온통 세상이 검게 보이는 것처럼, 우울한 안경을 쓴 사람들은 세상에 대해 비관적으로 바라본다. 예를 들어, "난 부대원들에게 짐이 될 뿐이니 차라리 죽는 것이 나아"라고 생각하는 경우이다. 아님 우울증을 가진 내담자에게는 부대에 대한 유일한 만족스러운 복수라고 느끼는 경우 등이다.

② 분노 : 흔히 자살하려는 병사들이 "나 없이 행복하게 잘살아봐", "내가 죽으면 나에게 상처를 준 사람들이 평생 괴로워하며 살겠지"라고 생각하는 경우들이 흔히 접한다. 자살시도자에게 분노 반응은 매우 흔하며 극도의 분노감으로 공격성이 자신을 향했을 때 자살시도가 나타난다고 설명한다. Sullivan은 자살은 자신이 증오하는 다른 사람들과의 합쳐짐이 반영되는 대인관계에서의 파괴적인 행동이라고 하였다.

③ 공격성 : 프로이드는 '애도와 멜앙콜리아'라는 논문에서 자살은 내재화된 대상을 향상 공격성 혹은 파괴적 소망이 자신을 향하게 되는 것이라고 하였다. 이후 구조 모델을 발표한 프로이드는 자살이라는 가학적인 초자아에 의해 자아가 희생당하는 것이라고 자아을 재정의하였다. 메닝거의 시작은 좀 더 복잡한데 그는 적어도 세 가지 소망 '죽고 싶은 욕망, 죽임을 당하고 싶은 욕망'에 대해 이야기하였다. 공격성은 충동성과도 밀접한 관련을 가지며 자살사고를 행동으로 옮기는 데 있어서 중요한 작용을 하게 된다.

④ 고통 : 대부분의 자살시도자들은 심리적 혹은 신체적 고통이 죽음이 아니고서는 끝나지 않을 것이라고 느낀다. 우리는 흔히 자살시도자에게서 고통이라고 하면 심리적 고통만을 생각하기 쉬운데 여기에는 신체적 고통 또한 간과하지 말아야 한다. 시도자들은 고통에서 벗어나 죽음을 통해 더 나은 세계로 갈 것이라는 환상을 가진다. "고통을 견디기 힘들어 죽음만이 유일

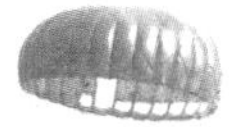

한 해답이야"라는 생각을 하기 쉽다.

⑤ 절망감 및 희망 없음 : 절망감은 우울과 자살을 매개하는 중요한 요소이다. 자살시도자들은 흔히 절망 혹은 희망 없음이 끝에서 자살만이 유일한 답이라고 느낀다. 절망감은 기본적으로 세상을 바라보는 시각이 심지어 우울하지 않을 때에도 비관적인 기본적 절망감과 우울감이 악화됨에 따라 비관적인 관점이 증가하게 된다.

⑥ 외로움 : 사회적 고립 즉 군대내 에서의 고립은 자살의 중요한 위험요인이다. 객관적으로 개인이 얼마가 고립되었느냐보다는 주관적 외로움이 자살에 미치는 영향에 있어서 더 중요하다. 자신이 의지하던 의미 있는 관계에서 고립될 때 더 영향이 크다고 알려져 있다. 어떤 점에서 자살시도자의 자살행동은 군대 사회적 관계의 재형성을 위한 미성숙한 노력일 때도 있다. "내가 죽으려 하면 나를 진심으로 돌보아 줄 사람을 찾을 수 있을거야"라는 생각이다. 대부분 이런 생각을 처음부터 말로 표현하지는 못하지만 자살시도자가 이런 메시지를 담고 있을 수 있다.

⑦ 정신적 외상/자기애적 상처 : 특히, 유명인의 자살에서 볼 수 있는 경우이다. 집단따돌림, 명예의 실추, 폭력으로부터의 희생 등 외부적인 사건에 의한다. 대부분 본인이 의미 있다고 생각되는 사건으로부터 자기애적 상처를 야기하는 외상적 사건이다.

⑧ 수치심 : 시도 전의 수치심의 경우 외상적 사건에 의해 야기되는 치욕, 명예 훼손에 의해 유발된다. 이 경우 자살이라는 극단적인 방법이 자신의 불명예를 씻어 준다고 생각하기 쉽다. "불명예보다는 차라리 죽음을"이라고 생각하는 경우이다. 자살사고를 가진 대상자의 경우도 자신의 자살사고에 대해 이야기하는 것에 대해 수치스럽다고 생각하기 쉽다. 또한 상담자에 의존하는 것에 대해 부끄럽게 느끼는 경우도 흔하다. 자살시도자의 경우 시도의 실패가 대상자에게 또 하나의 실패로 느껴져 수치스럽게 생각하며 시도에 대해 언급 자체를 꺼려하거나 도움을 거부하는 경우도 흔하다.

⑨ 양가감정 : 자살지도자들에게 범하기 쉬운 오류는 그들이 죽고 싶은 마음뿐이라는 것이다. 하지만, 어떤 자살사고를 갖는 혹은 시도를 한 대상자에

게서도 공통적으로 찾을 수 있는 것은 죽고자 하는 다음뿐 아니라 살고자 하는 마음도 공존한다는 것이다. 대상자의 무의식적인 부분을 포함하면 특히 더욱 그렇다. 상담자의 역할은 이들에게서 살고자 하는 부분을 찾아내어, 이들에게 보여주는 것이기도 하다.

(3) 자살예방의 위한 5단계 상담기법

① 1단계 : 자살 생각에 대해 질문하라.
- 최근에 살기 싫다고 느낀 적이 있니?
- 근래 더 이상 버틸 수 없다고 느낀 적이 있니?
- 혹시 죽고 싶다고 생각한 적이 있니?

② 2단계 : 이전 자살 시도 경험에 대해 질문하라.
- 이전에 자살시도를 해본 적이 있니?

③ 3단계 : 구체적인 자살계획을 세웠는지 질문하라.
- 구체적으로 자살할 장소나 시간, 방법을 정해 놓았니?

④ 4단계 : 문제 상황에 대한 대처 방안을 함께 모색하기
- 현재 문제를 해결할 수 있는 방안을 함께 찾아보자.

⑤ 5단계 : 전문가의 도움 요청하기(필요시)

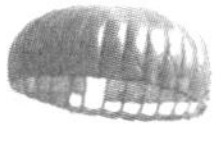

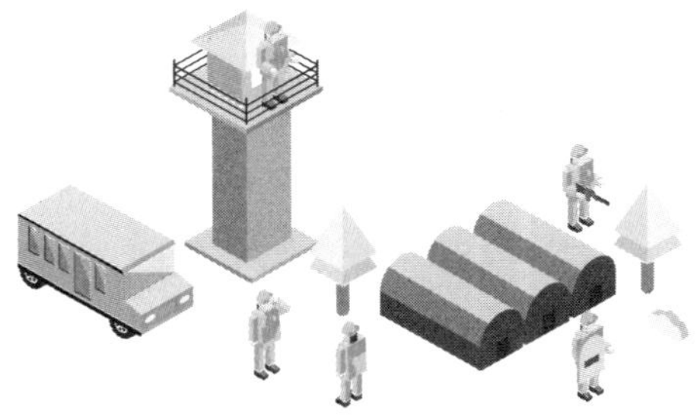

CHAPTER 05

병영생활 전문상담관 운영

1 정의

자살 우려자 및 복무부적응 장병에 대한 심리상담 및 지휘조언 등을 제공 하는 군 상담 전문요원

2 임무

① 사고 우려자 및 도움·배려 병사 등에 대한 현장위주 상담 관리
② 장병 기본권 보장 관련 갈등관리 및 지휘조언
③ 군내 사용하는 인성검사 분석 및 후속조치 조언
④ 각종 집단상담 프로그램 지도 및 시행
⑤ 그린캠프(Green Camp) 운영지원 및 장병 상담교육
⑥ 군인 및 장기복무군인가족에 대한 상담 조언

3 역할

구분		내용
생명존중 문화조성		• 자살예방 및 상담기법교육지원 등
자살 우려자 조치	식별	• 인성검사 결과분석 / 평가지원 • 부대식별인원에 대한 상담 및 지휘조언 등
	관리	• 자살 우려자 심리상담지원 • 비전(그린)캠프 심리상담지원 등
	처리	• 병역심사관리대 입소인원 임상심리평가, 상담치료 • 병역변경처분심사위원회 참고인으로 의견 제시
사후관리		• 자살발생부대의 부대원에 대한 심리상담제공 / 관리 • 자살발생 부대 사후조치에 대한 지휘조언

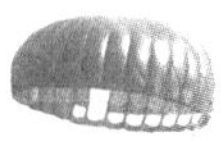

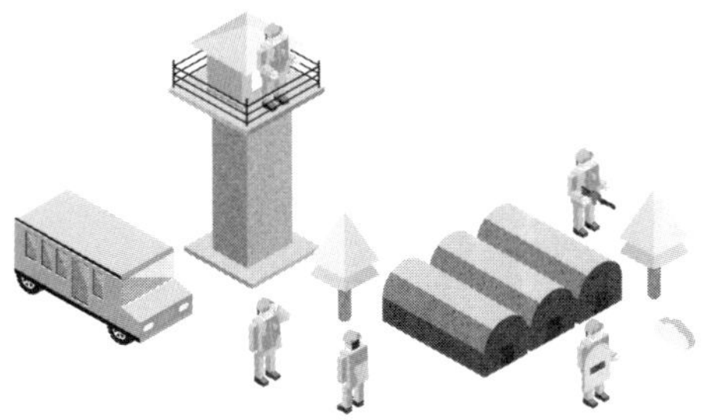

CHAPTER 06

비전캠프 운영

1 개요

자살 우려자, 복무부적응자 등 관심병사를 대상으로 소그룹단위 전문심리치료를 통해 복무적응을 유도하는 비상설기구

2 내용

① 대상 : 자살우려자 등 복무 부적응자
② 방법 : 개인별 심리평가/집단상담 등
③ 교관 : 군종장교, 군생활 전문상담관, 군의관 등

3 프로그램 구성(예)

단계	일차	주제	내용
준비	1일차	등록, 인성검사	• 인원확인 및 인성검사
도입	1~2 일차	오리엔테이션 #1. 자기 소개하기 #2. 마음을 열어요.	• 일정, 내용, 규칙 소개 • 수용적 존중을 통한 마음 열기 • 어색함 누그러뜨리기 • 낮은 수준의 자기개방
전환		#3. 생각의 틀 바꾸기 #4. 상대방 입장 이해하기 #5. 심리검사	• 갈등과 저항에서 집단응집으로의 전환 • 무조건적 수용과 공감/공동체 활동 → 집단의 안정성, 신뢰성, 응집력 • 심리검사/영화 → 자기발견 심화
작업	3 일차	#6. 서로 통해요. #7. 나를 풀어주기 #8. 나의 꿈을 찾아서	• 행동 변화의 촉진 - 의사소통 개선과 대인관계 향상 - 비효과적인 행동, 패턴의 변화 • 감정의 정화 → 과거를 닫고 미래로
종결	4 일차	#9. 마음다지기 #10. 새롭게 시작해요.(수료)	• 새로운 각오 및 실천의지 강화 • 나눔과 추수, 미래에 대한 희망 • 비전캠프에 대한 긍정적 이미지

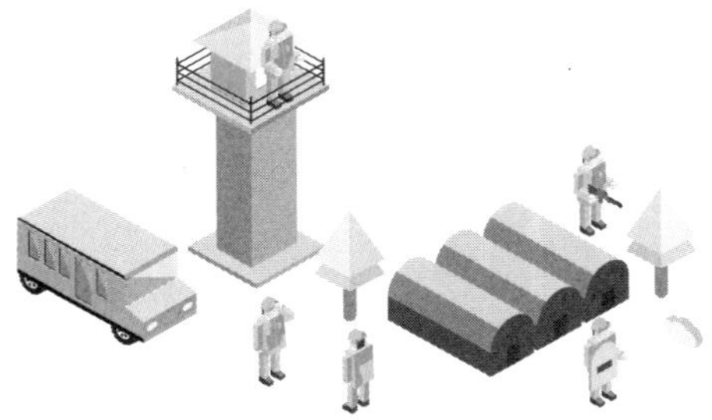

CHAPTER 07

그린캠프 운영

1 개요

자살 우려자, 복무 부적응자에 대한 심리치료 등을 통해 자살 및 부적응 증상을 해소하기 위해 운영되는 상설기구

※ 사단급 이하 부대 지휘부담 경감을 위해 군단급 부대에서 복무 부적응자와 자살 우려자 관리 및 처리

2 내용

① 대상 : 자살우려자 등 복무 부적응자

② 운용제대 : 군단급 부대

③ 교관

- 군 : 교육대장, 지원관, 군생활 전문상담관
- 민간 : 민간전문가(상담자, 웃음, 음악, 미술 치료사 등)

3 프로그램 구성(예)

(1) 1주차

구분	월	화	수	목	금	토
오전	입소/등록	미술치료	개별 상담			민간시설방문 (유적지)
오후	자기소개서 작성	음식만들기	웃음치료	음악 치료	스트레스는 나의 힘	체육활동, 이발봉사
야간	상 담	동영상시청 (생명과 인권 존중)	영화감상 (휴먼드라마)	개인 정비	영화감상 (휴먼드라마)	개인정비

(2) 2주차

구분	월	화	수	목	금
오전	미술치료	개별 상담		미술치료	미래비전, 마음나누기
오후	사물놀이	분노조절교육	사회봉사활동	음악치료	심사/퇴소식
야간	동영상시청 (인간극장)	지휘관면담	동영상시청 (인간극장)	영화감상	

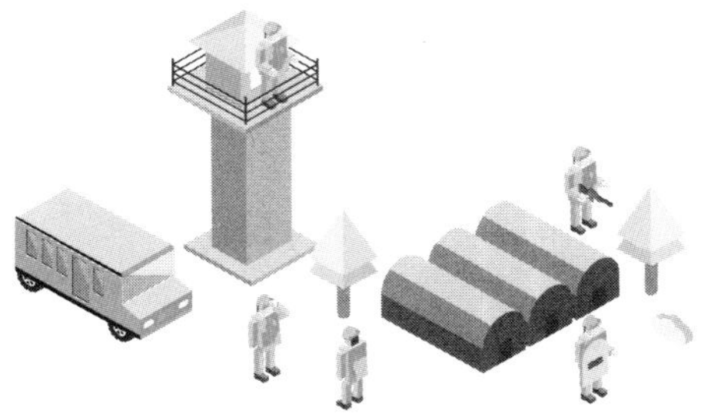

CHAPTER 08

병역심사관리대 운영

1 개요

자살 우려자, 복무 부적응자에 대한 심리적·정신과적 치료를 통해 자살 징후 및 부적응을 해소하고 불가한 인원의 병역처분변경심사위원회 회부를 준비하는 기구이다.

2 내용

① 대상 : 자살우려자 등 복무 부적응자

② 운용 현황

구분	육군	해군	공군	해병대
운영수	2개소	1개소	1개소	1개소

③ 입소자 관리 및 치료, 처리절차

- 입소 : 자살 우려자, 군 생활 적응장애 및 정신과 관련 질환자
- 관찰 : 군생활 전문상단관, 정신과 군의관 상담 및 진단
- 치료 : 집단 및 개별 치료(※ 치료 불가시 병역처분변경심사위원회 회부)
- 병역처분변경심사위원회 심의(※ 처리구분 : 보충역, 제2국민역, 계속근무)

3 현역복무부적합 처리절차

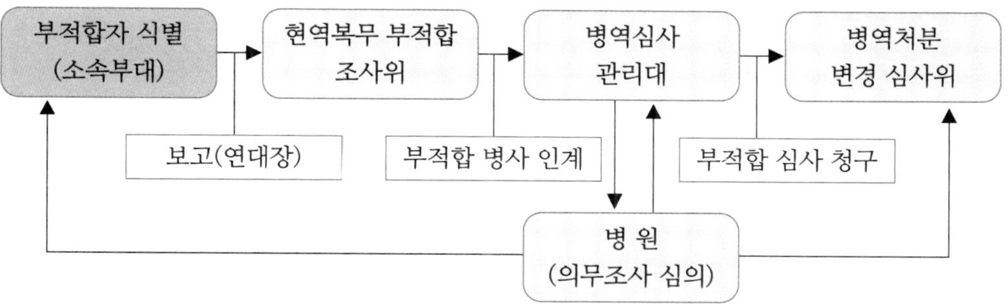

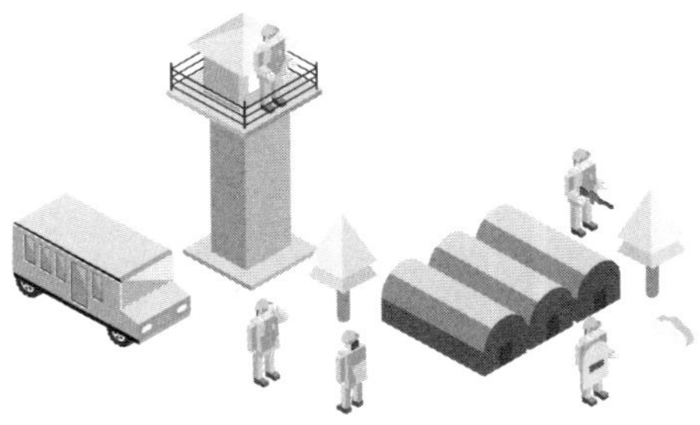

CHAPTER 09

군내 상담자 직업

1 병영생활전문상담관

(1) 지원자격

① 자격증 중 하나와 학력·경력 중 하나를 충족하는 사람

- 자격증+학력/경력 : 동시 충족해야 함
- 상담 관련 전문 자격증 우대(상담심리, 임상심리)

구분	내용
자격증	• 민간자격(국방부장관이 인정하여 고시하는 자격증) : 임상심리 전문가(한국임상심리학회), 상담심리사 1·2(한국상담심리학회), 전문상담사 1·2급(한국상담학회), 군상담수련전문가(대한군상담학회), 군상담심리사1·2·3급(대한군상담학회), 한상담수련전문가(한상담학회), 한상담전문가 1·2급(한상담학회), 가족상담전문가 수련감독전문가(한국가족문화상담협회), 가족상담전문가 1·2급(한국가족문화상담협회), 사티어가족상담전문가 지도감독(한국사티어변형체계치료학회), 사티어가족상담전문가 1급(한국사티어변형체계치료학회)

구분	내용
자격증	• 국가자격증 : 임상심리사(한국산업인력공단), 직업상담사(한국산업인력공단), 사회복지사(보건복지부), 정신보건임상심리사(보건복지부), 정신보건사회복지사(보건복지부), 전문상담교사(교육부), 청소년상담사(여성가족부)
학력/경력	아래 요건 중 하나를 충족하는 자 • 5년 이상의 상담경험이 있는 사람 • 심리상담 또는 사회복지 분야와 관련된 학사학위 소지자로서 3년 이상의 상담경험이 있는 사람 • 심리상담 또는 사회복지 분야와 관련된 석사 이`상의 학위소지자로서 2년 이상의 상담경험이 있는 사람

② 10년 이상 군 경력자(군종병과 장교 1년 이상)는 아래요건 중 하나를 충족하는 경우 응시 가능

• 심리상담 또는 사회복지 분야 관련 자격증을 소지한 사람(단, 자격증은 위의 자격증과 동일)
• 심리상담 또는 사회복지분야와 관련된 학사이상 학위를 소지한 사람

(2) 근무조건

① 담당업무

• 상담활동을 통한 복무부적응 장병 식별·관리 및 지휘보좌
• 사고우려자 및 복무부적응장병 등에 대한 현장위주 전문 심리상담 및 관리
• 장병 기본권 제한사항 식별 및 시정을 위한 지휘조언
• 심리검사 시생, 간부 및 상담병 대상 상담능력 향상 교육
• 장병·군인가족에 대한 사회복지 관련 상담 등
• 군범죄, 성범죄와 관련된 상담 및 신고 접수(국방헬프콜)
• 기타 운영부대장 등이 부여한 업무

② 신분 : 기간제근로자

• 근거 : 기간제 및 단시간근로자 보호 등에 관한 법률, 군인의 지위 및 복무에 관한 기본법 시행령

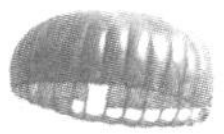

③ 계약기간 : 2년(임시채용 지역의 경우 공지된 기간)

- 계약기간 종료 후 필요시 계속 근무기간이 5년을 넘지 아니하는 범위에서 단위로 연장 가능/군인의 지위 및 복무에 관한 기본법 시행령 제34조
- 근무성적 평정을 종합한 평균성적이 우수한 기간제근로자는 공무직 근로자로 전환 가능

④ 급여수준 : 월 326만원 수준(4대 보험 및 요양보험 개인 부담금 및 원천징수세액 포함)

- 명절휴가비, 급식비, 특수지 수당 등은 별도 지급

⑤ 근무시간 및 기타사항

- 근무시간 : 1일 8시간(휴식시간 제외), 주 40시간
- 연차유급휴가에 대해서는 근로기준법 제 60조부터 제62조에 정하는 바에 따름
- 군부대 특성 상 상담 지원부대가 여러 지역에 분포되어 있어서 출장 소요가 발생할 수 있으며, 출장비는 예산의 범위 내에서 지급

⑥ 인사교류(국방부 훈령)

- 근무미별 최대 근무기간(일반근무지 5년, 특수 근무지 10년) 초과시 위원회를 통해 근무지 조정

(3) 응시자 준비사항

① 제출서류

- 응시지원서 1부
- 자기소개서 1부
- 상담경력 서류 : ⓐ+ⓑ 반드시 제출
  - ⓐ 경력증명서
  - ⓑ 상담경력 증빙서류 : 질적평가/경력인정기준 충족여부 확인 목적
- 상담관련 학위 증명서 일체(전공기재)
- 성적증명서(최종학력의 성적증명서)/이수과목 확인 목적

- 자격증 사본 발급예정자는 발급예정 증명서 제출 가능
- 수련감독 수첩(수퍼비전) 사본
- 군 경력자(장기복무)는 군 경력증명서 1부
- 자살예방교육 이수자는 자살예방교육 이수(수료)증 1부
- 가산점을 받고자 하는 경우 국가보훈처에서 발급하는 '취업지원대상자증명서' 1부
- 신원진술서 1부
  ※ 주민등록번호 전체 기재 요망(생년월일만 기재시 신원조사 불가)
- 지원자 종합자료 1부
- 기타

② 제출 불필요 서류 : 논문, 기고문, 위촉장, 임명장, 표창(상) 등 제출 불가

(4) 1년 상담경력 인정기준

① 상담경력은 특정 상담기관에서 정규직·임시직·파트타임 등의 일정기간 근무한 경력이 아닌 '실제로 상담을 실시한 경력'을 말한다.

② 상담경력 인정기관

- 공공기관

▸ 청소년단체(청소년기본법 제3조 제8호), 청소년쉼터(청소년복지지원법 제31조)

▸ 청소년상담복지센터(청소년복지지원법 제29조)

▸ 각급 "학교"(초·중등교육법 제2조)/각종 "대학"(고등교육법 제2조)

▸ 정부기관·공공상담기관·법인체 상담기관 : 병영생활 전문상담관 임무의 특성을 고려하여 진학 및 취업상담 기관은 제외

▸ 육·해·공군의 대령급 장교 이상 지휘부대

• 민간기관

1인 이상의 者가 설립하거나 근무하고 있는 상담기관으로서 관할 관청에 신고 또는 등록을 필한 후 2년 이상의 상담활동(개인상담 · 집단상담 · 심리검사 · 상담교육 등)의 실적을 제시할 수 있는 상담기관(사업자등록증 또는 고유번호증 사본 첨부) ※ 서류 전형시 해당기관에 사실관계 확인 후 인정여부 결정

③ 상담경력 인정기준

• 개인상담, 집단상담, 심리검사 실적을 동시에 갖춘 연도만 경력으로 인정
• 1년 인정기준 : 대면상담 50회기, 집단상담 24시간, 심리검사 10사례 이상

2 성고충전문상담관

(1) 지원자격

① 채용(예정)일로부터 즉시 근무가 가능한 자
② 채용(예정)일 기준 정년(만 60세)을 초과하지 않는 자
③ 국가공무원법 제33조(결격사유)에 해당하지 않는 자
④ 징계로 해고처분을 받은 때부터 3년 이내인 자 선발 배제
⑤ 그 외 지원 자격

구분	내용
자격증	• 민간자격(국방부장관이 인정하여 고시하는 자격증) : 임상심리 전문가(한국임상심리학회), 상담심리사 1 · 2(한국상담심리학회), 전문상담사 1 · 2급(한국상담학회), 군상담수련전문가(대한군상담학회), 군상담심리사 1 · 2 · 3급(대한군상담학회), 한상담수련전문가(한상담학회), 한상담전문가 1 · 2급(한상담학회), 가족상담전문가 수련감독전문가(한국가족문화상담협회), 가족상담전문가 1 · 2급(한국가족문화상담협회), 사티어가족상담전문가 지도감독(한국사티어변형체계치료학회), 사티어가족상담전문가 1급(한국사티어변형체계치료학회)

구분	내용
자격증	• 국가자격증 : 임상심리사(한국산업인력공단), 직업상담사(한국산업인력공단), 사회복지사(보건복지부), 정신보건임상심리사(보건복지부), 정신보건사회복지사(보건복지부), 전문상담교사(교육부), 청소년상담사(여성가족부)
학력/경력	① 아래 학력 / 경력 중 하나를 충족하는 자 • 5년 이상의 상담경험이 있는 사람 • 심리상담 또는 사회복지 분야와 관련된 학사학위 소지자로서 3년 이상의 상담경험이 있는 사람 • 심리상담 또는 사회복지 분야와 관련된 석사 이상의 학위소지자로서 2년 이상의 상담경험이 있는 사람 ② 성폭력 관련 상담원 교육 이수 또는 성폭력 관련 상담경력이 있는 자 • 성폭력 관련 상담경력이 있는 자 - 정부, 지자체, 공공기관, 교육기관, 성희롱·성폭력 상담 관련 기관(여성단체, 성폭력상담소 등)에서 1년 이상 상담경력이 있는 자 • 성폭력 관련 상담원 교육을 이수한 자 - 「성폭력방지 및 피해자보호 등에 관한 법률」 제19조2(상담원 교육훈련 시설)에 의거 지정한 기관에서 이수

⑥ 10년 이상 군 경력자(군종병과 장교 1년 이상)는 아래요건 중 하나를 충족하는 경우 응시 가능

- 심리상담 또는 사회복지 분야 관련 자격증을 소지한 사람(단, 자격증은 위의 자격증과 동일)
- 심리상담 또는 사회복지분야와 관련된 학사이상 학위를 소지한 사람

(2) 근무조건

① 담당업무

- 성(性) 관련 고충을 겪고 있는 군인, 군무원, 근토자에 대한 상담
- 초임여성인력 전입 시 3개월 이내 1 : 1 개별상담
- 5년차 미만 여성인력 및 임신여성에 대한 반기 1회 이상 1 : 1 상담
- 5년차 이상 여성인력에 대한 연 1회 이상 상담
- 계급별·부대별 간담회, 각종 집단상담

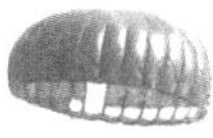

- 성폭력 피해자 보호조치 및 사후관리
- 각종 통의, 간담회, 간부교육 등을 활용한 지휘관 대상 성고충전문상담관 제도 설명 및 성폭력사건 처리체계 교육
- 그 밖에 상담관 임무와 관련하여 운영부대장이 부여한 업무

② 신분 : 기간제근로자

- 근거 : 기간제 및 단시간근로자 보호 등에 관한 법률, 군인의 지위 및 복무에 관한 기본법 시행령

③ 계약기간 : 2년(임시채용 지역의 경우 공지된 기간)

- 계약기간 종료 후 필요시 계속 근무기간이 5년을 넘지 아니하는 범위에서 단위로 연장 가능/군인의 지위 및 복무에 관한 기본법 시행령 제34조
- 근무성적 평정을 종합한 평균성적이 우수한 기간제근로자는 공무직 근로자로 전환 가능

④ 급여수준 : 월 326만원 수준(4대 보험 및 요양보험 개인 부담금 및 원천징수세액 포함)

- 명절휴가비, 급식비, 특수지 수당, 출장비 등은 별도 지급

⑤ 근무시간 및 기타사항

- 근무시간 : 1일 8시간(휴식시간 제외), 주 40시간
- 연차유급휴가 : 연 평균 15일(근로기준법 제60조 준용)
- 기타 휴가 : 공무직 근로자 등 인사관리훈령 제35조~제41조 준용(병가, 공가, 특별휴가, 육아기 근무시간 단축 등)
- 보상(포상)휴가 : 국방 양성평등 지원에 관한 훈령 제 80조 준용
- 채용지역은 상주 사무실이 위치한 곳이며, 군부대 특성상 상담 지원부대가 여러 지역에 분포되어 있어 장거리 출장 소요가 발생할 수 있으며, 출장비는 예산 범위 내에서 지급
- 근무부대 여건에 따라 숙소 가용 시에 한하여 숙소 지원 가능

⑥ 인사교류(국방부 훈령)

- 근무미별 최대 근무기간(일반근무지 5년, 특수 근무지 10년) 초과시 위원회를 통해 근무지 조정

(3) 응시자 준비사항(제출서류)

- 응시지원서 1부
- 자기소개서 1부
- 근무형태(상근, 비상근) 및 기관 내 담당업무가 명시된 경력(재직) 증명서 및 건강보험 자격득실확인서 원본 각 1부
- 상담기관의 사업자 등록증 또는 고유번호증 사본 1부(민간기관일 경우에 한함)
- 상담유형별 상세 사례기록
- 상담경력 증빙서류
- 학위 증명서
- 성적 증명서(최종학력의 성적 증명서)
- 자격증 사본 각 1부
- 성폭력 관련 상담원 교육 이수증 1부
- 군 경력증명서 1부(군 경력자(장기복무)에 한함)

(4) 1년 상담경력 인정기준

① 상담경력은 특정 상담기관에서 정규직·임시직·파트타임 등의 일정기간 근무한 경력이 아닌 '실제로 상담을 실시한 경력'을 말한다.

② 상담경력 인정기관

- 공공기관

  - 청소년단체(청소년기본법 제3조 제8호), 청소년쉼터(청소년복지지원법 제31조)
  - 청소년상담복지센터(청소년복지지원법 제29조)
  - 각급 "학교"(초·중등교육법 제2조)/각종 "대학"(고등교육법 제2조)
  - 정부기관·공공상담기관·법인체 상담기관 : 병영생활 전문상담관 임무의 특성을 고려하여 진학 및 취업상담 기관은 제외
  - 육·해·공군의 대령급 장교 이상 지휘부대

- 민간기관

1인 이상의 者가 설립하거나 근무하고 있는 상담기관으로서 관할 관청에 신고 또는 등록을 필한 후 2년 이상의 상담활동(개인상담·집단상담·심리검사·상담교육 등)의 실적을 제시할 수 있는 상담기관(사업자등록증 또는 고유번호증 사본 첨부) ※ 서류 전형시 해당기관에 사실관계 확인 후 인정여부 결정

③ 상담경력 인정기준

- 경력(재직) 증명서를 통해 상담경력 인정기관에서 상근근로자로서 상담업무 수행하였음이 확인될 경우, 해당 기관에 근무한 전기간을 경력으로 인정
- 비상근근로자로서 근무하였을 경우, 추가 상담경력 증빙서류 제출을 통해 1년 인정기준을 충족함이 증명될 경우 경력으로 인정

상담유형	1년 인정기준	비고
개인상담	50회기 이상	전화·사이버 상담 등은 인정되지 않으며, 대면상담 이력만 인정
집단상담	24시간 이상	비구조화 집단상담, 구조화 집단프로그램만 인정

3 양성평등담당관

(1) 응시자격 요건

① 필수 응시요건

- 다음 어느 하나에 해당하는 자는 군무원으로 임용될 수 없음

‣ 군무원인사법 제10조(결격사유)에 해당하는 자 ‣ 국가공무원법 제33조(결격사유)에 해당하는 자 ‣ 공무원임용시험령 등 관계 법령에 따라 응시자격이 정지된 자

- 남성의 경우 병역의무를 마치거나 면제된 자

- 임용예정일 전일까지 전역(퇴직)이 가능한 자
- 응시연령 : 20세 이상

② 직위별 응시요건(공통요건)

- 전역(예정)군인 요건으로 응시하는 경우 : 공고일 현재 퇴직(예정) 후 3년이 경과되지 아니하여야 응시 가능
- 군(공)무원, 민간경력 및 학위 요건(자격증 요건 제외)으로 응시하는 경우 : 최종관련 경력을 기준으로 시험 공고일 현재 퇴직(예정) 후 3년 경과되지 아니하여야 응시 가능
- 근무경력기간 계산과 학위 등 소지 여부는 최종시험예정일 기준으로 판단함

※ 학위 조지 요건으로 응시하는 경우, 국문 논문 초록 및 목차 제출 필요

③ 양성평등 담당관 응시요건

직위	직급	자격요건
양성평등 담당관	8급 (임기제)	다음 각 호의 하나에 해당하는 자 • 중사 이상 전역(예정)자로서 해당 계급에서 임상 및 상담분야 2년 이상 근무 경력자 • 8급 이상 군(공)무원 퇴직(예정)자로서 임상 및 상담분야 2년 이상 근무경력자 • 임상 · 상담 분야 2년 이상 근무경력자 및 관련 연구실적 · 자격 소지자

(2) 임용(계약)기간 : 최초 2년(이후 1년 이내 계약 연장 가능)

일반임기제 군무원은 총 5년을 넘지 않는 범위 내에서 연장횟수에 관계없이 1년 이내로 계약기간 연장 가능

(3) 시험방법

① 제1차 시험 : 서류전형

② 제2차 시험 : 면접시험

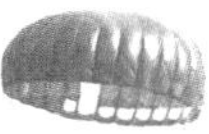

• 군무원으로서의 정신자세	• 전문지식과 그 응용능력
• 의사발표의 정확성과 논리성	• 창의력 · 의지력 · 발전가능성
• 예의 · 품행 · 성실성	

③ 합격자 결정 : 면접시험 최고 득점자

(4) 보수 수준

공무원보수규정 등에 따라 임용직급의 보수 및 수당지급

① 연봉한계액 범위내에서 연봉액을 정하되, 구체적인 금액은 채용예정자의 자격·경력 등을 고려하여 협의 결정

② 일반임기제의 경우 임용 시 본인 의사에 따라 임용일 3개월 이내에 고용보험 가입가능(공용보험번 시행령 제3조의 2)

(5) 제출서류

① 응시지원서 제출 서류

• 응시원서 원본 1부	• 증빙자료 제출목록 원본 1부
• 경력(재직)증명서 원본 1부	• 면허증 자격증(대상자) 사본 1부
• 주요업적 기술서 원본 1부	• 제출자료 검증에 관한 동의서 원본 1부
• 응시원서 접수증 회송 봉투 1부	

② 신원조사용 제출 서류

• 신원지술서 원본 1부	• 개인정보수집이용제공 동의서 원본 3부
• 자기소개서 원본 1부	• 기본증명서 사본 1부
• 병적기록표 원본 1부	• 개인사용정보조회서 원본 1부

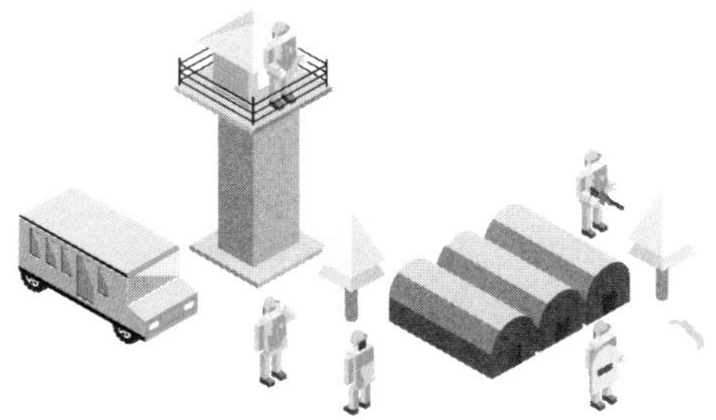

CHAPTER 10

인성상담 집단 프로그램

1 개요

군 내 인성교육 필요성이 제기됨에 따라 「인성함양 교육」을 통해 올바른 군문화를 정착시키고, 전투력 유지에 목적이 있다.

2 단계별 집단 프로그램

구분	1단계	2단계	3단계
	자기이해	타인이해	관계이해
내용	자기 자신을 개방하고 전우들의 다양성을 인식하도록 마음의 문을 여는 단계	개인과 집단 내 문제점을 인식하고 신뢰구축과 의사소통을 통해 긍정적으로 변화하는 단계	자신의 변화된 모습을 선포하고 공동체 의식과 전우애 함양으로 팀웍을 증진하는 단계

3 집단 프로그램의 구성

구분	자기이해	타인이해	관계이해
내용	• 팀편성 및 자기소개(1H) • 거짓과 진실(1H) • 나는 누구인가?(1H) • 내게는 어떤 전우들이 있는가?(1H) • 나는 너를 사랑해(2H)	• 막대기의 변신(30') • 지금의 내 기분(1H) • 주파수를 맞춰라(1H30') • 대화 스타일(1H30') • 사슬 풀기(30') • 바꿔 쓴 안경(1H) • 꿈은 이루어진다(2H) • 의미있는 군이야기(2H)	• 인간 도미노(30') • 도약의 다리(1H30') • 버팀목 되어주기(1H) • 나의 사명서(1H) • 미안하다 전우야 고맙다 전우야(1H) • 소감 나누기(30')

4 교육진행 요령

① 사전 교육 준비상태 확인, 팀 편성 및 팀장 임명

② 강사는 촉진자로서 전인원이 참여할 수 있도록 유도하고 열외인원이 발생하지 않도록 교육 분위기를 조성한다.

③ 전체 토의를 할 것인가 아니면 팀별 토의 후 전체 토의를 할 것인가를 결정하여 토의 시간을 부여 한다.

④ 팀별 상호 간 과제별 소감 발표 시 격려와 지지 박수를 보내도록 한다.

⑤ 필요시 서기를 임명하여 토의 내용을 기록할 수 있도록 한다.

⑥ 토의 진행은 what(어땠는가?), so what(그래서 무엇을 느꼈는가?), now what(이제부터 어떻게 할 것인가?)의 공식을 적용한다.

⑦ 강사는 토의 및 발표 내용 위주로 피드백을 해 주고, 전체 강평 실시

⑧ 전체 강평 후 반드시 공감과 격려의 박수를 보내도록 한다.

⑨ 교육 진행 간 유의 사항

- 강사는 개요와 각 과제 구성 및 진행 방법을 완전히 숙지 후 자연스럽게 진행 및 유도한다.
- 교육은 강사 설명 부분만 정확히 설명 후 진행자(조력자)로서의 역할 수행(지적, 간섭, 제재 등 금지)한다.

- 자발적, 능동적인 참여를 유도할 수 있는 교육 분위기 조성에 중점을 두고 진행한다.
- 강사는 "유의사항", "지도요령" 등을 숙지하여 자연스럽게 진행하고 반드시 마무리함으로써 분위기를 상승시킬 수 있도록 해야한다.
- 과제별 진행방법 및 순서에 제시된 소요시간을 가능한 준수하되 진행시의 분위기, 여건 등을 고려하여 탄력 있게 시행한다.
- 역할극, 행동화 프로그램을 실시할 때는 진행요령 및 규칙을 준수하되 각종 아이디어가 도달될 수 있도록 유도한다.

5 집단 프로그램 구성

(1) 자기 이해(6H)

구분	시간	주요 내용	비고
# 1. 팀 편성 및 자기소개	1H	분대별로 팀을 편성하고 개인별 별칭을 짓고 발표함으로써 자기를 소개하고 또한 타인을 이해하는 과정	작성, 발표
#2. 거짓과 진실	1H	자신의 진짜사실 9개와 가짜사실 1개를 작성하여 퀴즈로 진행하면서 자신의 장점과 특성을 알려주는 과정	작성, 발표
#3. 나는 누구인가?	1H	질문지를 통해서 자신의 성격과 특성을 작성하고 발표함으로써 자아를 인식하고 정체감을 확립하는 과정	작성, 발표
#4. 내게는 어떤 전우들이 있는가?	1H	나의 전우관계를 단짝, 친한 이, 등료, 아는 이로 구분하여 해당하는 주변 인원수를 기입하고 점수화하여 나의 전우관계 점수를 확인하고 보완해야 할 점을 찾아가는 과정	작성
#5. 나는 너를 사랑해	2H	활동지에 자신의 이름과 별칭을 쓰고 자신의 자랑할만한 7가지를 기록 발표하고 나머지를 팀원들과 다른 장점을 찾아주는 과정으로 또 다른 나를 발견하는 과정	작성, 발표

(2) 타인 이해(10H)

구분	시간	주요 내용	비고
# 1. 막대기의 변신	1H 30'	평범한 막대기를 활용하여 자유로운 상상을 몸 연기로 재미있게 표현해 보는 체험을 통해 다양한 사고력을 키우고 자연스럽게 공감과 친밀감을 증진시키는 과정	행동화
#2. 지금의 내 기분	1H 30'	자기가 어떤 상황에서 어떤 정서적 반응을 일으키며 받아들이는 타인의 마음은 어떨지를 상대방의 입장에서 생각해보고 그때 나의 행동, 태도 등이 타인들에게 어떻게 전달되는지를 이해함으로써 바람직한 감정교류를 할 수 있도록 해주는 과정	작성, 발표
#3. 주파수를 맞춰라.	1H 30'	말하는 사람의 생각과 감정이 듣는 사람에게 전달되는 과정에서 중요한 영향을 미치는 것들이 무엇인지 깨닫고 실제로 일방, 쌍방통행의 실습을 통해 바람직한 의사교류를 돕고자 하는 과정	작성, 발표
#4. 대화스타일	1H 30'	검사지를 통해 자신과 타인의 다양성을 이해하며 각 유형의 대화 스타일을 이해함으로써 자신에게 중요한 대인 대처 능력을 신장하고, 효과적인 자기표현을 하기위한 과정	작성, 발표
#5. 사슬 풀기	2H	팀원들이 둥글게 서서 양 옆의 사람과 엇갈려 잡은 손을 놓지 않은 채 풀어가는 활동으로 의사소통에서 오해나 갈등이 있을 때 적극적인 문제해결 노력의 중요성을 깨닫는 과정	행동화
#6. 바꿔 쓴 안경	2H	자신의 의견을 설득력 있게 주장하는 실습과 자신의 입장을 상대의 입장으로 바꾸어 주장해 보는 체험을 통해 나와 다른 의견도 존중되어야 하고 자신의 고정관념에서 벗어나 사고의 유연성을 길러 원만한 인간관계를 갖도록 하는 과정	작성, 발표

(3) 관계 이해(6H)

구분	시간	주요 내용	비고
# 1. 인간 도미노	30'	교육 시작 전에 가볍게 신체활동으로 팀원이 원을 만들고 손바닥으로 도미노 게임을 함으로써 긴장을 풀고 팀원간에 친해지기 위한 것으로 집중력을 발휘하여 일체감과 성취감을 경험하게 함	행동화
#2. 도약의 다리	1H	신문지와 접착테이프만 가지고 제한된 시간에 다리 구조물을 만드는 활동으로 각자의 창의력과 순발력을 집결하여 주어진 시간 내에 과제를 수행하는 과정	행동화
#3. 버팀목 되어주기	1H	4인 1조를 팀으로 의자에 비스듬히 앉아 옆 사람의 무릎에 머리가 닿게 일시에 눕고 강사의 지시에 따라 의자를 뺀 후 오래 버티는 팀이 단결력을 배양하는 과정	행동화
#4. 화산지대를 통과하고	1H	화산 폭발로 인해 고립된 상황에서 전우애를 발휘하여 징검다리를 만들어 안전지대까지 팀 전원이 무사히 통과하는 활동을 통하여 팀원들이 강한 유대감과 성취감을 느끼며 팀워크를 증진시키는 과정	행동화
#5. 나의 사명서	1H	더 나은 삶을 살기 위한 지침을 세워 주는데 큰 역할을 하는 자기 사명서를 작성하고 대외공언을 하여 내면화하는 시간으로 자신의 삶을 깊이 생각해 보고 의미있고 성공적인 군 생활이 되도록 돕는 과정	행동화
#6. 미안하다 전우야, 고맙다 전우야	1H	자기 분대원들에게 그 동안 전우로서 느꼈던 고맙고 자랑스럽고 힘이 되었던 점들과 미안했던 점들을 직접 표현하고 감사와 사과를 전달하는 기회를 갖는 과정	행동화
#7. 소감 나누기	30'	처음 참가할 때부터 마지막 경험의 장면까지 자기 자신의 경험과 다른 구성원들의 경험을 통해 각자가 생각하고 발견하고, 느끼고, 마음 속에서 스스로 다짐하는 것을 정리하는 과정	작성, 발표

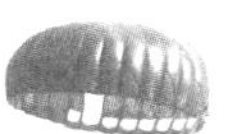

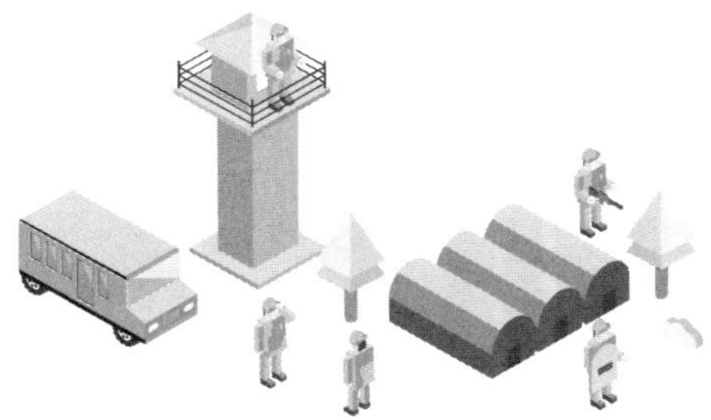

CHAPTER 11

상담 관련 속담

1 발달

- 콩 심은 데 콩 나고 팥 심은 데 팥 난다.
- 동네 송아지는 이웃집 황소를 닮고, 자식은 아비를 닮는다.
- 사람 될 것은 아이 적에 안다.
- 될성부른 나무는 떡잎부터 알아본다.
- 용 될 고기는 새끼 적부터 안다.
- 개가죽 나무가 아무리 밋밋하게 잘 자랐어도 집 재목으로 쓸 수 없고, 느티 나무는 굽게 컸어도 쓸모가 있다.
- 사람과 곡식은 가꾸기에 달렸다.
- 고기도 큰물에서 노는 놈이 크다.
- 개가 되어도 부잣집 개가 되랬다.
- 참대 밭에 사는 사람, 마음도 참대같이 곧다.
- 먹 곁에 가면 먹 묻기 쉽다.

- 독서당 개가 맹자 왈 한다.
- 강물에서 깐 연어도 바다에서 자라면 연어가 되고, 강에서 자라면 열목어가 된다.

(1) 유아기 및 아동기

- 아이도 사랑하는 데로 붙는다.
- 아이는 냄새 맡고 자란다.
- 아이는 귀여워하는 데로 따른다.
- 세 살에 안 예쁜 아이 없고, 일곱 살에 안 미운 아이 없다.(미운 일곱살)
- 어려서 배우지 않으면 커서 눈 뜬 봉사된다.
- 구슬이 서 말이라도 꿰어야 보배다.
- 구슬도 깎고 다듬어야 구슬 노릇을 한다.
- 한 탯줄에 난 형제도 속을 모른다.
- 한 배에 난 강아지도 쌀강아지, 보리강아지가 있다.

(2) 청년기

- 꽃도 한철, 나비도 한철
- 하늘이 무너지는지, 땅이 꺼지는지 모른다.
- 망둥이가 뛰니까 송사리도 뛴다.
- 기름지고 불로 뛰어든다.
- 한창 때는 돌을 먹어도 삭힌다.
- 젊은 고생은 돈 주고 사서도 한다.
- 숭어는 숭어끼리, 문어는 문어끼리 논다.
- 초록은 동색이고, 가재는 게 편이라.

(3) 성인기

- 일이 보배라.
- 사람은 일을 해야 입맛이 난다.

- 저하고 싶은 일은 힘든 줄 모른다.
- 중매와 물길은 끌어대기에 달렸다.
- 나무젓가락도 짝을 맞출 때는 골라서 맞춘다.
- 제 눈에 안경
- 늘그막에는 효자 열보다 등 긁어 주는 악처가 낫다.
- 죽은 이별보다 생이별이 더 서럽다.
- 불쌍타 해도 과부 신세만큼 불쌍한 신세 없다.
- 과부사정은 과부가 알고, 홀아비 사정은 홀아비가 안다.
- 나이 이길 장사 없다.
- 세월에 장사 없다.
- 늙으면 아이된다.
- 노인 말 그른 데 없고 어린이 거짓 없다.
- 사람이 죽을 때가 되면, 하지 않던 짓을 한다.
- 문 밖이 저승이다.
- 가랑잎도 떨어질 때가 되어야 떨어진다.

2 성격

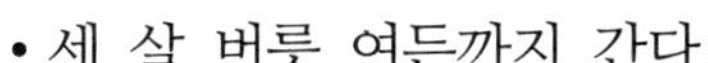

- 세 살 버릇 여든까지 간다.
- 제 버릇 개 주랴
- 낙숫물은 떨어진 데 또 떨어진다.
- 까마귀 학이 되랴.
- 개 꼬리 삼년 땅에 묻어 두어도 황모 못 된다.
- 한날한시에 난 손가락도 짧고 길다.
- 콩 심은 데 콩나고 팥 심은 데 팥난다.
- 아니 땐 굴뚝에 연기 날까?
- 뿌리 없는 나무에 잎이 필까?
- 마른 나무에서 물이 날까?

- 소금 먹은 놈이 물켠다.
- 달면 삼키고 쓰면 뱉는다.
- 참새가 방앗간을 거저 지나랴
- 도둑이 제 발 저리다.
- 호랑이는 그려도 그 뼈는 못 그린다.
- 돌다리도 두들겨 보고 건너라.
- 가랑잎에 불붙기
- 잘자란 나무는 떡잎부터 알아본다.

3 방어기제

(1) 감정전이

- 종로에서 뺨 맞고 한강에서 눈 흘긴다.
- 시어머니에게 역정 나서 개 배때기 친다.
- 제 얼굴 못나서 거울 깬다.

(2) 치환/대치

- 꿩 대신 닭
- 양반 못된 것 장에 가 호령한다.

(3) 반동형성

- 귀한 자식 매 한 대 더 때린다.
- 겁 많은 개 먼저 짖는다.
- 빈 수레가 더 요란하다.
- 가난할수록 기와집 짓는다.
- 빛 좋은 개살구
- 미운 놈 떡 하나 더 주고 우는 놈 한 번 더 때린다.

(4) 동일시

- 과부사정 홀아비가 안다.
- 며느리 늙어 시어미 된다.

(5) 투사

- 가랑잎이 솔잎더러 바스락 거린다고 한다.
- 똥 묻은 개 겨 묻은 개 나무란다.
- 선무당이 장고 탓 한다.
- 제 흉 열 가지 가지 놈이 남의 흉 한 가지 본다.

(6) 부정

- 눈 가리고 아웅
- 닭 잡아먹고 오리 발 내놓기
- 꿩은 머리만 풀에 감춘다.
- 건너 산 쳐다보기

(7) 보상

- 없는 놈이 있는 체, 못난 놈이 잘난 체한다.
- 가난한 집 족보 자랑한다.
- 가난할수록 기와집 짓는다.
- 든 거지 난 부자

(8) 합리화

- 엎어진 김에 쉬어 간다.
- 핑계 없는 무덤 없다.
- 사흘 굶어 담 아니 넘을 놈 없다.

4 강화와 처벌

- 고운 일 하면 고운 밥 먹는다.
- 우는 아이 젖 준다.
- 칭찬은 고래도 춤추게 한다.
- 돈이 효자다.
- 돈만 있으면 죽은 사람도 살릴 수 있다.
- 매 끝에 정든다.
- 매 끝에 효자 난다.
- 귀한 자식 매 한 대 더 때린다.
- 미친개에게는 몽둥이가 제격
- 젊은이 망령은 몽둥이로 고친다.

5 학습

- 하나를 가르치면 열을 안다.
- 서당 개 삼년이면 풍월을 읊는다.
- 들은 풍월 얻은 문자.
- 애들 앞에서 냉수도 못 마신다.
- 아이는 어른한테 배우고, 어른은 아이한테 배운다.
- 앞 달구지 넘어진 데서 뒤 달구지 넘어지지 않는다.
- 윗물이 맑아야 아랫물도 맑다.
- 그 아버지에 그 아들
- 처가살이 십년이면 아이들도 외탁한다.

6 사고, 판단 및 의사결정

- 같은 값이면 다홍치마
- 하나를 보면 열을 안다.

- 얼굴이 예쁘면 마음도 착하다.
- 키 크고 싱겁지 않은 사람 없다.
- 저 먹자니 싫고 개 주자니 아깝다.
- 내가 먹기는 싫어도 남 주기는 아깝다.
- 놓친 고기가 더 크다.

7 문제해결과 창의성

- 범 잡는 포수 따로 있고, 꿩 잡는 포수 따로 있다.
- 호랑이는 포수가 잡고, 귀신은 무당이 잡는다.
- 고기도 먹은 본 사람이 먹는다.
- 하나만 알고 둘은 모른다.
- 아는 것이 병이다.
- 바로 못 가면 둘러 가지.
- 말 상 볼 줄 안다고 쇠 상도 보랴.

8 동기

- 목마른 놈이 우물 판다.
- 평양 감사도 저 싫으면 그만이다.
- 달면 삼키고 쓰면 뱉는다.

- 칼도 날이 서야 쓴다.
- 입고 먹는 것이 해결되어야 예절도 안다.

- 바다는 메워도 사람 욕심은 못 채운다.
- 먹고 입는 것이 넉넉해야 영욕을 안다.
- 공든 탑이 무너지랴
- 백 번 찍어서 아니 넘어가는 나무 없다.

- 무쇠도 삼년 갈면 바늘된다.
- 감나무에 올라가면 홍시도 따먹는다.
- 한 우물을 파고, 한 마리 토끼를 쫒아라
- 구멍을 파도 한 구멍을 파라
- 물방울이 떨어져 돌을 뚫고, 쇳덩이를 가면 바늘 된다.

9 메슬로이 욕구이론

(1) 생리적 욕구

- 금강산도 식후경
- 수염이 대 자라도 먹어야 양반이다.
- 먹고 죽은 귀신 때깔도 곱다.
- 도중군자 노릇도 배가 불러야 한다.
- 바닷물는 막아도 사람의 입은 못 막는다.
- 염라대왕도 먹어야 대왕이다.

(2) 안전의 욕구

- 설움 중에서 가장 큰 설움이 집 없는 설움이라.
- 제 집이 극락이라.
- 게도 저 숨을 구멍이 있고, 가재도 저 숨을 바위는 있다.

(3) 사회적 욕구

- 형제 없이는 살아도, 친구 없이는 못 산다.
- 친구와 술은 오래될수록 좋다.
- 서 푼 주고 집사고, 천 냥 주고 친구 사랬다.
- 사람이 많으면 하늘을 이긴다.
- 벗이 없는 곳이 가장 낯선 곳이요, 가장 외로운 존재는 벗이 없는 사람이라.

(4) 자존감의 욕구

- 개는 밥 주는 사람을 따르고, 선비는 자기를 알아주는 사람을 위해 목숨을 바친다.
- 권세란 고기 맛 같아서, 맛들이기 시작하면 아비 어미도 몰라본다.
- 개는 구린내를 따라다니고, 사람은 권세를 따라다닌다.
- 쇠꼬리보다 닭 대가리가 낫다.
- 감투 마다하는 놈 없다.

10 정서와 표현

(1) 기쁨

- 물 본 기러기, 꽃 본 나비
- 갓 마흔에 처 버선
- 유월 저승을 지나면 팔월 신선이 돌아온다.

(2) 노여움

- 성난 고슴도치 털 일어나 듯하다.
- 간에 천불이 난다.
- 시어머니에게 역정 나서 개 배때기 찬다.
- 돌부리만 차면 제 발부리만 아프다.
- 소경더러 눈멀었다하면 노여워한다.
- 홧김에 닭 잡아먹는다.

(3) 슬픔

- 사내가 울면 하늘이 무너진다.
- 과부가 제 설움으로 운다.
- 잠을 잘수록 늘고 울음은 울수록 서러워진다.

(4) 즐거움

- 까마귀도 내 땅 까마귀라면 반갑다.
- 천 리 타향 고인 만나 반가워서 즐거운 일

(5) 사랑

- 불면 날까 쥐면 터질까?
- 며느리 사랑은 시아버지, 사위 사랑은 장모
- 내리사랑은 있어도 치사랑은 없다.

(6) 미움/증오

- 눈엣 가시
- 못생긴 며느리 제삿날 병난다.
- 미운 쥐도 품에 품는다.
- 미운 놈 떡 하나 더 준다.
- 시어머니에게 역정 나서 개 배때기 찬다.
- 때리는 시어머니 보다 말리는 시누이가 밉다.

(7) 욕심/두려움

- 되면 더 되고 싶다.
- 말 타면 종 두고 싶다.
- 같이 우물파고 혼자 먹는다.
- 바다는 메워도 사람의 욕심은 못 메운다.
- 하룻강아지 범 무서운 줄 모른다.
- 국에 덴 놈 물 보고 놀란다.
- 더위 먹은 소 달만 보아도 허덕인다.
- 대신 댁 송아지 백정 무서운 줄 모른다.

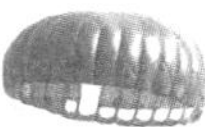

(8) 동정심

- 과부 설움은 과부가 안다.
- 토끼 죽으니 여우가 슬퍼한다.

(9) 근심

- 한데 앉아서 음지 걱정한다.
- 더부살이가 주인마누라 속곳 배 걱정한다.

11 사랑과 결혼

(1) 사랑

- 자주 보면 정든다.
- 가까이 앉아야 정이 두터워진다.
- 눈에서 멀어지면 마음에서도 멀어진다.
- 가는 정이 있어야 오는 정이 있다.
- 오는 말이 고와야 가는 말이 곱다.
- 사람은 헌 사람이 좋고 옷은 새 옷이 좋다.
- 제 눈에 안경

- 꽃이 고와야 나비도 모인다.
- 꽃 본 나비 담 넘어가랴

- 정이 있으면 꿈에도 보인다.
- 빨리 단 쇠가 금방 식는다.
- 뜨거운 정이 쉬 식는다.

- 불 같은 사랑이 쉬 식는다.
- 정은 쏟을수록 붇는다.
- 갑작 사랑 영 이별
- 과부 사정은 과부가 안다.
- 초록은 동색이고, 가재는 게 편이라.

(2) 결혼과 부부

- 짚신도 짝이 있다.
- 나무젓가락도 짝을 맞출 때는 골라서 맞춘다.
- 맷돌도 짝이 있고 은행나무도 마주 선다.
- 색시가 고우면 처갓집 외양간 말뚝에도 절한다.
- 남자는 돈 쓰다가 한평생, 여자는 밥 짓다가 한평생
- 부부는 낮에는 점잖아야 하고, 밤에는 잡스러워야 한다.
- 부부싸움은 칼로 물 베기
- 몸이 멀어지면 마음도 멀어진다.
- 부부는 정이 떨어지면 남이다.
- 의가 없는 부부는 맞지 않는 신발과 같다.
- 부부는 정으로 산다.
- 부부는 정이 좋으면 도토리 하나 먹고 산다.
- 집이 없으면 방앗간에서 자고, 밥이 없으면 얻어먹어도 부부의 정만 좋으면 산다.

12 자기중심적 사고와 타인 배려

- 재 논에 물 대기
- 내 코가 석 자인데 남의 설움 어찌 알랴.
- 내 떡은 작고, 남의 떡은 커 보인다.
- 내 배 부르면 종이 밥 짓지 말란다.
- 내 못 먹은 밥에 재나 뿌린다.
- 내 똥 구린 줄 모르고 남의 방귀 탓 한다.
- 내가 먹기는 싫지만, 개한테는 던져 주기 아깝다.
- 내 밥그릇 보다 남의 밥그릇이 더 많아 보인다.
- 내가 배고프면 남도 배고프다.
- 내 말은 남이하고 남 말은 내가 한다.
- 내 몸이 중이면 중의 행세를 하여야 한다.

13 태도

- 열 길 물속은 알아도 한 길 사람 속은 모른다.
- 천 길 물속은 건너보아야 알고, 한 길 사람 속은 지내보아야 안다.
- 겉 다르고 속 다르다.
- 뽕 따러 갈 적 마음 다르고 올 적 마음 다르다.
- 못 먹는다 못 먹는다 하면서 껍질까지 다 먹는다.
- 물에 빠진 놈 건져 주니 보따리 내놓으라고 한다.
- 혓바닥 세치로 오만 생색 다 낸다.
- 말에 꽃이 피는 사람은 마음에 열매가 없다.
- 입으로 못할 일 없다.
- 망이 앞서지 일이 앞서는 사람 없다.
- 담긴 통의 소리는 작고, 빈 통의 소리는 크다.
- 큰 소리치는 놈 치고, 실속 있는 사람 없다.
- 하던 일도 멍석 깔면 안 한다.

14 설득

- 말 한마디가 천냥 빚을 갚는다.
- 말로 온 공을 갚는다.
- 말 잘하기는 소진 장의라.
- 오는 말이 고와야 가는 말이 곱다.
- 말이 고마우면 비지 사러 갔다가 두부 사 온다.
- 남의 말이라면 쌍지팡이 짚고 나선다.
- 팥으로 메주를 쑨대도 곧이듣는다.

15 동조

- 친구 따라 강남 간다.
- 세 사람만 우겨대면 없는 호랑이도 만들어 낸다.
- 숭어가 뛰니까 망둥이도 뛴다.
- 남의 장단에 춤춘다.
- 한 마리 개가 짖으면 온 동네 개가 짖는다.

16 태만

- 열 사람이 지켜도 한 도적을 못 막는다.
- 원님 덕에 나팔 분다.
- 능구렁이 담 넘어가듯
- 눈 가리고 아웅
- 손 안 대고 코 푼다.
- 먹는 데는 감돌이 일에는 베돌이

17 스트레스와 건강

- 마음이 편해야 먹은 것이 살로 간다.
- 병은 마음에서 온다.
- 돌부리를 차면 제 발부리만 아프다.
- 성난 년 밥 굶기
- 홧김에 닭 잡아먹는다.
- 똥 싼 놈이 성 낸다.
- 가지 많은 나무 바람 잘 날 없다.
- 갈수록 태산이다.
- 긁어서 부스럼

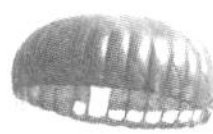

- 노루를 피하니 범이 온다.
- 호미로 막을 것을 가래로 막는다.
- 눈 깜짝할 사이에 코 베어 갈 세상
- 발 등에 불이 떨어졌다.
- 물이 맑으면 고기가 안 모인다.
- 못난 목수 연장 나무란다.
- 야윈 말이 짐 탓한다.
- 잘되면 제 탓 못되면 조상 탓
- 건전한 몸에 건전한 정신이 깃든다.
- 건강은 돈보다 낫다.
- 복 중에도 건강 복이 제일이다.

참고문헌

강진령(2008), 상담심리용어사전, 서울 : 양서원.
고영남 외(2013), 상담심리의 이론과 적용, 서울 : 양서원.
고형자(1992). 한국대학생의 의사결정유형과 진로결정수준의 분석 및 진로결정상담의 효과, 박사학위논문
권석만(2012), 젊은이를 위한 인간관계심리학, 서울 : 학지사.
김계현 외(2011), 상담심리학 개론, 서울 : 학지사.
김완일(2006), 군 상담의 이론과 실제, 서울 : 학지사.
김옥희 외(2008), 군 상담의 기본연습, 서울 : 한국가족사랑연구원.
김창대 외(1999), 카운슬링의 원리, 서울 : 교육과학사.
김춘경 외(2012), 청소년 상담, 서울 : 학지사.
노안영(2009), 상담심리학의 이론과 실제, 서울 : 학지사.
손영화(2010), 생활과 심리학, 서울 : 학지사
손영철(2009), 군 상담 이렇게 합시다. 서울 : 시그마프레스.
송관재 외(2005), 대인관계의 심리, 서울 : 선학사.
엄명용 외(2002), 사회복지실천의 이해, 서울 : 학지사
이광자 외(2012), 건강상담심리, 서울 : 이화여자대학교출판부.
이윤상(1987), 상담심리학, 서울 : 성광문화사.
이상호(2010), 심리상담이론과 실제 프로그램, 서울 : 공동체
이장호(2005), 상담심리학, 서울 : 박영사.
이장호(1997), 상담면접의 기초, 서울 : 중앙적성연구소.
이장호(1995), 상담심리학, 서울 : 박영사.
이장호(1984), 상담심리학 입문, 서울 : 박영사
이형득(2000), 상담의 이론적 접근, 서울 : 형설출판사
임재호 외(2011), 군 상담심리학개론, 서울 : 교육과학사.
정옥분(2008), 청년발달의 이해, 서울 : 학지사.
정방자(2001), 정신역동상담, 서울 : 학지사
정효정 외(2010), 현장중심 상담심리, 서울 : 파워북.
천성문 외(2013), 상담심리학의 이론과 실제, 서울 : 학지사.
한국군 상담학회(2009), 군 상담의 이론과 실제, 서울 : 은혜사.
홍경자(2001), 자기이해의 자기지도력을 돕는 상담의 과정, 서울 : 학지사.
한숙자(2008), 전문상담학 개론, 서울 : 창지사.
김대득(2011), 병영생활 전문상담관 제도 활성화에 관한 연구, 명지대학교 박사학위논문.
류지영(2011), 군 조직문화가 조직의 업무성과에 미치는 영향 연구, 위덕대학교 석사학위논문.
박장한(2012), 군 장병들의 갈등요인과 수준에 따른 자살사고 결정요인분석, 연세대학교 석사학위논문.
최혜란(2008), 군생활 적응에 영향을 주는 위험요인과 보호요인연구, 우석대학교 박사학위논문.
국방부, 군인복 무규율.
국방부(2013), 정신교육 기본교재.
국방부(2010), 국군 인권교육 교재.

국방부(2013), 국방일보, 정신교육.
국방부 훈령(2015), 군생활전문상담관 운영에 관한 훈령.
국방부(2013), 군 자살예방 종합 매뉴얼.
김종호(2012), 킴스이고그램 해설집.
교육사령부(2007), 육군 상담발전세미나 군 상담 발전방안.
교육사령부(2009), 군 상담사 자격인증제도에 관한 연구.
교육사령부(2009), 군 상담.
교육사령부(2004), 군 상담 종합발전계획.
육군본부 군종실(2013), 초급간부들이 반드시 알아야할 10가지 상담 Know-How.
육군교육사령부(2001), 육군가치관 연구결과 보고.
육군본부(2013), 병 상담.
육군본부(2015), 위대한 인생, 두드림.
육군보병학교(2004), 고등군사반 상담기법 교재.
조차현 외(2009), 군 상담심리사 자격인증제도.
조현춘외 역(2006), 심리상담의 이론과 실제. 서울 : 시그마프레스.
정창우 외(2015), 군 인성교육프로그램 개선 연구.
통계청(2016), 청소년 통계.
한국자살예방협회(2011), 자살시도자 사후 관리를 위한 매뉴얼.
NCS 학습모듈(2017), 심리상담사Ⅰ.
Brammer, L. M., Abrego, R. J. & Shostrum, E.L. (1993).
Therapeutic counseling and psychotherapy(6th ed.).
Englewood Cliffs, NJ : Prentice-Hall.
Corey,G. (2001). Theory and practice of counseling and psychotherapy(6th ed.).
Pacific Grove, CA : Brooks/Cole.
Rogers, C. R. (1961). On becoming a person.
Boston : Houghton. Mifflin.
Rogers, C. R. (1942). Counseling and psychotherapy.
Boston : Houghton. Mifflin.
Ivey, A. E., & Ivey, M. B. (2003).
Intentional interviewing and counseling :
Facilitating client deveiopment in a multicultural society(5th ed.).
Pacific Grove, CA : brooks/ Cole.
Ward, D. W. (1984). Termination of individual counseling : Concepts and straegies. Journal of Counseling and Development, 63, 21-26.
Murdin, L. (2000). How much is enough: Endingin psychotherapy and counseling. London : Routledge.
Ellis, A. (1967). Rational-emotive psychotherapy. In D. Arbuckle(ed.), Counseling and psychotherapy. New York : McGraw-Hill.
Glasser, W. (1965). Reality Therapy. New York : Harper & Row.
Corey, G.(2001).
Theory and practice of counseling and psychotherapy(6th ed).

군 상담학 이론

定價 20,000원

저 자 강 현 권
발행인 이 종 권

2019年 3月 26日 초 판 발 행
2023年 4月 3日 1차개정발행

發行處 (주) 한솔아카데미

(우)06775 서울시 서초구 마방로10길 25 트윈타워 A동 2002호
TEL : (02)575-6144/5 FAX : (02)529-1130
〈1998. 2. 19 登錄 第16-1608號〉

※ 본 교재의 내용 중에서 오타, 오류 등은 발견되는 대로 한솔아카데미 인터넷 홈페이지를 통해 공지하여 드리며 보다 완벽한 교재를 위해 끊임없이 최선의 노력을 다하겠습니다.

※ 파본은 구입하신 서점에서 교환해 드립니다.

www.inup.co.kr / www.bestbook.co.kr

ISBN 979-11-6654-321-0 93390